Abenteuer ETHIK 10

Realschule Bayern

Herausgegeben von Stefanie Haas und René Torkler

Erarbeitet von Stefanie Haas, Linda Hüllmann, Ruth Kaiser, Simone Knjasew, Stefanie Pfister, René Torkler und Klaus Viertbauer

Mit Beiträgen von Jörg Peters und Bernd Rolf

C.C.BUCHNER

Abenteuer Ethik – Realschule Bayern
Herausgegeben von Stefanie Haas und René Torkler

Abenteuer Ethik 10

Erarbeitet von Stefanie Haas, Linda Hüllmann, Ruth Kaiser, Simone Knjasew, Stefanie Pfister, René Torkler und Klaus Viertbauer

Mit Beiträgen von Jörg Peters und Bernd Rolf

Zu diesem Lehrwerk sind erhältlich:
· Digitales Lehrermaterial **click & teach** Einzellizenz, Bestell-Nr. 200801
· Digitales Lehrermaterial **click & teach** Box (Karte mit Freischaltcode), ISBN 978-3-661-20080-4
Weitere Materialien finden Sie unter www.ccbuchner.de.

Dieser Titel ist auch als digitale Ausgabe **click & study** unter www.ccbuchner.de erhältlich.

Die enthaltenen Links verweisen auf digitale Inhalte, die der Verlag bei verlagsseitigen Angeboten in eigener Verantwortung zur Verfügung stellt. Links auf Angebote Dritter wurden nach den gleichen Qualitätskriterien wie die verlagsseitigen Angebote ausgewählt und bei Erstellung des Lernmittels sorgfältig geprüft. Für spätere Änderungen der verknüpften Inhalte kann keine Verantwortung übernommen werden.

An keiner Stelle im Schülerbuch dürfen Eintragungen vorgenommen werden.

1. Auflage, 1. Druck 2022
Alle Drucke dieser Auflage sind, weil untereinander unverändert, nebeneinander benutzbar.

Dieses Werk folgt der reformierten Rechtschreibung und Zeichensetzung. Ausnahmen bilden Texte, bei denen künstlerische, philologische oder lizenzrechtliche Gründe einer Änderung entgegenstehen.

Redaktion: Katharina Schmitt
Layout und Satz: mgo360 GmbH & Co. KG, Bamberg
Illustrationen: Bettina Kumpe, Braunschweig
Umschlag: mgo360 GmbH & Co. KG, Bamberg
Druck und Bindung: mgo360 GmbH & Co. KG, Bamberg

www.ccbuchner.de

ISBN 978-3-661-**20070**-5

Dieses Buch umfasst vier Kapitel, von denen Kapitel 3 und 4 alternativ zu bearbeiten sind. Jedes Kapitel hat eine eigene Kapitelfarbe und beginnt mit einer farbigen **Auftaktseite**. Die Bilder, Fragen und Impulse auf dieser Seite stimmen Sie auf das Thema des Kapitels ein.

Die einzelnen Themen eines Kapitels sind auf Doppelseiten aufbereitet. Die **Materialien** sind mit einem **M** gekennzeichnet und nummeriert. Schwierige Wörter und Begriffe werden in der Randspalte kurz erklärt. Der Hinweis **> Glossar** in der Randspalte verweist auf ein Wörterverzeichnis im Anhang, in dem Sie die genannten Begriffe nachschlagen können. In der Randspalte finden Sie auch **Lesetipps** für Jugendbücher.

Direkt bei den Materialien stehen die Aufgaben. Am Ende der Aufgabenstellungen finden Sie häufig **Wegweiser**, die auf den Anhang **„Methoden und Kompetenzen"** verweisen. Hier sind unterschiedliche Arbeitsformen erläutert, die Ihnen bei der Bearbeitung der Aufgaben helfen können. Die **Aktions-Aufgaben** fordern eine praktische Auseinandersetzung mit den Themen. Die **Lernaufgaben** erklären Ihnen einen Operator, der genau angibt, wie Sie eine Aufgabe lösen sollen. Und bei Aufgaben, die mit **„Zum Weiterdenken"** bezeichnet sind, sagt schon der Titel, was von Ihnen erwartet wird.

Mit den englischen Seiten für den **bilingualen Unterricht** können Sie die Themen der Inhaltsseiten wiederholen, erweitern und Ihre Sprachkompetenz fördern. Den erforderlichen Wortschatz finden Sie in der Randspalte und in der Tabelle im Anhang.

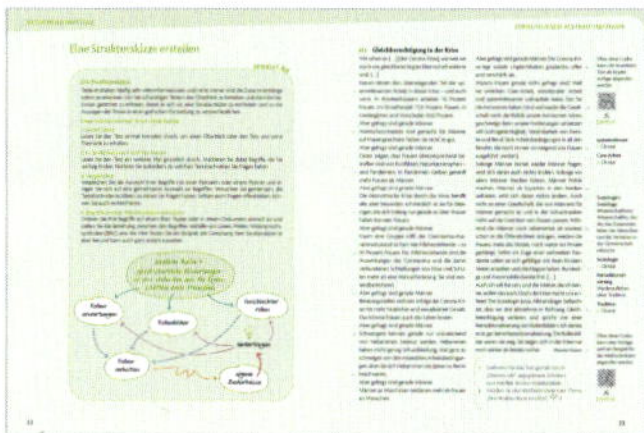

Auf den farblich unterlegten **Methodenkompetenz-Seiten** werden wichtige Methoden für den Ethikunterricht vorgestellt. Der **„Gewusst wie"-Kasten** erklärt Ihnen, wie die Methode funktioniert und angewandt wird. An weiteren Materialien können Sie die Methode dann selbst anwenden und üben.

Die Seiten **„Ich wiederhole mein Wissen"** bieten Ihnen eine Zusammenfassung der wichtigsten Informationen des Kapitels.

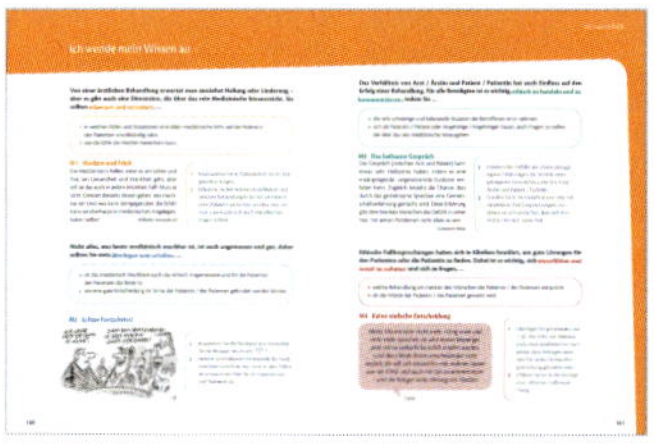

Am Ende jedes Kapitels können Sie mit den Seiten **„Ich wende mein Wissen an"** Ihre Fähigkeiten (Kompetenzen) in vier Bereichen unter Beweis stellen:

(1) erkennen und verstehen
(2) überlegen und urteilen
(3) ethisch handeln und kommunizieren
(4) einfühlen und Anteil nehmen

20070-01

Auf einigen Seiten finden Sie einen **QR-Code** in der Randspalte, darunter steht ein **Mediencode**, der zum gleichen Ziel führt.
Mit dem Code **20070-01** können Sie eine **digitale Methodenbibliothek** herunterladen: Sie erhalten Zugriff auf alle Methoden und Kompetenzen, auf die mit den Wegweisern hingewiesen wird. Sie können sowohl einzelne Methoden nachschlagen als auch die gesamte Methodenbibliothek herunterladen. Der Code **20070-02** führt zu einer Vorlage und einem Beispiel für die Methodenkarte. Mit dem Code **20070-03** können Sie zusätzliche Texte herunterladen.

Erwachsen sein als Frau und Mann

Gewissen und Verantwortung

Angewandte Ethik: Medienethik

Einer der beiden Lernbereiche **Medienethik** oder **Medizinethik** ist zu wählen.

Angewandte Ethik: Medizinethik

Muss ich das tun, was von mir als Frau / Mann erwartet wird?

In der Erziehung werde ich alles anders machen als meine Eltern.

Schwarwel

Im Leben spielt man verschiedene Rollen wie im Theater.

Wie soll meine zukünftige Familie aussehen?

Gleichberechtigung ist nur was für Frauen.

Erwachsen sein als Frau und Mann

Wenn ich mal Kinder habe, will ich in der Erziehung alles perfekt machen.

stimme nicht zu ↔ stimme zu

Frauen können Pilotinnen werden.

stimme nicht zu ↔ stimme zu

Ich denke gerne an meine Kindheit zurück.

eher nein ↔ eher ja

Männer sind laut Gesetz gleichberechtigt.

stimme nicht zu ↔ stimme zu

Die Kategorien „Frau“ und „Mann“ sind veraltet.

stimme nicht zu ↔ stimme zu

WIE ICH SEHE, HAST DU HEUTE EINEN HANDSCHUH DABEI. HAST DU DICH FÜR BASEBALL IN DER PAUSE EINGETRAGEN?
JA. ERINNER MICH NICHT DRAN.

DU HAST GLÜCK, DASS *MÄDCHEN* DIESEN QUATSCH NICHT MITMACHEN MÜSSEN. WENN EIN *MÄDCHEN* NICHT AM SPORT TEILNEHMEN WILL, IST DAS KEIN PROBLEM!

■ Typisch Mann – typisch Frau?

Bill Watterson

1 Analysieren Sie den Comic. 7

2 Erläutern Sie, was der Comic mit Ihrem Leben und Ihren Erfahrungen zu tun hat oder zu tun haben könnte.

3 **a)** Notieren Sie mindestens drei Erwartungen, die an Sie gestellt werden und die typisch sind für die Erwartungen an weibliche bzw. männliche Jugendliche.

b) Beurteilen Sie, inwieweit Sie diesen Erwartungen entsprechen.

c) Beurteilen Sie, inwieweit es sinnvoll ist, diesen Erwartungen entsprechen zu wollen.

Was sind Rollen?

M1 Mehrfachrolle

Benita Epstein

1 a) Analysieren Sie die Karikatur und erstellen Sie eine Tabelle mit zwei Spalten. Tragen Sie in die erste Spalte die Rollen ein, die die Frau einnehmen könnte. 7

b) Tragen Sie in die zweite Spalte ein, ob die Rollen, die Sie in der ersten Spalte gesammelt haben, eher als traditionell oder modern (oder beides) angesehen werden können.

M2 Rollen in sieben Akten

Die ganze Welt ist Bühne
Und alle Fraun und Männer bloße Spieler.
Sie treten auf und geben wieder ab,
Sein Leben lang spielt einer manche Rollen
Durch sieben Akte hin. Zuerst das Kind,
Das in der Wärtrin Armen greint und sprudelt;
Der weinerliche Bube, der mit Bündel
Und glattem Morgenantlitz wie die Schnecke
Ungern zur Schule kriecht; dann der Verliebte,
Der wie ein Ofen seufzt, mit Jammerlied
Auf seiner Liebsten Braun; dann der Soldat,
Voll toller Flüch und wie ein Pardel bärtig,
Auf Ehre eifersüchtig, schnell zu Händeln,
Bis in die Mündung der Kanone suchend
Die Seifenblase Ruhm. Und dann der Richter
Im runden Bauche, mit Kapaun gestopft,
Mit strengem Blick und regelrechtem Bart,
Voll weiser Sprüch und Allerweltssentenzen
Spielt seine Rolle so. Das sechste Alter
Macht den besockten, hagern Pantalon,
Brill auf der Nase, Beutel an der Seite;
Die jugendliche Hose, wohl geschont,
'ne Welt zu weit für die verschrumpften Lenden;
Die tiefe Männerstimme, umgewandelt
Zum kindischen Diskante, pfeift und quäkt
In seinem Ton. Der letzte Akt, mit dem
Die seltsam wechselnde Geschichte schließt,
Ist zweite Kindheit, gänzliches Vergessen,
Ohn Augen, ohne Zahn, Geschmack und alles.

William Shakespeare: Wie es Euch gefällt (Entstehung 1599, Veröffentlichung 1623)

Tradition > Glossar

Wärtrin weibliche Person, die auf ein Kind aufpasst

Bündel (hier) lose zusammengepackte Schulsachen

Braun (hier) seiner Liebsten in die Augen schauen

Pardel Panther, Leopard

Kapaun Hahn

Allerweltssentenz Lebensweisheit

Pantalon (hier) dummer, alter Mann

Diskant hohe, schrille Sprechstimme

William Shakespeare > Glossar

Über diese Codes kann der Text mit Sprachdifferenzierung abgerufen werden.

20070-03

2 Benennen Sie die sieben verschiedenen Rollen, die William Shakespeare im Theaterstück beschreibt.

3 Bewerten Sie die Aussage Shakespeares „Die ganze Welt ist Bühne. Und alle Fraun und Männer bloße Spieler". Beurteilen Sie, ob Sie es als Einschränkung Ihrer Freiheit sehen, wenn Sie „bloße Spieler" sind.

GRUNDWISSEN

Rollen

Der Begriff **„Rolle"** stammt ursprünglich aus der Welt des Theaters und wurde in der Soziologie als „soziale Rolle" übernommen. Die **soziale Rolle** umfasst die **gesellschaftlichen Erwartungen** an das Verhalten und die Eigenschaften eines Menschen. Jeder Mensch nimmt in seinem Leben verschiedene Rollen ein, die mit verschiedenen **Rollenerwartungen** oder **Rollenbildern** verbunden sind. Rollenerwartungen erlernen wir durch unsere Sozialisation, d. h. indem wir uns mit unserer Umwelt (Familie, Kultur, Religion, Gesellschaft, Medien) auseinandersetzen, lernen wir, wie wir uns in welcher Rolle verhalten und verhalten sollen. Wichtig ist es, sich der Rollenerwartungen bewusst zu werden und Rollenbilder auch zu hinterfragen und zu verändern, wenn sie sich als ungeeignet erweisen. So kann das eigene **Rollenverhalten** angepasst werden.

Geschlechterrollen sind Rollen, die einem bestimmten Geschlecht spezielle Erwartungen zuschreiben. Dies beginnt oft schon im Babyalter, wenn Jungen blau und Mädchen rosa gekleidet werden. So verinnerlichen Kinder schon früh die gesellschaftlichen Erwartungen an eine Rolle als Frau oder Mann. Auch hier gilt es, diese Rollen zu hinterfragen und anzupassen, und Menschen, die sich nicht (eindeutig) als Frau oder Mann identifizieren, einzubeziehen.

Soziologie
> Glossar

Sozialisation
Auseinandersetzung eines Menschen mit seiner Umwelt (z. B. Familie, Freunde, Kultur, Religion, Gesellschaft, Medien)

Kultur
> Glossar

4 Erläutern Sie einer Partnerin / einem Partner anhand Ihrer Erarbeitungen der Doppelseite, des „Grundwissens" und anschaulicher Beispiele, was der Begriff „Rolle" bedeutet und was er beinhaltet.

5 Bewerten Sie auf einer Skala von 0 bis 10 (0 = kein Einfluss, 10 = starker Einfluss), was Ihr Rollenverhalten beeinflusst: Familie, Kultur, Religion, Schule, Gesellschaft und Medien. Ergänzen Sie weitere Einflüsse.

Aktion

Die Rollen in meinem Leben verstehen

Erstellen Sie anhand Ihrer Erkenntnisse aus der Bearbeitung dieser Doppelseite eine Mindmap, in der Sie Ihre gegenwärtigen, vergangenen und möglichen zukünftigen Rollen nennen. Fügen Sie bei den Nebenzweigen Ihrer Rollen die dazugehörigen Rollenerwartungen und Rollenbilder ein. Machen Sie abschließend durch farbige Hervorhebungen deutlich, welche Rollen gut zu Ihnen passen und welche weniger gut. 9

Über diese Codes kann die digitale Methodenbibliothek abgerufen werden.

20070-01

Wenn das Geschlecht die Rolle prägt

M1 Frauen- und Männerrollen im Alltag

1

Alfred Schneider, 46 Jahre, und Olga Rust, 48 Jahre, kamen Anfang der 90er Jahre mit ihren Söhnen aus der früheren Sowjetunion nach Deutschland. Er ist selbstständig tätig und beschreibt die Arbeitsaufteilung in der Familie so: „Meine Frau macht den Hausbedarf hier zu Hause. Natürlich ist sie auch in der Firma tätig, räumt auf und hilft bei Büroarbeiten. Aber sie macht gleichzeitig auch den Haushalt, also Kochen, Waschen, Saubermachen und so weiter." Er selbst ist an der Hausarbeit eher nicht beteiligt. Auf die Frage, ob er im Haushalt für bestimmte Aufgaben zuständig sei, antwortet Olga Rust: „Manchmal kauft er ein. Manchmal kaufen wir zusammen ein. Aber im Großen und Ganzen mache ich das selber."

2

Lisa Bergmann, 20 Jahre, deutscher Herkunft: „Ich würde schon sagen, dass ich das so sehen würde, dass der Haushalt jetzt mein Bereich wäre. Klar soll die Arbeit geteilt werden, trotzdem wäre ich diejenige, die den größeren Teil übernimmt. Selbst wenn ich versuche, das nicht so zu machen, wird das in letzter Konsequenz so sein. Also ich bin die Untergeordnete und der Mann ist übergeordnet. Das kann ich mir schon vorstellen."

3

Irene Riesner, 44 Jahre, russischer Herkunft: „In Russland muss die Frau alles können. Sie soll berufstätig sein und für alles im Haushalt verantwortlich sein. Wir – mein Mann und ich – haben das immer anders gemacht. Wir machten alles gemeinsam. In Russland wird von den Frauen ein kokettierendes Verhalten erwartet. Diesen Vorstellungen und Erwartungen habe ich nur in geringem Maße entsprochen. So bin ich zum Beispiel in Jeans zur Arbeit gegangen, was damals für Hochschuldozenten überhaupt nicht vorstellbar war."

kokettieren
von kokett: verführerisch, darauf bedacht, anderen zu gefallen

4

Nele Krause, 24 Jahre, deutscher Herkunft: „Ich glaube, ich würde lieber bei den Kindern zu Hause bleiben. Aber ich würde auch arbeiten gehen und meinem Mann die Rolle zu Hause mit den Kindern überlassen. Ich bin da gar nicht so sehr eingefahren."

5

Sevgi Yildirim [weiblich], 21 Jahre, türkischer Herkunft: „Im Großen und Ganzen sollte man partnerschaftlich arbeiten zu Hause. Es sollte keine konkreten Regeln geben. Du machst jetzt dies und ich mache das. Insgesamt sollte der Haushalt schon die Aufgabe der Frau sein. Es braucht ja immer einen Chef, der die ganze Organisation regelt. Aber Hilfe ist immer gut."

6

Peter Wallmann, 24 Jahre, russischer Herkunft: „Definitiv macht die Frau den Haushalt. Die Frau ist für eine Familie verantwortlich, hält sie zusammen. Natürlich würde ich den Haushalt unterstützen, aber ich denke, das Meiste macht die Frau. Waschen und diese ganzen Sachen. Das ist ja schon immer so gewesen."

7

Mutlu Karadag [männlich], 21 Jahre, türkischer Herkunft: „Ich denke, wir würden das immer spontan machen. Der, der Zeit hat, der würde dann zum Beispiel den Tisch decken oder einkaufen. Es gibt keine strikte Rollenverteilung, denke ich."

1 Arbeiten Sie zu zweit heraus, welche Rollenbilder von Frau und Mann den Aussagen zugrunde liegen.
2 Begründen Sie, welche dieser Rollenbilder Sie für geeignet und welche für problematisch halten.
3 Halten Sie für sich fest, welches Verständnis Sie von Ihrer eigenen Rolle haben. Beantworten Sie dazu folgende Fragen:
- Wie sehe ich meine Geschlechterrolle als Frau / Mann? Wie will ich als Frau / Mann behandelt werden?
- Wie stelle ich mir eine künftige Arbeitsverteilung im Haushalt und der Erwerbsarbeit vor? Was empfinde ich dabei als fair?

4 Diskutieren Sie, ob die Herkunft der Menschen in M1 etwas mit ihrem Rollenverständnis von Frau und Mann zu tun haben könnte. 4

M2 Spiel nicht mit sowas ...

Bettina Kumpe

5 Erläutern Sie den Comic mit eigenen Worten und beziehen Sie die Begriffe Geschlechterrollen, Rollenbilder, Rollenerwartungen und Rollenverhalten aus dem „Grundwissen" auf der vorigen Doppelseite mit ein.

6 Diskutieren Sie, welche Auswirkungen das Verhalten der Eltern auf die beiden Kinder haben könnte. 4

Zum Weiterdenken

Ein binäres Rollenverständnis geht von zwei Rollen aus: der Rolle als Frau und der Rolle als Mann. Überlegen Sie, welche Schwierigkeiten aus einem solchem Rollenverständnis für Menschen entstehen können, die sich nicht als „Frau" oder „Mann", also nicht binär identifizieren.

binär
zweiteilig, (hier) die Reduzierung auf zwei Geschlechter: weiblich und männlich

Geschlechterrollen im Wandel der Zeit

M1 Der Platz einer Frau ist in der ...

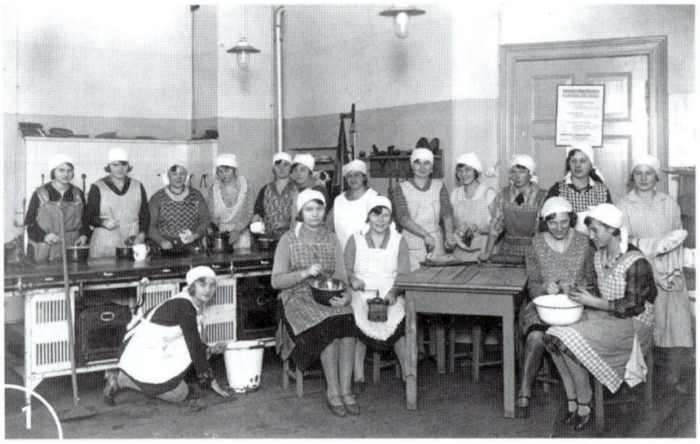

Hauswirtschaftsausbildung, Hausmädchen posieren in der Küche (1920er Jahre, Deutschland)

Studenten der Geologie an der Johns Hopkins Universität (1928, USA)

1 Beschreiben Sie die Bilder und überlegen Sie, in welchem Zusammenhang sie mit der Überschrift „Der Platz einer Frau ist in der ..." stehen könnten.

2 In der Bildunterschrift zu Bild 1 ist von einer Ausbildung die Rede. Recherchieren Sie, ab wann es in Deutschland üblich war, dass Frauen eine Ausbildung machen konnten und in welchen Berufen dies möglich und beliebt war. 6

M2 Das zartfühlende Weib (1896)

Der Mann ist das Haupt des Hauses, der Mittelpunkt aber, um den sich das ganze Hauswesen dreht, die Seele desselben, ist die Frau. Ihr Wirken und Wesen ist es, welches dem Manne sein Haus zu seiner Burg macht; die waltende Hand des zartfühlenden Weibes ist beim ersten Eintritt in ein Haus zu erkennen.

Die Hausfrau ist die Schöpferin und Hüterin der guten Sitten im Hause und sie erreicht diesen edlen Zweck nicht besser, als wenn sie die Einfachheit zur Richtschnur ihres Wesens macht. Der Gatte wird das Wohlbehagen der eigenen Häuslichkeit nicht stärker empfinden, als wenn ihm bei seiner Heimkehr die Gattin mit freundlicher Miene, liebevollem Blicke und im einfachen Gewande entgegentritt. Und dieses Ziel muss der Gattin unter allen Umständen das höchste sein. Wenn der Mann mit Stolz von sich und seinem Hause sagen kann: Mein Haus ist meine Burg, so ist es in erster Linie die Frau, der er mit doppelter Liebe und Aufopferung dafür dankt.

Franz Eberhardt

3 Finden Sie zehn Adjektive, um eine Frau zu beschreiben, die dieser Vorstellung entspricht.

4 Diskutieren Sie, welche Aspekte aus Aufgabe 1 positiv und welche problematisch sind. 4

5 Vergleichen Sie den Text mit den Aussagen von M1 auf S. 12 und stellen Sie dar, inwiefern sich die Rolle der Frau und die Rolle des Mannes verändert hat.

M3 Deutschlands Geschlechterrollen – die 50er wirken nach

Obwohl viele Frauen in Kriegs- und Nachkriegszeiten in weiten Bereichen des Alltagslebens ihren Mann gestanden hatten, wurden sie in der neuen Bundesrepublik in den 1950er-Jahren zurück an den Herd geschickt. Sie sollten Platz machen für die aus Krieg und Gefangenschaft heimkehrenden, tief verunsicherten und zum Teil schwer traumatisierten Männer. So kam es, dass das Familiengesetz in Deutschland einem anderen Leitbild folgte, obwohl Mann und Frau im Grundgesetz gleichgestellt sind: Der Mann war rechtlich der Haushaltsvorstand und die Frau brauchte zum Beispiel bis weit in die 1970er-Jahre die schriftliche Zustimmung ihres Ehemannes, wenn sie einen Job annehmen wollte. Sie war die Dazuverdienerin, meist in einem weniger qualifizierten Teilzeitjob.

Ulrike Mast-Kirschning

Grundgesetz (GG)
> Glossar

6 Geben Sie den Inhalt des Textes mit eigenen Worten wieder und erläutern Sie, ob es Textinhalte gibt, die Sie überrascht haben.

7 a) Legen Sie einen Zeitstrahl für die Rechte von Frauen in Deutschland ab 1900 an. Tragen Sie die Informationen aus dem Text in Ihren Zeitstrahl ein.

b) Recherchieren Sie folgende Informationen und ergänzen Sie den Zeitstrahl:

- Seit wann dürfen Frauen ohne Erlaubnis des Mannes ein eigenes Konto eröffnen?
- Seit wann dürfen Frauen wählen?
- Seit wann dürfen Frauen ohne Erlaubnis des Mannes den Führerschein machen?
- Welche Gesetze gab es seit wann für Schwangere und Mütter?
- Wann trat das Entgelttransparenzgesetz in Kraft? 6

Soziologin/ Soziologe
Wissenschaftlerin/ Wissenschaftler, die/ der das Zusammenleben der Menschen und ihr Verhalten in der Gemeinschaft erforscht

Soziologie
> Glossar

M4 Die Rolle des Mannes im Wandel

Das Selbstverständnis der Männer ändert sich. Das zeigt auch die [...] Studie „Männer-Perspektiven – Auf dem Weg zu mehr Gleichstellung?" des Bundesfamilienministeriums aus dem Jahr 2017. Hierfür wurden 3.000 Männer und Frauen durch den Münchner Soziologen Carsten Wippermann und sein Team zum Rollenbild des Mannes in der Gesellschaft befragt. Sagten 2007 noch 71 Prozent, dass es einer Beziehung gut tut, wenn beide Partner berufstätig sind, so sagten das zehn Jahre später bereits 82 Prozent. [...]

Seit 2007 gibt es das Elterngeld und die Möglichkeit, dass sich Mutter und Vater die Elternzeit aufteilen. Das wurde am Anfang arg belächelt, ist aber mittlerweile in der Gesellschaft angekommen. [...] Einem Mann, der sich auch in die Erziehung seiner Kinder einbringt und dafür ein paar Monate zuhause bleibt, werden eher Soft Skills zugesprochen, als dass man ihn für bekloppt erklärt. Und mittlerweile legt gut jeder dritte Vater beruflich für seinen Nachwuchs eine Pause ein. [...]

Aber ist die Welt neuerdings wirklich so rosarot und in Ordnung? Nicht wirklich, wie sich zeigt. Allein die Kita-Öffnungszeiten orientieren sich meist an den Arbeitszeiten von Teilzeitbeschäftigten – und das sind eben öfters Frauen. Das legt berufstätigen Vätern arge Steine in den Weg – ebenso wie in Vollzeit arbeitenden Müttern [...]. [...] Langfristig sind es immer noch die Mütter, die ihre Karriere hinten anstellen für das Wohl ihrer Kinder. [...] Die Frage, wer zuhause bleibt und sich um die Kinder kümmert, ist mittlerweile für beide Partner denkbar, ja sogar normal. Das war sie zu Zeiten unserer Großeltern und Eltern nicht.

Fiona Rohde

8 Beschreiben Sie, wie sich das Rollenbild des Mannes verändert hat.

9 Diskutieren Sie Vor- und Nachteile, die der Wandel des männlichen Rollenbildes mit sich bringen kann. 4

Elterngeld
finanzielle Unterstützung von Familien, die die Betreuung ihres Kindes im ersten Lebensjahr selbst übernehmen. Es soll zudem die Vereinbarkeit von Beruf und Familie erleichtern.

Soft Skills
(engl. *soft*: weich, *skill*: Fähigkeit) „weiche Fähigkeiten", die die „harten Fähigkeiten" wie z. B. Fachwissen ergänzen. Zu den Soft Skills zählen z. B. Fähigkeiten im Umgang mit anderen Menschen. Viele Soft Skills basieren auf persönlichen Werten.

Geschlechterrollen und Werbung

M1 Passend?

1 Analysieren Sie die Werbung und erläutern Sie, welche Rollenbilder in der Werbeanzeige bedient werden. 14

2 Überlegen Sie, welche Auswirkungen solche Werbeanzeigen auf das Rollenverständnis und Rollenverhalten von Kindern und Jugendlichen haben können.

M2 Gender Marketing

Gender Marketing beschreibt Marketing-Prinzipien und -strategien, die auf die Bedürfnisse von weiblichen oder männlichen Kundinnen und Kunden abzielen. Die Annahme, die dem zugrunde liegt: Frauen und Männer kaufen und konsumieren unterschiedlich, weil sich ihre Lebenswelten und -erfahrungen unterscheiden. Für Unternehmen bedeutet das, dass sie nicht nur werbestrategisch, sondern bereits in der Produktentwicklung männliche oder weibliche Erwartungen zu erfüllen versuchen. [...]

In der Praxis treibt das seltsame Blüten: Rosa für Mädchen, hellblau für Jungs – nach diesem Prinzip funktionieren Spielzeugabteilungen und Kaufhäuser. Puppenhäuser in der Mädchenabteilung, Ritterrüstungen in der [Jungenabteilung] [...] – auch das ist im 21. Jahrhundert noch längst nicht Vergangenheit. Auto- und Zigarettenwerbung ist für Männer gemacht – schließlich versprechen diese Produkte Freiheit und Abenteuer. Welche Frau will das schon? Geht es ums Kochen, Backen und Kinder versorgen, stehen die (Haus-)Frauen selbstverständlich im Mittelpunkt der Werbestory. [...]

Aber: Muss Gender Marketing zwangsläufig stereotype Geschlechterrollen verstärken? Gibt es diskriminierungsfreies Gender Marketing? [...] Welche Rolle spielt das Geschlecht in der Produktentwicklung und im Konsum?

Die Marketing-Expertin Diana Jaffé beschäftigt sich seit 2001 mit Gender Marketing und berät Unternehmen in Sachen Frauen-Marketing und Männer-Marketing. 2005 erschien ihr Buch „Der Kunde ist weiblich" (2005), in dem es ihr vor allem darum ging, Unternehmen auf die Kraft der Konsumentinnen aufmerksam zu machen. Ihre Botschaft: Wer Frauen als Kundinnen ernst nimmt, reduziert sie nicht auf die Rolle der Beifahrerin. In ihrem Gender Marketing Blog [...] prangert auch sie Geschlechterstereotypen in Werbekampagnen an. Etwa wenn ein Elektronikunternehmen die Frau in einem Spot sagen lässt: „Krass, ist der groß ... Aber von Technik habe ich ja keine Ahnung. Ich frage da immer meinen Freund ... der muss es schließlich wissen." [...] Zugleich zeigt sie die Chancen von Gender Marketing auf, etwa im Gesundheitswesen: Rein statistisch betrachtet sind Frauen gesundheitsaffiner als Männer. Insofern kann es Sinn machen, über Ansprachekonzepte nachzudenken, die Männer zu gesundheitsbewussterem Verhalten motivieren.

Gender > Glossar

stereotyp > Glossar

affin (hier) interessiert, zugewandt

Zum Marketing gehören nicht nur Werbung und Vertrieb, sondern auch Produktentwicklung und Preisgestaltung. Aus der Gender Medizin [...] ist bekannt, dass Frauen und Männer aufgrund biologischer und anatomischer Unterschiede andere Therapien und Medizinprodukte benötigen. Werden diese gezielt entwickelt und den behandelnden Ärzt_innen, Apotheken oder Therapeut_innen angeboten, erfordert das eine gendersensible Kommunikation.

FUMA Fachstelle Gender & Diversität NRW

_Gender-Unterstrich (Gender-Gap) will die Vielfalt der Geschlechter sprachlich sichtbar machen, d. h. er drückt die Gleichstellung aller Menschen, unabhängig von ihrem Geschlecht und ihrer Geschlechteridentität aus und bezieht nicht nur die traditionellen Geschlechterrollen als Frau und Mann, sondern alle Geschlechtsidentitäten ein. Auch zu finden sind das Gendersternchen (Genderstern/Gender-Star, Käufer*in) und der Gender-Doppelpunkt (Käufer:in).

Kommunikation
> Glossar

3 Erläutern Sie, was Gender Marketing ist, ohne Beispiele zu nennen.

4 Diskutieren Sie, welchen Einfluss Gender Marketing auf Kinder, Jugendliche und auch Erwachsene haben kann. 4

5 Erstellen Sie zu zweit eine Liste mit Vor- und Nachteilen von Gender Marketing und diskutieren Sie diese im Plenum. 4

M3 Geht es auch anders?

Copyright by Pinkstinks Germany e.V.

6 Betrachten Sie das Plakat und schreiben Sie fünf Adjektive auf, die Ihren ersten Eindruck beschreiben.

7 Überlegen Sie zu zweit, was die Werbung erreichen möchte, und beurteilen Sie, ob Sie die Umsetzung für gelungen halten oder nicht. Gehen Sie dabei auch auf die Ergebnisse Ihrer Erarbeitung von „Zum Weiterdenken" auf S. 13 ein.

8 Diskutieren Sie anhand von Beispielen, inwieweit der Begriff „Genderwahn" angemessen ist. 4

Zum Weiterdenken

Kampagnen wie „Schule gegen Sexismus" (Plakat in M3) wollen auf sexistische und stereotype Zuschreibungen von Geschlechterrollen im (Schul-)Alltag aufmerksam machen.

a) Sammeln Sie in Gruppen Beispiele aus Ihrem Alltag in und außerhalb der Schule für solche Zuschreibungen von Geschlechterrollen.

b) Beurteilen Sie, was Sie an diesen Zuschreibungen stört bzw. was die Betroffenen daran stören könnte.

c) Entwickeln Sie gemeinsam Vorschläge, wie Sie und die gesamte Schulfamilie unangemessenen Zuschreibungen von Geschlechterrollen im Schulalltag entgegenwirken können.

Richtige Mädchen, echte Jungs?

M1 Im Korsett der Erwartungen

Vom Rosa-Tsunami im Kinderzimmer bis zum neverending Schubladendenken – so wird das nie was mit der Gendergerechtigkeit …

Als ich einst mit dem späteren Vater meines Kindes zusammengezogen bin, habe ich die Bohrmaschine und er die Küchenmaschine mit in den gemeinsamen Haushalt gebracht. So wahnsinnig emanzipiert lief unsere Beziehung dann nach der Geburt des Babys dennoch nicht ab. Ruck, zuck fand ich mich in der klassischen Rollenverteilung wieder: er bei der Arbeit oder mit Kumpels unterwegs – ich zu Hause mit Kind, Kochlöffel und Kekskrümeln. […]

Wenn ich dann in den anderen Kinderwagen, auf den Spielplätzen und später im Kindergarten die kleinen, rundum in Pink getünchten Vollblutprinzessinnen sah, überkam mich jedes Mal Mitleid. „Oje", dachte ich, „die werden ja schon von der Windel an auf Klischeemädchen getrimmt." Und – ganz ehrlich – so ganz falsch lag ich mit dieser Wahrnehmung meist auch nicht. Ein nicht kleiner Teil dieser kleinen Tüll- und Glitzerzicken wusste die ihnen zugedachte Rolle gut auszufüllen. Voller Wehmut erinnerte ich mich an meine Kindheit.

Ich war eher der Winnetou- als der Hanni-und-Nanni-Typ. Zur Kindergartenzeit wollte ich ein Junge sein, hatte kurze Haare, langweilte mich beim Barbies-Anziehen-und-Kämmen und spielte lieber mit meinem Bruder und seinen Freunden im Wald Musketiere. Beim Fechten mit den Ästen holte ich mir blutige Daumen, beim Klettern am Hang zerrissene Jeans. Ich weiß noch, dass ich daheim einmal bitterlich geweint habe, weil ich Mädchensein so doof fand. Jungesein verband ich mit Freiheit und Wildheit. Aber all die Erwartungen, die an Mädchen gestellt wurden, waren für mich ein zu enges Korsett: brav und adrett sein, hübsch gekämmt und mit geflochtenen Zöpfen, Lacksandalen statt Turnschuhen, auf der Decke sitzend statt herumstreunend – laaaaangweilig! […]

Erst Jahrzehnte später ist mir klar geworden, dass ich damals schon eine emanzipierte Feministin war, ohne jemals irgendetwas davon gehört oder entsprechende Vorbilder gehabt zu haben. Ein Naturtalent, quasi. Das sich in keine Rollenvorstellungen zwängen lassen wollte […].

[Mittlerweile] haben sich Cowboy und Girlie längst in mir versöhnt. Ich bin gerne eine Frau – aber immer noch mit zwei Polen, die von Chucks bis High Heels reichen, und das im wahrsten und im bildhaften Sinne. Doch was ich als wirklichen Reichtum empfinde und genieße, ist für andere nicht so recht in eine Schublade zu stecken. Da ist es wieder, das Dings mit den Rollenerwartungen … Und wenn ich das schon spüre, wie geht es dann erst homosexuellen oder queeren Menschen? Niemand hat es nötig, sich in eine vorgefertigte Form quetschen zu lassen, in die er nicht passt. Deshalb wünsche ich mir eine Welt mit weniger Prototypen – und dafür mehr echten Marken!

Barbara Lang

1. Stellen Sie mithilfe einer Mindmap dar, was Barbara Lang mit Mädchensein und Jungesein verbindet, und beurteilen Sie, ob Sie als „typischer Junge" bzw. „typisches Mädchen" erzogen wurden und aufgewachsen sind. Ergänzen Sie weitere Klischees und Erwartungen aus Ihren eigenen Erfahrungen. 9
2. Erläutern Sie anhand von Beispielen aus Ihrer Erfahrung, wie Sie sich fühlen, wenn Sie in eine vorgefertigte Form gequetscht werden (sollen), in die Sie nicht passen.

Gender
> Glossar

emanzipiert
selbstständig, unabhängig – auch von alten Rollenvorstellungen

Klischee
eingefahrene, veraltete, immer wieder gebrauchte Vorstellung

Feministin
Person, die sich für Selbstbestimmung, Gleichberechtigung und Freiheit aller Menschen und Geschlechter, insbesondere von Frauen, einsetzt

queer
Bezeichnung für alle sexuellen Orientierungen außerhalb der heterosexuellen Orientierung. Der Begriff kommt vom englischen Wort *queer*: seltsam, merkwürdig und wurde früher abwertend gebraucht. Heute wird er auch als positive Bezeichnung nicht-heterosexueller Personen verwendet.

Prototyp
(hier) jemand, der als typisch für eine gesellschaftliche Gruppe gilt

M2 Für einen Jungen ganz gut

Rami geht in die dritte Klasse. Häkeln macht ihm großen Spaß, nun hat er einen Hasen nach einem aufwändigen Muster gehäkelt und zeigt ihn voller Stolz allen in der Familie.

„Echt jetzt, dieser Weiberscheiß macht dir Spaß?" – Cousin

„Für einen Jungen hast du das aber gut gemacht!" – Mutter

„Das sieht ja ganz schön kompliziert aus – hast du super gemacht!" – Opa

„Nicht schlecht. Aber zum Fußball gehst du schon noch, oder?" – Onkel

3 Erstellen Sie eine Tabelle: Beurteilen Sie, wie die Aussagen auf Rami wirken könnten, wie sie sein Verhalten beeinflussen könnten und was die Familienmitglieder mit ihren Aussagen eigentlich meinen.

4 Diskutieren Sie, was eine angemessene Reaktion auf Ramis Häkelhasen wäre, und formulieren Sie einen Erziehungsratschlag, der zur Ermutigung und Förderung von Kindern beiträgt – unabhängig von geschlechtsbezogenen Rollenerwartungen. 4

M3 Ein ‚richtiger' Junge mag keine Blumen!

Wie kommen Jungen auf die Idee, dass Frauen zum Putzen eher geeignet seien als Männer? Wieso halten sie Ballett und Puppen für etwas Unmännliches? Wieso sind sich viele Mädchen so sicher, dass eine Frau grundsätzlich nicht Pilotin werden kann?

Diesen Fragen geht die Schauspielerin, Autorin und Moderatorin Collien Ulmen-Fernandes […] auf den Grund: Zusammen mit einem Fernsehteam besucht sie […] eine Schulklasse […].

Die Sendung heißt *No More Boys And Girls*. Was denn dann?

Der Titel ist sehr provokant gewählt. Es geht nicht darum, Junge und Mädchen als Begriff abzuschaffen. Es geht viel mehr darum, den Kindern alle Optionen und Möglichkeiten, die sie haben, aufzuzeigen. Es geht darum, die Verknüpfung, also das, was mit Junge und mit Mädchen verbunden ist, zu lösen. […]

Wie sieht es bei den Jungs aus? […]

Ich habe am Anfang eine Vorstellungsrunde mit der Klasse gemacht und saß bei einem Jungen. Ihm gegenüber saß ein Mädchen, das eine Blume malte, und er sagt: „Ih!" Und ich habe ihn gefragt: „Warum sagst du denn jetzt ‚Ih'"? Daraufhin sagte er mir, Blumen seien eklig und eine Mädchensache. „Ich bin ein richtiger Junge. Ich mag keine Blumen." Einige Tage später habe ich der Klasse einen Floristen vorgestellt – und genau dieser Junge ist total auf den angesprungen, ist ihm den ganzen Tag hinterher gelaufen und hat ihn ausgefragt. Später meinte er dann: „Es hat so Spaß gemacht, diese Blumenkränze zu binden."

ZEIT ONLINE / *Ole Siebrecht*

5 Erläutern Sie, worauf die Doku „No More Boys And Girls" aufmerksam machen will.

6 Erklären Sie anhand eines Beispiels, was verloren gehen kann, wenn man aufgrund seines Geschlechts einen Beruf für sich ausschließt.

7 Finden Sie in Partnerarbeit jeweils fünf typische Männer- und Frauenberufe. Überlegen Sie gemeinsam, wie man diese Berufe für das andere Geschlecht interessanter machen könnte und welche Folgen es hätte, wenn beide Geschlechter vertreten wären.

Gleichberechtigung in Gesetz und Realität

M1 Gleichberechtigung im Gesetz

Allgemeine Erklärung der Menschenrechte
> Glossar

Allgemeine Erklärung der Menschenrechte
Artikel 2

Jeder Mensch hat Anspruch auf die in dieser Erklärung verkündeten Rechte und Freiheiten ohne irgendeinen Unterschied, etwa aufgrund rassistischer Zuschreibungen, nach Hautfarbe, Geschlecht, Sprache, Religion, politischer oder sonstiger Überzeugung, nationaler oder sozialer Herkunft, Vermögen, Geburt oder sonstigem Stand.

Des Weiteren darf kein Unterschied gemacht werden aufgrund der politischen, rechtlichen oder internationalen Stellung des Landes oder Gebiets, dem eine Person angehört, gleichgültig ob dieses unabhängig ist, unter Treuhandschaft steht, keine Selbstregierung besitzt oder sonst in seiner Souveränität eingeschränkt ist.

Grundgesetz (GG)
> Glossar

Grundgesetz
Artikel 3

(1) Alle Menschen sind vor dem Gesetz gleich.

(2) Männer und Frauen sind gleichberechtigt. Der Staat fördert die tatsächliche Durchsetzung der Gleichberechtigung von Frauen und Männern und wirkt auf die Beseitigung bestehender Nachteile hin.

(3) Niemand darf wegen seines Geschlechtes, seiner Abstammung, seiner Rasse, seiner Sprache, seiner Heimat und Herkunft, seines Glaubens, seiner religiösen oder politischen Anschauungen benachteiligt oder bevorzugt werden. Niemand darf wegen seiner Behinderung benachteiligt werden.

Rasse
Begriff, der die Spezies Mensch einteilen sollte, der jedoch wissenschaftlich überholt ist und inzwischen vor allem für eine lange Geschichte von Gewalt und Diskriminierung steht

1 Erläutern Sie sich gegenseitig, was die Gesetzestexte aussagen.
2 Diskutieren Sie, was einer Gesellschaft fehlen würde, wenn diese Gesetze nicht gälten. Notieren Sie Ihre Ergebnisse. 4
3 Erklären Sie, welche Vorteile sich Menschen davon versprechen könnten, wenn sie andere ausgrenzen und schlechter behandeln.

M2 Gleichberechtigung in der Realität

Die Autorin Mareice Kaiser schreibt in ihrem Buch „Das Unwohlsein der modernen Mutter" über das Thema Gleichberechtigung.

Die finanzielle Ungleichbehandlung der Geschlechter wird nicht nur am Ende des Lebens sichtbar, sondern bereits zu Beginn. Denn Mädchen und Jungs werden nicht gleich behandelt. Durch diese Ungleichbehandlung – Mädchen werden dafür gelobt, sich um andere zu kümmern, während Jungs die Entdecker sein dürfen – verfestigen sich Rollenbilder. Diese stehen oft stellvertretend für Berufswünsche von Kindern. Während Jungs ermuntert werden, zu forschen (gut bezahlter Job) oder zu bestimmen (gut bezahlter Job), werden Mädchen ermuntert, anderen zu helfen (schlecht bezahlter Job) oder sich oder andere schön zu machen (schlecht bezahlter Job). [...]

Über die vergangenen Jahre betrachtet, zeigt sich zwar ein sehr, sehr, sehr langsamer stetiger Rückgang dieses *Gender Pay Gaps* – von Lohngleichheit sind wir allerdings noch weit entfernt.

In den Alltag übersetzt, bedeutet das: Frauen verdienen/erhalten/erwirtschaften weniger Geld als Männer, selbst wenn sie die gleiche Arbeit – also gleiche Stundenzahl, gleiche Qualifikationen, gleiche Tätigkeiten – verrichten.

Drei Viertel des Verdienstunterschieds sind strukturell bedingt: Frauen arbeiten häufiger in Branchen und Berufen (eben in den „rosa" Berufen wie Pflege, Friseurin, Gastro, Floristin, Erzieherin), die schlechter bezahlt werden – und sie sind seltener in Führungspositionen. Übrigens passen sich diese Branchen auch oft an. Üben immer mehr Frauen Berufe aus, wird ihre Bezahlung schlechter. [...]

Dann wurde ich Mutter, und damit waren die Geldprobleme wieder zurück. Das ist nicht mein persönliches Pech, sondern, keine Überraschung: strukturell bedingt. Und es gibt sogar einen Begriff dafür. *Motherhood Wage Penalty* steht für mutterschaftsbedingte Lohneinbußen. Mutterschaft reduziert die Löhne von Frauen und ist damit ein wesentlicher Grund für den *Gender Pay Gap*, die Lohnlücke zwischen Männern und Frauen. Frauen haben im Jahr 2019 in Deutschland durchschnittlich 20 Prozent weniger pro Arbeitsstunde verdient als Männer. Am Ende des Lebens steht dann noch ein weiterer Gap, der *Gender Pension Gap*, der Unterschied der Rentenansprüche zwischen Frauen und Männern. Im Jahr 2014 waren die Renten von Frauen um 42 Prozent (in Westdeutschland) bzw. 23 Prozent (Ostdeutschland) niedriger als die von Männern. Die Gründe für die finanziellen Benachteiligungen durch Mutterschaft sind vielfältig. Durch die längeren Auszeiten, die viele Mütter nach der Geburt nehmen, werden zum einen ihre Qualifikationen entwertet. Zum anderen gibt es „negative Signalwirkungen", weil viele Arbeitgeber*innen Mutterschaft als Ausdruck fehlender Karriereorientierung betrachten. Was Quatsch ist – zutiefst patriarchaler Quatsch.

Die Auswirkungen in Zahlen: Mütter von zwei Kindern haben, bis sie 45 Jahre alt sind, bis zu 42 Prozent weniger verdient als kinderlose Frauen. Auch unmittelbar nach der Geburt eines Kindes müssen Mütter in Deutschland mit Lohneinbußen von bis zu 18 Prozent rechnen. Besonders sichtbar ist das an der Situation von Alleinerziehenden, zu 90 Prozent sind das Frauen. Laut Statistischem Bundesamt war 2015 rund ein Drittel von ihnen in Deutschland von Armut bedroht, und 40 Prozent aller Alleinerziehenden waren auf Leistungen aus der Grundsicherung für Arbeitsuchende nach Sozialgesetzbuch II, also Hartz IV, angewiesen.

Mareice Kaiser

Gender
> Glossar

Gender Pay Gap
Verdienstunterschied zwischen den Geschlechtern, d. h. Frauen erhalten für die gleiche Tätigkeit weniger Gehalt als Männer

*** Gendersternchen/Genderstern**
(Gender-Star) will die Vielfalt der Geschlechter sprachlich sichtbar machen, d. h. es drückt die Gleichstellung aller Menschen, unabhängig von ihrem Geschlecht und ihrer Geschlechteridentität aus und bezieht nicht nur die traditionellen Geschlechterrollen als Frau und Mann, sondern alle Geschlechtsidentitäten ein. Auch zu finden sind der Gender-Doppelpunkt (Käufer:in) und der Gender-Unterstrich (Gender-Gap, Käufer_in).

patriarchal
das Patriarchat betreffend. Patriarchat meint dabei eine Gesellschaftsordnung, in der in allen entscheidenden Bereichen der Mann das Sagen hat.

4 Erklären Sie die Widersprüche zwischen den Aussagen in den Gesetzen (M1) und im Text.

5 Erläutern Sie die Aussage, dass manche Arbeitgeberinnen und Arbeitgeber „Mutterschaft als Ausdruck fehlender Karriereorientierung" (Z. 57-58) betrachten.

6 Diskutieren Sie, was es einer Gesellschaft bringt, wenn sie sich um gute Lebensbedingungen für Alleinerziehende bemüht.
4

Eine Strukturskizze erstellen

GEWUSST WIE

Die Strukturskizze

Texte enthalten häufig sehr viele Informationen und nicht immer sind die Zusammenhänge sofort zu erkennen. Um bei schwierigen Texten den Überblick zu behalten und die Informationen geordnet zu erfassen, bietet es sich an, eine Strukturskizze zu erarbeiten und so die Aussagen des Textes in einer grafischen Darstellung zu veranschaulichen.

Diese Schritte können Ihnen dabei helfen:

1. Erstes Lesen

Lesen Sie den Text einmal komplett durch, um einen Überblick über den Text und seine Thematik zu erhalten.

2. Gründliches Lesen und Markieren

Lesen Sie den Text ein weiteres Mal gründlich durch. Markieren Sie dabei Begriffe, die Sie wichtig finden. Notieren Sie außerdem, zu welchen Textabschnitten Sie Fragen haben.

3. Vergleichen

Vergleichen Sie die Auswahl Ihrer Begriffe mit einer Partnerin oder einem Partner und einigen Sie sich auf eine gemeinsame Auswahl an Begriffen. Versuchen Sie gemeinsam, die Textabschnitte zu klären, zu denen Sie Fragen haben. Sollten noch Fragen offenbleiben, können Sie auch recherchieren.

4. Begriffe in einer Strukturskizze anordnen

Ordnen Sie Ihre Begriffe auf einem Blatt Papier oder in einem Dokument sinnvoll an und stellen Sie die Beziehung zwischen den Begriffen mithilfe von Linien, Pfeilen, Widerspruchssymbolen (Blitz) usw. dar. Hier finden Sie ein Beispiel, die Gestaltung Ihrer Strukturskizze ist aber frei und kann auch ganz anders aussehen.

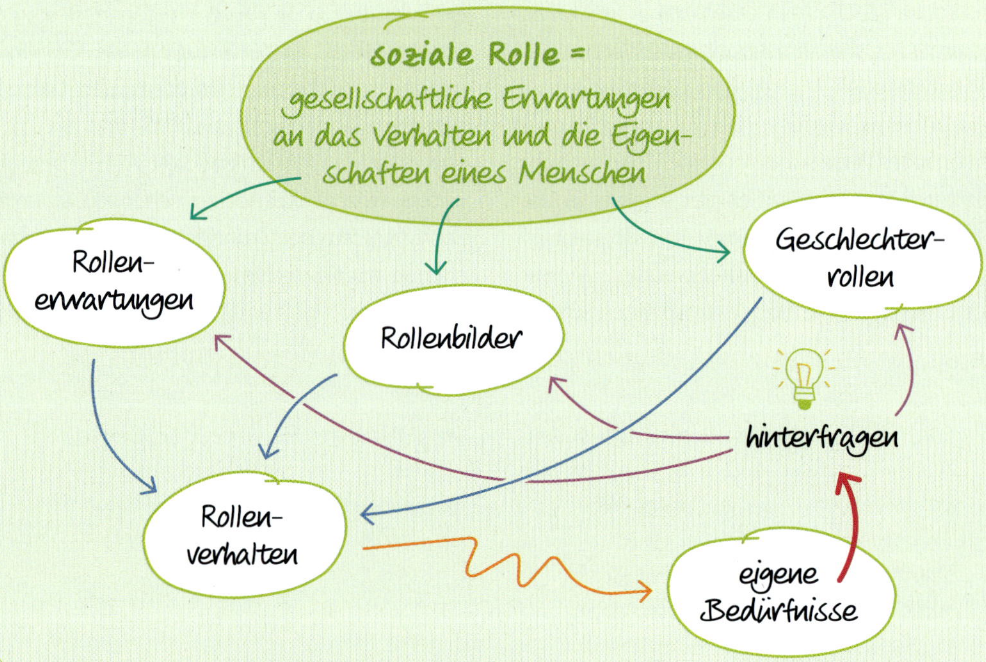

M1 Gleichberechtigung in der Krise

Wir sehen an […] [der Corona-Krise], wie weit wir noch von gleichberechtigter Elternschaft entfernt sind. […]

Frauen leisten den überwiegenden Teil der systemrelevanten Arbeit in dieser Krise – und auch sonst. In Krankenhäusern arbeiten 76 Prozent Frauen, im Einzelhandel 72,9 Prozent Frauen, in Kindergärten und Vorschulen 92,0 Prozent.

Aber gefragt sind gerade Männer.

Atemschutzmasken sind gemacht für Männer, auf Frauengesichtern halten sie nicht so gut.

Aber gefragt sind gerade Männer.

Daten zeigen, dass Frauen überproportional betroffen sind von Konflikten, Naturkatastrophen – und Pandemien. In Pandemien sterben generell mehr Frauen als Männer.

Aber gefragt sind gerade Männer.

Die ökonomische Krise durch das Virus betrifft alle, aber besonders schmerzlich ist sie für diejenigen, die sich bislang nur gerade so über Wasser halten können: Frauen.

Aber gefragt sind gerade Männer.

Kaum eine Gruppe trifft der Coronavirus-Ausnahmezustand so hart wie Alleinerziehende – zu 90 Prozent Frauen. Für Alleinerziehende sind die Auswirkungen des Coronavirus und die damit verbundenen Schließungen von Kitas und Schulen mehr als eine Herausforderung. Sie sind existenzbedrohend.

Aber gefragt sind gerade Männer.

Beratungsstellen rechnen infolge der Corona-Krise mit mehr häuslicher und sexualisierter Gewalt. Das könnte Frauen auch das Leben kosten.

Aber gefragt sind gerade Männer.

Schwangere können gerade nur unzureichend von Hebammen betreut werden. Hebammen haben nicht genug Schutzkleidung. Mal ganz zu schweigen von den miserablen Arbeitsbedingungen, über die sich Hebammen seit Jahren zu Recht beschweren.

Aber gefragt sind gerade Männer.

Männer an Maschinen verdienen mehr als Frauen an Menschen.

Aber gefragt sind gerade Männer. Die Corona-Krise legt soziale Ungleichheiten gnadenlos offen und verschärft sie.

Warum Frauen gerade nicht gefragt sind? Weil sie zwischen Care-Arbeit, emotionaler Arbeit und systemrelevanter Lohnarbeit keine Zeit für die Antworten haben. Und weil weder die Gesellschaft noch die Politik unsere Antworten hören, geschweige denn unsere Forderungen umsetzen will (Lohngerechtigkeit, Vereinbarkeit von Familie und Beruf, faire Arbeitsbedingungen in all den Berufen, die noch immer vorwiegend von Frauen ausgeführt werden).

Solange Männer immer wieder Männer fragen, wird sich daran auch nichts ändern. Solange vor allem Männer Medien führen, Männer Politik machen, Männer als Experten in den Medien auftreten, wird sich daran nichts ändern. Auch nicht an einer Gesellschaft, die von Männern für Männer gemacht ist und in der Schutzmasken nicht auf die Gesichter von Frauen passen. Während die Männer noch vehementer als sowieso schon in die Öffentlichkeit drängen, werden die Frauen, meist die Mütter, noch weiter ins Private gedrängt. Selbst im Zuge einer weltweiten Pandemie sollen sie sich gefälligst mit ihren Kindern hinten anstellen und die Klappe halten. Bundesliga und Automobilindustrie first. […]

Auch ich will frei sein, und die Mütter, die ich kenne, wollen das auch. Doch die Krise macht uns unfreier. Die Soziologin Jutta Allmendinger befürchtet, dass wir drei Jahrzehnte in Richtung Gleichberechtigung verlieren, und spricht von einer Retraditionalisierung von Rollenbildern. Ich denke, es ist gar keine Retraditionalisierung. Die Rollenbilder waren nie weg. Sie zeigen sich in der Krise nur noch stärker als bereits vorher. *Mareice Kaiser*

1 Erarbeiten Sie den Text gemäß den in „Gewusst wie" angegebenen Schritten und erstellen Sie eine Strukturskizze.

2 Erstellen Sie eine Methodenkarte zum Thema „Eine Strukturskizze erstellen". 8

Über diese Codes kann der erweiterte Text als Kopiervorlage abgerufen werden.

20070-03

systemrelevant
> Glossar

Care-Arbeit
> Glossar

Soziologin/Soziologe
Wissenschaftlerin/Wissenschaftler, die/der das Zusammenleben der Menschen und ihr Verhalten in der Gemeinschaft erforscht

Soziologie
> Glossar

Retraditionalisierung
Wiederaufleben einer Tradition

Tradition
> Glossar

Über diese Codes kann eine Vorlage und ein Beispiel für die Methodenkarte abgerufen werden.

20070-02

Meine Rolle, mein Leben

M1 My own song

Ernst Jandl
(1925-2000)
österreichischer
Dichter und
Schriftsteller

ich will nicht sein
so wie ihr mich wollt
ich will nicht ihr sein
so wie ihr mich wollt
ich will nicht sein wie ihr
so wie ihr mich wollt
ich will nicht sein wie ihr seid
so wie ihr mich wollt
ich will nicht sein wie ihr sein wollt
so wie ihr mich wollt
nicht wie ihr mich wollt
wie ich sein will will ich sein
nicht wie ihr mich wollt
wie ich bin will ich sein
nicht wie ihr mich wollt
wie ich will ich sein
nicht wie ihr mich wollt
ich will ich sein
nicht wie ihr mich wollt will ich sein
ich will sein.

Ernst Jandl

1 Diskutieren Sie, warum dieses Gedicht am Ende eines Kapitels über Rollen stehen könnte. 4

2 Schreiben Sie ausgehend von der letzten Zeile des Gedichts – und wenn es Ihnen sinnvoll scheint auch mit Bezug auf weitere Teile des Gedichts – einen Text, in dem deutlich wird, wer Sie sein wollen und von wem oder was Sie sich dabei (nicht) beeinflussen lassen möchten.

M2 Der Pullover

Es ist dieser Pullover aus dem Schaufenster. Ich bleibe stehen, sehe ihn an. Rosa, eigentlich gar nicht meine Farbe. Aber dieser hier, der könnte mir stehen. Edel sieht er aus, aber auch lässig, cool. Und weich, sehr weich.

Er passt zu einer Hose, vielleicht halb reingesteckt, aber auch zu meinem Lieblingsrock. Eigentlich passt er zu allem. In jedem Fall gut zu dunkelblauen und schwarzen Sachen. Caro hatte letztens einen ähnlichen an und sah verdammt gut in ihm aus. Er ist ziemlich teuer, aber der Preis schreckt mich nicht ab. Jetzt muss ich erst mal weiter.

Ich kann den Pullover nicht vergessen, suche und finde ihn online. Waschen wird wahrscheinlich schwierig, aber egal. Längst habe ich mich entschieden und klicke auf „in den Warenkorb". Ich male mir mich aus in diesem weichen Kuschelpullover. In einem Café, bei einem herbstlichen Spaziergang, in einem Museum vielleicht. Auf jeden Fall mit einem Lächeln. Erwachsen fühlt sich die Vorstellung von mir selbst in diesem Pullover an.

Dann kommt das Paket und ist größer als gedacht. Die Farbe ist genauso wie im Schaufenster. Ich befreie ihn aus dem Seidenpapier. Scheiße, ich glaube, der kratzt.

Ich ziehe den Pullover an, und scheiße, er kratzt wirklich. Und auch mit der Farbe bin ich jetzt unsicher. Sie ist wirklich ungewohnt. So schön wie bei den anderen sieht er an mir gar nicht aus. Vielleicht habe ich ihn falsch herum angezogen?

Ich verpasse die Rücksendefrist und ziehe ihn an, mit einem Longsleeve darunter, so geht es irgendwie. Nur am Hals kratzt er manchmal.

„Der steht dir aber gut, der Pullover", sagen die Leute. „Danke", sage ich und sage nicht, wie sehr ich in ihm schwitze.

Mareice Kaiser

3 **a)** In diesem Kapitel haben Sie sich mit den Themen Rollenerwartungen, Rollenbilder und Geschlechterrollen auseinandergesetzt. Erläutern Sie schriftlich, wie sich der Text über den Pullover damit verbinden lässt.

b) Ergänzen Sie Ihren Text um Rollen in Ihrem Alltag, die Sie manchmal kratzen und in denen Sie schwitzen.

M3 Der Pullover 2

Es ist der Pullover im Schaufenster. Und die Hose. Es ist das Kleid, es ist der Rock und die Jacke. Ich trage, was ich will und wann ich es will. Das, worauf ich Lust habe. Heute den Pullover, morgen die Hose und übermorgen das Kleid. Alles passt. Die besten Komplimente mache ich mir selbst. Mir ist warm, aber nicht zu warm. Nichts kratzt. Ich sehe mich im Spiegel und lächle mir zu. Ich fühle mich, und ich fühle mich wohl. Eine kleine Hand nimmt meine Hand. Eine Weile laufen wir zusammen, wir hüpfen und schlendern, irgendwann lässt sie los. Es ist gut. *Mareice Kaiser*

4 Erläutern Sie, was die Autorin mit dem Text „Der Pullover 2" aussagen möchte.

5 Erweitern Sie Ihren Text aus Aufgabe 3 um einen positiven Ausblick auf Ihre eigenen Rollen im Leben.

LERNAUFGABE

Entwickeln

Wenn in einer Aufgabe etwas entwickelt werden soll, bedeutet das, dass Sie bereits erarbeitete Ergebnisse und Gedanken einer Analyse miteinander verbinden, in ihrem Zusammenhang darstellen und zu einer eigenen Deutung kommen.

So können Sie dabei vorgehen:

1. Tragen Sie alle Ergebnisse, die für die Aufgabenstellung von Bedeutung sind, in einer Liste zusammen. In vielen Fällen stammen Ihre Ergebnisse oder Gedanken aus einem oder mehreren Texten. Die gründliche Lektüre (ggf. mit Recherchen) ist also eine unverzichtbare Grundlage.
2. Arbeiten Sie heraus, in welchem Zusammenhang die Ergebnisse und Gedanken stehen. Machen Sie auch deutlich, wo es Ihrer Meinung nach keinen Zusammenhang gibt. Wichtig ist, die Gedanken nicht nur aneinanderzureihen – sie müssen schlüssig verknüpft sein, sodass man der Entwicklung des Gedankengangs gut folgen kann.
3. Formulieren Sie auf der Grundlage von Schritt 1 und 2 eine eigene Deutung, wie die Ergebnisse und Gedanken zusammenhängen könnten. Diese Deutung können Sie schriftlich oder grafisch (z. B. in einem Bild, einer Strukturskizze oder Mindmap) festhalten.

L Sie haben in diesem Kapitel viele Informationen zum Thema „Rollen" erhalten. Entwickeln Sie eine eigene Vorstellung von Ihrer persönlichen Rolle, indem Sie darstellen, wie sehr Sie sich in Ihrer Rolle geprägt fühlen von
- ihrem biologischen Geschlecht.
- Einflüssen durch die Familie.
- Einflüssen durch Kultur und Religion.
- Anforderungen der Gesellschaft.
- Einflüssen der (sozialen) Medien.

Sie können auf Ihre Erarbeitungen der „Aktion" auf S. 11 zurückgreifen.

Eine Strukturskizze erstellen
> Methodenkompetenz S. 22/23

Kultur
> Glossar

Gender roles and gender equality

gender soziales Geschlecht > glossary / Glossar
equality Gleichberechtigung, Gleichheit
propers originally a street slang word, means mutual respect (hier) gegenseitiger Respekt
presumable vermutlich
to be recognized as something als etwas gelten
emancipated emanzipiert, frei
acknowledgement Anerkennung
progression Entwicklung
wage Lohn, Gehalt
to plateau stagnieren, gleich bleiben
to hold back something etwas zurückhalten, unterdrücken
tension Spannung
persistent anhaltend
norm Norm > glossary / Glossar
availability Verfügbarkeit
to suggest something auf etwas hindeuten
to take advantage of something etwas wahrnehmen, nutzen
likelihood Wahrscheinlichkeit

M1 Respect

What you want, baby, I got it
What you need, do you know I got it?
All I'm askin' is for a little respect when you
get home
(Just a little bit) Hey baby
(Just a little bit) When you get home
(Just a little bit) Mister
(Just a little bit)
I ain't gonna do you wrong while you're gone
Ain't gon' do you wrong 'cause I don't wanna
All I'm askin' is for a little respect when you
come home [...]
I'm about to give you all of my money
And all I'm askin' in return, honey
Is to give me my propers when you get home
(Just a, just a, just a, just a) Yeah, baby
(Just a, just a, just a, just a) When you get
home

Aretha Franklin: Respect (1967)

1 Outline the relationship of the lyrical I and her (presumable) husband. Also present the role of a woman as it is portrayed in the song.
2 Aretha Franklin won two Grammy Awards with this song. Explain why the song was internationally recognized as feministic and emancipated.
3 Comment on whether you think that the song is still relevant today.
4 Listen to the song "9 to 5" (1980) by Dolly Parton. In her song the lyrical I criticizes her lack of acknowledgement in the workplace. Sum up the lyrics of the song.

M2 Discrimination in the Workplace

In 2019 the Government Equality Office in the UK published a Summary Report on Improving Women's Progression in the Workplace. These are some findings from the report:

There is very little difference between the wages of men and women when they enter the workplace. From the late 20s and early 30s a large gap appears as women's wage progression plateaus, and men's continues to rise. [...] Women's progression in the workplace continues to be held back by tensions between current ways of organising work and caring responsibilities. [...] In many workplaces persistent norms of overwork, expectations of constant availability and excess workloads conflict with unpaid caring responsibilities – the majority of which still fall on women. [...] Alternative ways of working, including part-time and flexible work are currently the key solutions to overcome the conflict between current ways of working and caring responsibilities described in the previous section. However, while the evidence suggests that they are essential in helping women maintain their labour market position after the transition to motherhood, taking advantage of alternative ways of working can lead to a reduced likelihood of career progression.

Government Equalities Office/ The Global Institute for Women's Leadership

5 Find examples for the term "caring responsibilities".
6 Explain why "alternative ways of working" are essential for women.
7 Discuss why the "alternative ways of working" reduce the career progression for many women. 4
8 Connect M2 with the song "Respect" (M1) and explain why the song still holds some truth to it.

M3 Equality by law

Declaration of Human Rights, Article 2

Everyone is entitled to all the rights and freedoms set forth in this Declaration, without distinction of any kind, such as race, colour, sex, language, religion, political or other opinion, national or social origin, property, birth or other status. Furthermore, no distinction shall be made on the basis of the political, jurisdictional or international status of the country or territory to which a person belongs, whether it be independent, trust, non-self-governing or under any other limitation of sovereignity.

United Nations General Assembly (10.12.1948, Paris)

9 Sum up and explain the excerpt from the Declaration of Human Rights.

10 Connect Article 2 of the Declaration of Human Rights with the excerpt "Discrimination in the Workplace" (M2).

Declaration of Human Rights Allgemeine Erklärung der Menschenrechte > glossary / Glossar

to be entitled to something das Recht auf etwas haben

to set forth something etwas darlegen

distinction Unterscheidung

jurisdictional gerichtlich

trust Treuhandschaft

non-self-governing keine Selbstregierung

sovereignity Souveränität, Eigenstaatlichkeit

M4 Reversed roles as a solution?

Phill Burrows

11 Analyse the cartoon and explain the message the cartoonist tries to convey. 7

12 Discuss whether reversed roles could be a solution for the gender-related wage gaps in workplaces. 4

to convey something > Wortschatzkasten

WORTSCHATZ

to convey something: *etwas vermitteln, transportieren, übermitteln*

If a cartoon or film conveys a message, there might be an underlying meaning.

Example: The music of the film conveys a dark atmosphere.

Ich wiederhole mein Wissen

Rollen und Rollenerwartungen

Was sind Rollen?
> S. 10/11

Wie man in einem Theaterstück eine Rolle spielt, so spielt man gewissermaßen auch im Leben eine **Rolle**. Das bedeutet aber nicht, dass man sich verstellt. Mit einer **sozialen Rolle** sind die **Erwartungen an einen Menschen** bezüglich seiner **Eigenschaften** und seines **Verhaltens** gemeint.
Jeder Mensch hat in unterschiedlichen Lebensbereichen (z. B. zu Hause, in der Schule, im Verein, im Beruf) und unterschiedlichen Beziehungen (z. B. familiäre Beziehungen, Freundeskreis, Partnerschaft, Bekannte, Vorgesetzte) verschiedene Rollen, die wiederum mit unterschiedlichen Erwartungen verbunden sind.
Niemand ist den Rollenerwartungen anderer völlig ausgeliefert – es gilt, sie zu **hinterfragen** und gelegentlich **anzupassen**, oder sich auch bewusst zu **widersetzen**.
Die Einflüsse auf die Rollenerwartungen und damit auf unser Verhalten in einer Rolle sind vielfältig, und häufig ist uns gar nicht bewusst, was uns wie prägt.

Was Rollen und Rollenerwartungen prägt

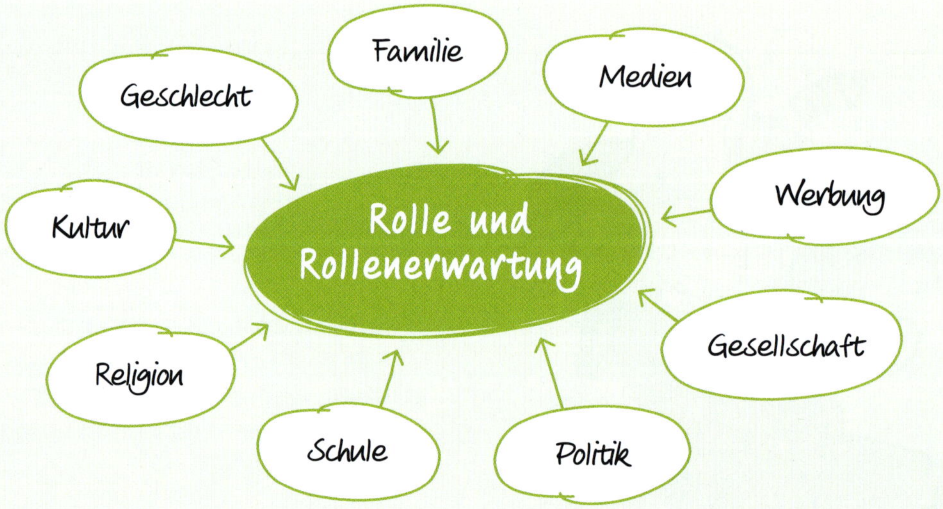

Geschlechterrollen

Wenn das Geschlecht die Rolle prägt
> S. 12/13

Geschlechterrollen im Wandel der Zeit
> S. 14/15

Werden einem bestimmten Geschlecht bestimmte Rollenerwartungen zugeschrieben (z. B. „Ein Junge tut so was nicht!" oder „Das ist nichts für Frauen!"), handelt es sich um **Geschlechterrollen**. Damit wird aus dem **biologischen Geschlecht** (das nicht immer eindeutig ist) eine **soziale Rolle** abgeleitet. Auch das geschieht oft unbewusst. Dies kann der Entfaltung bestimmter Fähigkeiten oder der Persönlichkeit hinderlich sein. Besonders für Menschen, die sich nicht oder nicht eindeutig als „Mann" oder „Frau" identifizieren, ist eine starre Rollenzuschreibung unpassend.
Die Vorstellung, wie man als Mädchen / Junge bzw. Frau / Mann zu sein hat, ist auch stark von der **Kultur** geprägt und abhängig von den **Zeitumständen**, in denen man lebt. So hat sich in Deutschland die Rolle der Frau ebenso wie die Rolle des Mannes in den vergangenen Jahrzehnten deutlich gewandelt, ältere Rollenerwartungen wirken aber oft noch lange nach.

Der Einfluss der Medien und der Werbung

Unsere Vorstellungen von Rollen und davon, was von uns in unterschiedlichen Rollen erwartet wird, werden ständig mitgeprägt von **Medien und Werbung**. Hier begegnen wir – mal mehr, mal weniger bewusst – Rollenvorbildern und lernen nebenbei, welches Verhalten in welcher Rolle erwünscht ist und welche Verhaltensweisen Probleme mit sich bringen. Auf diese Weise werden auch schon die jüngsten Mediennutzerinnen und -nutzer beeinflusst in ihren Vorstellungen davon, wie ein ‚richtiges' Mädchen oder ein ‚echter' Junge sein soll.

Auch die Werbe- und Marketingindustrie nutzt Rollenbilder aus und festigt sie. Zahlreiche Produkte gibt es in Ausführungen für männliche und weibliche Zielgruppen, um noch mehr Umsatz zu erreichen; diese Strategie heißt **Gender Marketing**.

Geschlechterrollen und Werbung > S. 16/17

Wie Mädchen und Jungen zu sein haben

Besonders Kinder sind schon früh den Erwartungen ausgesetzt, die aufgrund ihres Geschlechts an sie gestellt werden. Das geschieht oft unbewusst und keineswegs immer mit einer schlechten Absicht, kann aber dazu beitragen, dass sich Kinder unpassend fühlen oder glauben, sich verstellen zu müssen. Um ihnen dies zu ersparen, ist es wichtig, auf ihre **Stärken und Eigenschaften** zu schauen und sie darin zu **fördern**, anstatt sie mit dem zu vergleichen, was man für mädchen- bzw. jungentypisch richtig hält. Denn damit können auch Fähigkeiten verkümmern oder Talente erst gar nicht entwickelt werden.

Richtige Mädchen, echte Jungs? > S. 18/19

Gesetzlich garantiert: Gleichbehandlung

Sowohl im deutschen **Grundgesetz** als auch in der **Allgemeinen Erklärung der Menschenrechte** ist die **Gleichbehandlung aller Menschen** – und damit auch die von Männern und Frauen – garantiert. Das bedeutet jedoch nicht, dass dies in der **Wirklichkeit** in allen Bereichen so ist. So gibt es z. B. noch immer Unterschiede beim Einkommen und bei der Aufteilung der Familien- und Haushaltsarbeiten.

Wenn tatsächlich Gleichberechtigung herrscht, ist das nicht nur ein Vorteil für diejenigen, die lange auf diese Gleichberechtigung verzichten mussten – es ist immer ein **Vorteil für die gesamte Gemeinschaft und Gesellschaft** und sollte daher das Ziel aller sein.

Gleichberechtigung in Gesetz und Realität > S. 20/21

Meine Rolle, mein Leben

Die **Auseinandersetzung** mit den unterschiedlichen Erwartungen, Rollen sowie den sich zum Teil widersprechenden Rollenbildern in unterschiedlichen Kulturen, Religionen, in Medien, Gesellschaft und zu Hause ist anstrengend, aber notwendig. Erst, wenn man sich bewusst wird, welche Rollenerwartungen andere an einen stellen und woher diese Erwartungen kommen, kann man sich ernsthaft damit auseinandersetzen und sich fragen, was wirklich zu einem passt.

Es liegt in der **Verantwortung** jeder und jedes Einzelnen, die vorgegebenen **Rollenmuster und -erwartungen immer wieder kritisch zu prüfen**. Dieser Vorgang ist nie abgeschlossen, da wir immer wieder mit neuen Erwartungen konfrontiert sind, neue Erfahrungen machen und neue Menschen kennenlernen, die uns positiv als Vorbilder oder negativ als abschreckende Beispiele prägen.

Meine Rolle, mein Leben > S. 24/25

Ich wende mein Wissen an

Um gut mit den unterschiedlichen eigenen Rollen leben zu können, sollten Sie erkennen und verstehen, …

- welche Rollen Sie in unterschiedlichen Lebensbereichen übernehmen.
- welche Erwartungen mit diesen Rollen verbunden sind.

M1 Eine Frage der Erwartungen

Marie Marcks

1 Analysieren Sie die Karikatur. 7

2 Erläutern Sie, was Rollenerwartungen sind und wie sie sich auf Kinder auswirken können.

Um in Lebensgemeinschaften gemeinsam zu vereinbaren (und umzusetzen), wie man die Aufgaben verteilt, ist es wichtig, realistisch zu überlegen und zu urteilen, …

- wie man die eigene Rolle versteht und welche Verantwortung sich daraus ergibt.
- wie man das Zusammenleben (besonders mit Kindern) organisieren und die Aufgaben fair aufteilen möchte.

M2 Menschen, die da sind

„Das Kind erwartet Menschen, die da sind, nicht, dass einer davon Geld verdient und der andere kocht."

Andreas Eickhorst, Psychologe

1 Erläutern Sie die Aussage des Zitats im Hinblick auf das Rollenverständnis von Vätern und Müttern.

2 Diskutieren Sie, ob ein Vater / eine Mutter diese Meinung auch als Ausrede gebrauchen könnte, wenn er / sie sich vor den alltäglichen Familienarbeiten drücken möchte. 4

In Medien und Werbung, aber auch im persönlichen Umfeld ist jede und jeder immer wieder mit stereotypen Rollenvorstellungen konfrontiert. Hierbei ist es wichtig, ethisch zu handeln und zu kommunizieren, indem Sie …

stereotyp
> Glossar

- abwertende und beleidigende Rollenzuschreibungen nicht einfach hinnehmen oder übergehen.
- deutlich machen, wenn Sie sich oder andere durch eine Rollenzuschreibung ausgegrenzt oder benachteiligt fühlen.

M3 Alles eindeutig?

1 *So wichtig ist mir der Schulabschluss jetzt auch nicht, ich will eh mal Kinder.*

2 *Wieso soll Lukas den letzten Platz im Kochkurs bekommen, ist der kein richtiger Kerl oder was?*

3 *ProteinProPlus – macht starke Männer noch stärker.*

1 Beurteilen Sie die Aussagen und überlegen Sie, welche Rollenvorstellungen ihnen zugrunde liegen könnte.

2 Reagieren Sie auf die Aussagen und gehen Sie auf die zugrunde liegenden Rollenvorstellungen ein.

Wenn Jugendliche sich schwertun, mit Rollenerwartungen zurechtzukommen, ist es hilfreich, sich einzufühlen und Anteil zu nehmen und sich selbst zu fragen, …

- was mir wichtig ist und was ich besonders gut kann.
- warum andere vielleicht sonderbar reagieren, wenn meine Vorstellung nicht den typischen Rollenerwartungen entspricht.

M4 Entmutigung

Als ich zu Hause erzählt habe, dass ich so stolz auf meinen Praktikumsplatz im Kindergarten bin und unbedingt Erzieher werden will, meinte meine Mutter nur: „Du weißt schon, dass das bei den Mädels nicht so gut ankommt." Und mein Vater: „Ist hoffentlich nur eine Phase. Du findest sicher noch einen richtigen Beruf." *Merthan, 16 Jahre*

1 Beurteilen Sie die Aussagen der Eltern und überlegen Sie, wie sie auf Merthan wirken könnten.

2 Formulieren Sie eine Aussage, die für Merthan hilfreich gewesen wäre.

PEANUTS
Tm. Reg. U. S. Pat Off.—All rights reserved
Copr. 1962 by United Feature Syndicate, Inc.
ICH MUSS MIT DIR REDEN, CHARLIE BROWN ...

ALS BEHANDELNDE THERAPEUTIN DEINER SCHWESTER KOMME ICH NICHT UMHIN, DICH FÜR IHRE ÄNGSTE VERANTWORTLICH ZU MACHEN!

Über Lebensgemeinschaft und Elternschaft nachdenken

Charles M. Schulz

1 Erläutern Sie die Aussage des Comics.
2 Diskutieren Sie in der Klasse darüber, was der Comic mit der Überschrift des Unterkapitels zu tun haben könnte. 4
3 Finden Sie gemeinsam Gründe, weshalb es
- sinnlos ist, in Ihrem Alter über Lebensgemeinschaft und Elternschaft nachzudenken.
- sinnvoll sein kann, sich bereits jetzt darüber Gedanken zu machen.

Meine Kindheit

M1 Wenn ich mich zurückerinnere …

Ich erinnere mich gerne an die gemeinsamen Samstagabende, als meine Geschwister und ich noch viel kleiner waren. Da haben wir zusammen Kinderfilme gesehen, die wir davor in harten Verhandlungen auswählen konnten. Ich glaube, ich habe in keiner Zeit so gut gelernt, zu diskutieren wie damals. Es kam dann meist zum Streit, aber sobald wir den Film gestartet haben, haben wir uns alle fünf auf die Couch gekuschelt, Pizza und Popcorn gegessen und viel zusammen gelacht. Wenn ich an die Zeit zurückdenke, wird mir ganz warm. Ich glaube, ich schlage heute Abend mal vor, dass wir diesen Samstag doch mal wieder einen Filmeabend machen …

Anastasija, 15 Jahre

Klar habe ich auch gute Erinnerungen an meine Kindheit. Aber die negativen sind irgendwie stärker. Ich war sieben, als meine Eltern sich getrennt haben. Die ganze Scheidungszeit war echt hart. Ich weiß noch, wie ich oft versucht habe, meine Mutter anzurufen und sie ist einfach nicht rangegangen. Mein Vater meinte immer, sie braucht eben ein bisschen Abstand und wir sind jetzt zu zweit eine Familie. Aber sie hat mir so gefehlt. Ich frage mich oft, wie es gewesen wäre, wenn meine Eltern sich nicht getrennt hätten. Vielleicht hätte ich dann sogar Geschwister.

Philipp, 16 Jahre

1 Beschreiben Sie jede der beiden Erfahrungen mit mindestens drei Adjektiven, die nicht in den Aussagen vorkommen.

2 Schreiben Sie in einem Tagebucheintrag aus der Gegenwart über eine wichtige Erinnerung in Ihrer Kindheit (sie kann positiv oder negativ sein).

3 Diskutieren Sie, inwieweit Ihre Erfahrungen und Erinnerungen Ihre Vorstellungen und Wünsche im Blick auf Ihr künftiges Familienleben beeinflussen können. 4

M2 „… das alles blieb mir bis diese Stunde."

Theodor Fontane (1819-1898) deutscher Schriftsteller

In „Meine Kinderjahre" hat Theodor Fontane seine Erinnerungen zu einem Roman verdichtet. Ein Erlebnis prägte sich ihm besonders ein:

[Als ich sieben war, gab es] ein großes Feuer, bei dem die vor dem Rheinsberger Tore gelegenen Scheunen abbrannten. Es war aber, wie ich gleich vorweg zu bemerken habe, nicht der Scheunenbrand selbst, der sich mir einprägte, sondern eine sich unmittelbar vor meinen Augen abspielende Szene, zu der das Feuer, dessen Schein ich nicht mal sah, nur die zufällige Veranlassung gab.

Meine Eltern befanden sich an jenem Tage auf einem kleinen Diner, ganz am entgegengesetzten Ende der Stadt. Als die Tischgesellschaft von der Nachricht, dass alle Scheunen in Feuer stünden, überrascht wurde, stand es für meine Mutter, die eine sehr nervöse Frau war, sofort fest, dass ihre Kinder mit verbrennen müssten oder mindestens in schwerer Lebensgefahr schwebten, und von dieser Vorstellung ganz und gar beherrscht, stürzte sie, von der Tafel fort, ohne Hut und Mantel und das Haar von dem stürmisch eiligen Gange halb aufgelöst, in das große Frontzimmer unserer Wohnung, darin wir, aus den Betten geholt und mit Decken zugedeckt, schon auf Kissen und Fußbänken umhersaßen. Unserer ansichtig werdend, schrie sie vor Glück und Freude laut auf und brach dann ohnmächtig zusammen. Als im nächsten Augenblicke verschiedene Personen, darunter auch die Wirtsleute, mit Lichtern in der Hand herzukamen, empfing das Gesamtbild, das das Zimmer darbot, eine grelle Beleuchtung, am meisten das dunkelrote Brokatkleid meiner Mutter, und das schwarze Haar, das darüber fiel, und dies Rot und Schwarz und die flackernden Lichter drum herum, das alles blieb mir bis diese Stunde.

Theodor Fontane: Meine Kinderjahre (1893)

Diner
(franz.) Abendessen

Brokat
teurer, kostbarer, oft mit Gold- oder Silberfäden verzierter Stoff

Tafel
alte Bezeichnung für Tisch

4 Arbeiten Sie in Partnerarbeit heraus, wie Theodor Fontane den Charakter seiner Mutter beschreibt.

5 Erklären Sie – auch anhand von Beispielen aus Ihrer Erfahrung –, welche Rolle Gefühle bei der Einprägung von Erinnerungen spielen.

6 Theodor Fontane hatte eine seelische Krise, als ihm ein Arzt empfahl, sich mit seinen Lebenserinnerungen zu beschäftigen. Daraus entstand sein Roman „Meine Kinderjahre". In seinem Tagebuch hat Fontane später notiert, er habe sich „mit diesem Büchlein wieder gesund geschrieben". Diskutieren Sie, warum die Auseinandersetzung mit der Kindheit heilsam sein kann. 4

M3 Rückblick

„Blicke ich auf meine Jugend zurück, so bin ich vom Gedanken bewegt, wie vielen Menschen ich für das, was sie mir gaben und was sie mir waren, zu danken habe. Zugleich aber stellt sich das niederdrückende Bewusstsein ein, wie wenig ich jenen Menschen in meiner Jugend von diesem Dank wirklich erstattet habe."

Albert Schweitzer

Albert Schweitzer
(1875-1965) deutsch-französischer Philosoph, Arzt, evangelischer Theologe und Musiker

7 Erläutern Sie die Aussage Albert Schweitzers.

8 **a)** Diskutieren Sie, welche Auswirkungen eine solche Reflexion der Kindheit auf das eigene Leben, die eigene Familie und das Zusammenleben mit anderen haben kann. 4

b) Notieren Sie für sich persönlich, welchen Menschen in Ihrem Leben Sie wofür dankbar sind. Dies kann auch Menschen außerhalb der eigenen Familie einschließen.

Über diese Codes kann die digitale Methodenbibliothek abgerufen werden.

20070-01

Familie und ihre Bedeutung

M1 (M)eine Familie – (m)eine Basis fürs Leben

Tradition
> Glossar

Jeder hat mindestens eine Person, die eine prägende Rolle in seinen Erinnerungen an die Kindheit einnimmt. Meistens ist das die Mutter oder der Vater, doch oft sind auch Geschwister, Oma, Opa oder eine Tante sehr wichtig gewesen. Die einen erinnern sich vor allem an den Donnerstagnachmittag, den sie immer mit Papa im Wald verbracht haben. Die anderen denken gerne an die Feiertage zurück, an denen sie mit Opa Plätzchen gebacken haben. Oder vielleicht an die Sporttage mit der großen Schwester oder die Wocheneinkäufe mit Mama. Insbesondere in der frühen Kindheit sind nicht nur die Erlebnisse an sich wichtig, sondern häufig auch das, was man aus ihnen mitgenommen hat: Im Wald lehrte Papa einem, wie man Vogelstimmen unterscheidet und Bäume richtig benennt. Opa erklärte nicht nur die leckeren Weihnachtsrezepte, sondern auch, welche Traditionen man in der Winterzeit lebt. Die große Schwester brachte einem die wichtigsten Regeln im Teamsport bei und Mama erklärte immer, wie man beim Einkauf auf die frischesten Lebensmittel achtet.

1 Erläutern Sie, welche Bedeutung die Familie für das Heranwachsen von Kindern hat.

2 **a)** Erstellen Sie eine anonyme Umfrage in der Klasse zu den Fragen, welche Person in der eigenen Familie am wichtigsten war und welche Gründe das hat. 13

b) Erstellen Sie aus den Ergebnissen eine Statistik in Form einer Tabelle oder eines Diagramms. 3

M2 Ein Mensch, an den ich mich wenden kann

Astrid Lindgren
(1907-2002)
schwedische Schriftstellerin und eine der weltweit bekanntesten Kinder- und Jugendbuchautorinnen

In den Geschichten vom „Michel aus Lönneberga" erzählt Astrid Lindgren von Michel, einem Jungen, der auf einem Bauernhof in Schweden wohnt. Er ist stur, wild, wissbegierig und neugierig. In den Augen der Erwachsenen denkt er sich oft Streiche aus, die bei genauer Betrachtung aber daraus entstehen, dass Michel etwas wissen möchte, z. B. ob die Gummistiefel des Vaters auch von innen dicht sind, und um das herauszufinden, muss man sie eben mit Wasser füllen. Durch seine wilden Ideen verträgt sich Michel schlecht mit seinem Vater, der seine Experimente als Unfug ansieht. In Alfred, dem Knecht auf dem Hof, findet er einen Menschen, an den er sich wenden kann.

Aber im Katthult-See, zwischen weißen Seerosen, schwammen Michel und Alfred in dem kühlen Wasser herum, und am Himmel hing der Julimond wie eine rote Laterne und leuchtete ihnen. „Du und ich, Alfred", sagte Michel.
„Ja, du und ich, Michel", sagte Alfred. „So soll's sein!"
Astrid Lindgren

3 **a)** Beschreiben Sie die Stimmung, die der kurze Textausschnitt zum Ausdruck bringt.

b) Erstellen Sie eine Liste mit Begriffen und Empfindungen, die Michel in Alfred finden könnte (z. B. Geborgenheit).

4 Erläutern Sie, wie bedeutsam es für Kinder ist, eine Person zu haben, an die sie sich wenden können. Überlegen Sie, ob Michel Alfred auch zu seiner Familie zählen könnte, obwohl sie nicht verwandt sind.

M3 Was Bindung mit uns macht

Bindung ist ein emotionales Band, welches zwei Menschen auf spezielle Art und Weise miteinander verbindet. Laut John Bowlby, dem Begründer der Bindungstheorie, werden alle Babys dieser Welt mit einer genetisch in uns verankerten Bereitschaft, sich eine Bindungsperson zu suchen, geboren. Denn nur, wenn es dem Kind gelingt, einen (erwachsenen) Menschen davon zu überzeugen, sich um sein Wohlergehen zu kümmern, kann es überleben. Schon die Kinder unserer urzeitlichen Vorfahren haben Bindungsverhalten wie Weinen, Anklammern und Nachlaufen gezeigt, um beim Weiterziehen der Horde nicht zurückgelassen zu werden. [...] Die Bindungsperson, die das Baby wählt, muss nicht mit ihm verwandt sein – es sucht sich schlicht und ergreifend diejenige Person heraus, die sich am verlässlichsten und am feinfühligsten um seine grundlegenden Bedürfnisse kümmert. [...] Dass das Bedürfnis nach Bindung für ein Kind ebenso bedeutsam ist, wie die Nahrungsaufnahme und das beständige Erforschen seiner Umwelt, [ist längst bewiesen]. Neuste Forschungsergebnisse weisen darauf hin, dass eine sichere Bindung ein entscheidender Faktor für die Entwicklung von Beziehungsfähigkeit ist. Grundlegende Muster für das Verhalten innerhalb von Beziehungen werden somit in den ersten entscheidenden Lebensjahren gelegt. [...] Kinder, die als Babys eine sichere Bindung aufgebaut haben, [reagieren] im späteren Leben auf Belastungen psychisch weitaus stabiler, als unsicher gebundene. Sie haben schon in jungem Alter gelernt, Bewältigungsstrategien zu entwickeln. Da Babys noch nicht in der Lage sind, sich in Stresssituationen selbst ausreichend zu beruhigen, sind sie zunächst einmal auf Fremdregulierung angewiesen. Zusammen mit der Hauptbindungsperson werden angstvolle Begebenheiten überwunden. Durch zärtliche Berührungen, gewiegt werden, Blickkontakt und beruhigende Worte lernt das Kind ganz automatisch Techniken zur Stressbewältigung und seine Fähigkeit zur Selbstregulation wächst.

Katja Seide

John Bowlby
(1907-1990)
britischer Kinderpsychiater und Bindungsforscher

Fremdregulierung
emotionales Auffangen von außen. Bei Babys bedeutet das, dass die Bindungsperson (Eltern, Großeltern, etc.) das Kind tröstet, streichelt und kuschelt, sobald es weint.

Selbstregulation
selbstständige Beseitigung von Störungen, die Fähigkeit, sich selbst helfen zu können

5 Erläutern Sie, weshalb es für ein Baby wichtig ist, eine erwachsene Person davon zu überzeugen, dass sie sich um es kümmert.

6 Diskutieren Sie, was es in der Familie braucht, damit ein Kind mental gesund aufwachsen kann. 4

7 **a)** Erarbeiten Sie mithilfe der Informationen aus dem Text sowie eigener Erfahrungen eine Mindmap zum Thema „Familie – ihre Funktion und Bedeutung“. 9

b) Nehmen Sie ausgehend von Ihren Erarbeitungen in Aufgabe 7 a) in einem kurzen Text Stellung zu der Frage: „Wie beeinflusst die Familie die Persönlichkeitsbildung?“

mental
geistig

Zum Weiterdenken

Familie kann auch mit Schwierigkeiten und Problemen verbunden sein und es kann vorkommen, dass man sich trotz vieler Familienmitglieder einsam fühlt.

Versetzen Sie sich in die Lage einer Jugendlichen / eines Jugendlichen, die / der das Gefühl hat, sie / er könne sich an niemanden wenden. Schreiben Sie einen inneren Monolog oder einen Tagebucheintrag, der zum Ausdruck bringt, wie sich die / der Jugendliche fühlt. Ergänzen Sie – wenn Sie es für passend halten – einen positiven Ausblick am Schluss.

Zu streng? Zu lasch?

M1 Freiheit?

Hagen

1 Analysieren Sie die Karikatur. 7

2 Diskutieren Sie Chancen und Probleme, wenn sich ein Kind in unterschiedlichen Lebensbereichen mit verschiedenen Erziehungsformen konfrontiert sieht. Dafür können Sie auch die Informationen aus dem „Grundwissen" verwenden. 4

GRUNDWISSEN

Erziehungsformen

Heutzutage bieten sich Eltern mehrere Möglichkeiten, ihre Kinder zu erziehen. Die Erziehungsmodelle sind sehr unterschiedlich.

Tradition
> Glossar

Mit dem **autoritären** Stil ist die eher traditionelle Erziehung gemeint, wie sie die meisten unserer Eltern und Großeltern erlebt haben. Hier wird das Kind häufig als zu unreif angesehen, um wichtige Entscheidungen mitzutragen, weshalb die Eltern vieles alleine bestimmen. Außerdem werden Belohnungssysteme und Strafen angewandt, um ein erwünschtes Verhalten zu bewirken.

Als **laissez faire** (franz. „lass sie machen") bezeichnet man eine Erziehung, bei der die Eltern dem Kind so viel Freiheit wie möglich lassen. Dabei werden dem Kind keine Grenzen oder Regeln von den Eltern auferlegt.

Ein **demokratisches** bzw. **antiautoritäres** Modell beruht auf dem Wunsch, Kindern früh die Möglichkeit zu geben, sich in das Familienleben einzubringen. Es gibt zwar ein Hierarchiegefälle in der Familie, aber nur in der Verantwortung für Entscheidungen. Basis dafür ist eine enge Bindung zwischen Eltern und Kindern, die nicht das Verhalten, sondern die zugrunde liegenden Bedürfnisse ins Zentrum stellt.

M2 Das Problem mit dem Regenmantel – Teil 1

Ein Gespräch zwischen Vater und Tochter.

Jane: Tschüss. Ich gehe jetzt zur Schule.

Vater: Es regnet, Liebling, und du hast keinen Regelmantel an.

Jane: Ich brauche ihn nicht.

Vater: Du brauchst ihn nicht! Du wirst nass werden, […] dir einen Schnupfen holen.

Jane: So sehr regnet es nicht.

Vater: Und ob es das tut.

Jane: Also, ich will keinen Regenmantel anziehen. Ich hasse es, einen Regenmantel zu tragen.

Vater: Nun hör mal, Liebling, du weißt, du wirst wärmer und trockener sein, wenn du ihn anziehst. Bitte, geh und hole ihn.

Jane: Ich hasse den Regenmantel – ich will ihn nicht anziehen!

Vater: Du gehst sofort in dein Zimmer zurück und holst den Regenmantel! Ich lasse dich an einem solchen Tag nicht ohne Regenmantel zur Schule gehen.

Jane: Aber ich mag ihn nicht …

Vater: Kein „Aber" – wenn du ihn nicht anziehst, werden deine Mutter und ich dir verbieten, rauszugehen.

nach Thomas Gordon

3 Ordnen Sie den Dialog einer der Erziehungsformen aus dem „Grundwissen" zu und begründen Sie Ihre Zuordnung.

4 Versetzen Sie sich in Janes Lage. Begründen Sie, ob Sie an ihrer Stelle mit der Lösung zufrieden wären.

M3 Das Problem mit dem Regenmantel – Teil 2

Ein Gespräch zwischen Vater und Tochter.

Jane: Tschüss. Ich gehe jetzt zur Schule.

Vater: Es regnet, Liebling, und du hast keinen Regelmantel an.

Jane: Ich brauche ihn nicht.

Vater: Du brauchst ihn nicht! Du wirst nass werden, […] dir einen Schnupfen holen.

Jane: So sehr regnet es nicht.

Vater: Und ob es das tut.

Jane: Also, ich will keinen Regenmantel anziehen. Ich hasse es, einen Regenmantel zu tragen.

Vater: Ich möchte es aber.

Jane: Ich hasse diesen Regenmantel – ich will ihn nicht tragen […].

Vater: Ach, ich geb's auf. Geh ohne Regenmantel zur Schule.

nach Thomas Gordon

5 Ordnen Sie den Dialog einer der Erziehungsformen aus dem „Grundwissen" zu und begründen Sie Ihre Zuordnung.

6 **a)** Vergleichen Sie das Verhalten des Vaters mit seinem Verhalten aus M2.
b) Nehmen Sie Stellung, ob Sie den Ausgang der Gespräche für gelungen halten.

Bedürfnisse im Gleichgewicht

M1 Was für eine Mutter möchte ich mal sein?

Attachment Parenting
(engl. *attachment*: Bindung, *parenting*: Elternschaft, Kindererziehung) bindungsorientierte Elternschaft

Die Autorin Nora Imlau schreibt in ihrem Blog über das Thema „Attachment Parenting". Als junge Frau hatte sie den Eindruck, wer Mutter wird, müsse sich für ein Weltbild entscheiden:

Entweder man sieht das eigene Kind als extrem bindungsbedürftige kleine Persönlichkeit, deren Bedürfnisse nach Nähe, Nahrung und Schlaf es so gut es geht zu erfüllen gilt. Oder man versteht das eigene Baby als potentiellen kleinen Tyrannen, der gleich lernen muss, dass es mit Schreien und Weinen nichts erreicht. Das erste Weltbild fand ich deutlich sympathischer.

Und so fiel, etwa anderthalb Jahre, bevor ich tatsächlich mein erstes Baby bekam, die Entscheidung: Ich werde eine „Attachment Parenting"-Mom! In der Schwangerschaft mit meiner ersten Tochter besorgte ich mir dann hochmotiviert die entsprechende [Literatur] [...], indem ich mir übers Internet William und Martha Sears' „Attachment Parenting Book" bestellte, die Bibel der Bedürfnisorientierten. Was ich dort las, machte Sinn und Mut. Attachment Parenting, schrieben die Sears, sei letztlich nichts anderes als die Überzeugug, dass Babys uns von Geburt an ihre Bedürfnisse mitteilen – und dass es unser Job als Eltern ist, diese Bedürfnisse zu „lesen" und bestmöglich zu erfüllen, und dabei immer gut auch auf uns selbst und unsere eigenen Bedürfnisse zu achten. Das fand ich einleuchtend. Eine Balance der Bedürfnisse – was für ein schönes Ziel für ein gelingendes Familienleben! [...]

Und genau diese Einfachheit [...] vermisse ich heute oft, wenn es um Attachment Parenting geht. Denn seien wir ehrlich: Die wenigsten jungen Mütter und Väter informieren sich heute über Attachment Parenting im Standardwerk des Ehepaar Sears. Nein: Sie hören davon im Internet [...]. Dabei kann sehr schnell der Eindruck entstehen, dass Attachment Parenting nicht etwa ein schöner und einfacher Weg ist, die Babyzeit bindungsorientierter zu gestalten. Sondern ein kompliziertes Regelwerk, das sich auf nahezu alle Lebensreiche erstreckt und eine bestimmte Lebensweise zum Goldstandard erhebt. [...]

Meine Kern-Botschaft lautet deshalb: Attachment Parenting ist total einfach!

Alles, was Eltern dafür tun müssen, ist, ihrem Baby beim Stillen, Tragen und in der Nacht viel Nähe zu geben und es nicht schreien zu lassen – alles andere findet sich dann schon.

Denn für ein liebevolles Familienleben ist es total schnuppe ob wir [...] [Wegwerfwindeln] oder Stoffwindeln verwenden, ob wir Brei kochen oder Gläschen kaufen oder auf Fingerfood setzen, ob unsere Kinder vorwärts oder rückwärtsgerichtet Auto fahren. Wir können berufstätig sein oder bewusst zu Hause bleiben, unsere Kinder im Geburtshaus oder in der Klinik zur Welt bringen, Veganer sein oder Fleisch essen.

Entscheidend ist einzig und allein, wie wir dabei miteinander umgehen.

Nora Imlau

1 **a)** Erklären Sie, was Nora Imlau unter bindungsorientierter Elternschaft (Attachment Parenting) versteht.

b) Erläutern Sie, welche Schwierigkeiten es mit sich bringen kann, wenn der Begriff „Attachment Parenting" zu umfassend verstanden wird.

2 **a)** Erläutern Sie, was mit „Balance der Bedürfnisse" gemeint ist.

b) Diskutieren Sie, welche Vorteile und Herausforderungen für Familien entstehen können, wenn sie eine Balance der Bedürfnisse herstellen möchten, und halten Sie die Ergebnisse in einer Tabelle fest. 4

3 Bewerten Sie die in M1 sowie auf der vorigen Doppelseite vorgestellten Erziehungsformen und nehmen Sie Stellung dazu, welche Art der Kindererziehung Ihrer Meinung nach für Eltern und Kinder am angemessensten ist.

LERNAUFGABE

Entwerfen

Wenn Sie in einer Aufgabe etwas entwerfen sollen, bedeutet dies, dass Sie auf der **Grundlage von Textkenntnissen und Sachwissen selbst gestaltend tätig** werden. Sie verwandeln Ihr Sachwissen in ein anschauliches Produkt.

So können Sie vorgehen:

1. Lesen Sie die Materialien gründlich und arbeiten Sie die wesentlichen Informationen heraus.
2. Ergänzen Sie die Informationen um weiteres Sachwissen. Dafür kann auch eine Recherche hilfreich sein. 6
3. Ordnen Sie die gesammelten Informationen in den Zusammenhang der Aufgabenstellung ein und interpretieren Sie sie. Dabei ist besonders wichtig, dass Sie sich vor Augen führen, welche wesentlichen Informationen Sie in Ihrem Produkt verdeutlichen möchten.
4. Entwerfen Sie – je nach Aufgabenstellung – auf Grundlage Ihrer Erarbeitung aus 1. bis 3. einen eigenen Text (Rollenspiel, Dialog) oder eine Zeichnung / ein Bild (Comic, Karikatur, Collage).

L Entwerfen Sie in Gruppenarbeit Rollenspiele zur Situation aus M2 und M3 auf S. 39, die nach dem Prinzip der bindungsorientierten Elternschaft (Attachment Parenting) aufgebaut sind. Präsentieren Sie Ihre Rollenspiele anschließend in der Klasse und bewerten Sie sie gegenseitig. 11, 12

M2 Keiner führt?

Sie möchten mit dem Familienoberhaupt sprechen? Hier gibt es kein Familienoberhaupt. Meine Eltern vertreten den Ansatz der gemeinsamen Entscheidungsfindung.

Aaron Bacall

4 Analysieren Sie die Karikatur. 7

5 Begründen Sie, weshalb es in einer Familie, in der die Kinder aktiv in die Entscheidungen einbezogen werden, wichtig ist, dass die grundsätzliche Verantwortung und Führung bei den Eltern bleibt.

Familie – wichtig und vielfältig

M1 Was ist Jugendlichen wichtig?

Bei der Shell-Studie 2019 wurden 2572 Jugendliche im Alter von 12 bis 25 Jahren befragt, welche Themen in ihrem Leben die größte Rolle spielen:

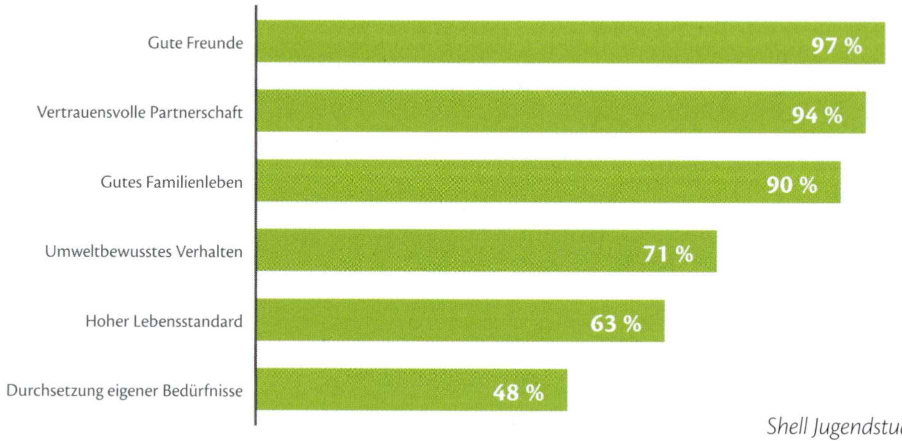

Shell Jugendstudie 2019

1 Nennen und erläutern Sie Gründe, warum Partnerschaft und Familie bei Jugendlichen einen so hohen Stellenwert haben.

2 Diskutieren Sie, inwieweit schlechte Erfahrungen mit der Familie dazu führen können, selbst keine Familie gründen zu wollen. 4

M2 Familienformen heute

Sozialhistorische Untersuchungen zu Familien zeigen, dass es faktisch alle Familienformen, die wir heute kennen, auch schon vor einigen hundert Jahren gab. […]

Der größte Unterschied zwischen historischen und aktuellen Familienformen ist daher nicht ihr Vorkommen, sondern dass die heutige familiale Vielfalt zu großen Teilen auf freiwilligen Entscheidungen beruht. Nichteheliche Lebensgemeinschaften mit Kindern existieren nicht aufgrund von Heiratsbeschränkungen, sondern weil die Eltern nicht heiraten wollen. Einelternfamilien und Stieffamilien entstehen nur noch sehr selten, weil eines der Elternteile verstirbt, sondern sie entstehen infolge von Trennungen und Scheidungen beziehungsweise Folgepartnerschaften. Hinzugekommen sind im Grunde nur zwei Familienformen, die es durch die Abschaffung diskriminierender Gesetze und durch Entwicklungen in der Reproduktionsmedizin tatsächlich erst seit einigen Jahrzehnten gibt: Familien mit gleichgeschlechtlichen Eltern (sogenannte Regenbogenfamilien) und Familien mit Kindern, die durch künstliche Befruchtung gezeugt wurden (Inseminationsfamilien).

Kernfamilien, bei denen Mutter und Vater mit ihren leiblichen Kindern in einem gemeinsamen Haushalt leben, machen in Deutschland mit etwa 70 Prozent immer noch die Mehrheit aller Familien mit minderjährigen Kindern aus. Weitere Familienformen mit substanziellen Anteilen sind Einelternfamilien mit etwa 15 Prozent und Stieffamilien mit etwa 14 Prozent. Adoptiv- und Pflegefamilien kommen im Vergleich dazu mit insgesamt etwa 0,4 Prozent sehr selten vor. Nur der Anteil von gleichgeschlechtlichen Familien ist mit weniger als

Reproduktionsmedizin Spezialgebiet der Medizin, das sich mit menschlicher Fortpflanzung und der Behandlung eines unerfüllten Kinderwunsches beschäftigt

Regenbogenfamilie leitet sich von der Regenbogenflagge ab, die das weltweite Symbol für die LGBTIQ-Gemeinschaft ist (LGBTIQ > Glossar), (hier) Familienform mit gleichgeschlechtlichen Eltern

substanziell wesentlich

0,05 Prozent noch geringer. Wie viele Inseminationsfamilien es in Deutschland gibt, ist nicht bekannt; Schätzungen gehen aber von einem Anteil von nicht mehr als etwa 0,01 Prozent aus. [...] Halten wir abschließend fest: Familiale Komplexität ist kein neues Phänomen. [...] Aktuelle Entwicklungen unterscheiden sich allerdings insofern, als die Wahl der Lebens-und Familienform inzwischen freier ist von ökonomischen und sozialen Zwängen. [...] Familie ist flexibler geworden, muss aber auch flexibler sein.

Anja Steinbach

3 Gestalten Sie zu zweit ein Diagramm, das die Verteilung der Familienformen in Deutschland darstellt. 3

4 Diskutieren Sie die Chancen und Herausforderungen, die sich durch die viefältigen Familienformen für alle Beteiligten ergeben. 4

5 Für manche Menschen ist es verwirrend, dass es mittlerweile so viele Formen des Zusammenlebens gibt. Diskutieren Sie, warum das verwirrend oder gar befremdlich sein kann. 4

M3 Papa, Papi, Kind

Kevin und René Silvergieter Hoogstad sind ein homosexuelles Ehepaar, das zwei Pflegekinder aufgenommen hat. In den sozialen Medien berichten sie über ihr Familienleben und haben auch ein Buch darüber geschrieben. Kevin berichtet:

Familie kann heute viel mehr sein als die alte Vorstellung von Mutter-Vater-Kind. Familie geht auch anders. Vieles hat sich verändert in den letzten Jahrzehnten und so vieles davon ist gut. Familie kennt viele Konstellationen, und das hat oft damit zu tun, dass Ehepartner nicht mehr auf Gedeih und Verderb aneinander gebunden sind und dass Frauen das Recht haben, ihr Leben selbstverantwortlich zu gestalten. Kinder werden heute davor geschützt, ohne die notwendige Zuwendung und Pflege aufzuwachsen. Aus all diesen meist hart erkämpften Entwicklungen entstand das, was man Patchworkfamilien, Pflegefamilien und in unserem Fall Regenbogenfamilien nennt. [...] Mein Sohn, mein Pflegesohn, nennt mich Mama. Das hätte ich nie für möglich gehalten und anfangs auch nicht gewollt. Denn die Bezeichnung „Mama" gilt der Frau, die das Kind geboren hat. Das war für mich so klar und so selbstverständlich wie der Sonnenaufgang am Morgen. Wie unwissend ich war und wie wenig ich von Gefühlen und der Beziehung zwischen Kind und Elternteil wusste. Und was dieses Wort „Mama" für ein Kind bedeutet: Ein starkes Gefühl von Angenommensein, Zuhause, Zugehörigkeit und Liebe. [...] Mama ist kein Geschlecht, Mama ist ein Gefühl. Ob eine Frau ein Papa ist oder ein Mann eine Mama oder ob ein alleinerziehender Elternteil beides zugleich ist, liegt vor allem an den Kindern selbst. Die Kinder entscheiden, wen sie mit welchem Gefühl in Verbindung bringen und wen sie wie benennen.

Kevin und René Silvergieter Hoogstad

6 Erklären Sie die Aussage „Mama ist ein Gefühl" mit eigenen Worten.

7 Auch heute noch werden Patchwork- und Regenbogenfamilien mit Vorurteilen und Unwissen in der Gesellschaft konfrontiert. Versetzen Sie sich in die Lage des Pflegesohns und erklären Sie Ihrem Gegenüber, weshalb es für ihn keine Rolle spielt, welches Geschlecht seine Eltern haben, und auf welche Dinge er stattdessen Wert legt. Halten Sie Ihre Ergebnisse in einem kurzen Text fest.

8 Diskutieren Sie, inwieweit man planen kann, in welcher Art von Lebensgemeinschaft man leben wird und ob solche Pläne eher positive oder negative Folgen haben können. 4

auf Gedeih und Verderb
Redewendung, die aussagt, dass man zusammenbleibt, egal was Gutes oder Schlechtes geschehen mag

Patchworkfamilie
Familienform, in der sich ein alleinerziehendes Elternteil mit einer neuen Partnerin / einem neuen Partner und ggf. mit deren / dessen Kind(ern) zu einer gemeinsamen Familie zusammenschließt

Wie gelingen Lebensgemeinschaften?

M1 Aufgabenverteilung

Bill Watterson

1 Überlegen Sie zu zweit, was der Comic mit der Überschrift der Doppelseite zu haben könnte.

2 Schreiben Sie eine Stellenanzeige für eine Mutter, wie sie sich Calvin (der Junge) und Hobbes (der Tiger) vorstellen.

3 **a)** Notieren Sie in Stichpunkten, was Sie als wichtig für das Gelingen von Lebensgemeinschaften ansehen. Ziehen Sie dabei Beispiele aus Ihren eigenen Erfahrungen heran und benennen Sie Schwierigkeiten, die auftreten können.

b) Beurteilen Sie, ob die notierten Aspekte in unterschiedlichen Formen von Lebensgemeinschaften (z. B. Lebensgemeinschaften mit und ohne Kinder) in gleicher Weise gelten.

M2 Nicht zählbar und nicht messbar

Carlotta, das älteste Kind von dreien, möchte wissen, welches Kind die Mutter am meisten liebt:

Carlotta: „Wen liebst du am meisten von uns, Mama?“

Mama: „Oh puh. Wie soll ich dir das erklären? Pass auf, es ist so. […] Ich kann dir nicht sagen, wen ich „mehr“ liebe, weil es unmöglich ist, etwas zu zählen, das unendlich ist. Ich liebe euch ja nicht für Dinge, die man messen kann. Bei dieser Liebe geht es nicht darum, ob einer mir ähnlicher ist als der andere oder ob eine genauso gern Geschichten erfindet wie ich oder was auch immer. Ich liebe euch, weil ihr so seid, wie ihr seid, mit allem Drum und Dran. Ich liebe dich nicht weniger, wenn wir uns streiten und ich auf dich sauer bin, und ich liebe dich nicht mehr, wenn du mir beim Aufräumen hilfst. Ich liebe euch nicht wegen der Dinge, die ihr sagt oder tut, ich liebe euch, weil ihr seid. […]“

Danielle Graf / Katja Seide

4 Erklären Sie, inwiefern die beschriebene Liebe der Mutter gegenüber ihren Kindern als bedingungslos bezeichnet werden kann.

5 Erläutern Sie, weshalb es für das Gelingen von Familie wichtig ist, dass sich Menschen geliebt fühlen.

M3 Alle helfen zusammen

Familie eins findet sich abends im Wohnzimmer zusammen. „Wann gibt's Essen?", sagt der Vater, während er auf dem Sofa sitzt und in sein Laptop guckt. Die Mutter gießt die Kartoffeln ab. „Gleich. Könnte schon mal jemand den Tisch decken?"

„Ja, ich!", kräht der Zweijährige, und die Mutter zuckt zusammen, weil sie eigentlich den Mann meinte. „Lass mal, du kannst das noch nicht." Sie nimmt dem Kind erschrocken den Glaskrug aus der Hand, den es sich aus dem Regal angeln will. „Los, geh spielen und steh mir nicht im Weg rum."

Zwölf Jahre später. [...]

„Wann gibt's Essen?", sagt der Vater, während er auf dem Sofa sitzt und in sein Smartphone guckt. Die Mutter gießt die Kartoffeln ab. „Gleich. Könnte schon mal jemand den Tisch decken?"

„Oh, nee, gibt es schon wieder Kartoffeln?", nölt die zwölfjährige Tochter, und der Neunjährige echot: „Ich mag keine Kartoffeln." Der Vierzehnjährige ist vorsichtshalber erst gar nicht zu sehen. „Immer muss ich alles allein machen", jammert die Mutter. „Ihr könntet auch mal mit anfassen."

Familie zwei findet sich ebenfalls abends zusammen. „Oh, riecht schon super nach Essen", sagt der Vater, als er zur Tür reinkommt. „Ich ziehe eben die Jacke aus, dann decke ich den Tisch."

„Ich will das machen!", kräht der Zweijährige, und die Mutter zuckt zusammen, weil sie Angst um den Glaskrug und die Kinderhände hat. „Warte kurz." Sie trocknet sich schnell die Hände ab. „Vorsicht, der Krug ist schwer. Mir ist lieber, wenn ich dabei bin, während du ihn trägst."

Zwölf Jahre später. [...]

„Hat noch jemand Wäsche?", fragt der Vierzehnjährige. „Ich will meine Sportsachen waschen, da ist noch Platz in der Maschine."

„Ja, guck im Wäschekorb", antwortet die Mutter, während sie die Kartoffeln abgießt. Der Vater drückt der Zwölfjährigen die Teller in die Hand und sagt zum Neunjährigen, der sich in sein Zimmer verdrücken will: „Stopp. Wir sind fünf Leute, die hier leben, und wir können alle zusammen dafür sorgen, dass das funktioniert." – „Ich hab mich den ganzen Tag darauf gefreut, mein Lego aufzubauen", sagt der Neunjährige. „Ich räume dafür alleine ab, okay?" *Julia Dibbern / Nicola Schmidt*

6 Erklären Sie, welche Gründe es haben könnte, dass sich die Kinder in Familie zwei bereitwilliger an den Aufgaben im Haushalt beteiligen als die Kinder in Familie eins.

7 Diskutieren Sie, inwiefern in einer Familie auch Freiraum für Entwicklung des Einzelnen möglich sein muss, damit eine Gemeinschaft gut funktioniert. 4

Aktion

Werbeplakate für die Lebensgemeinschaft Familie gestalten

Gestalten Sie in Gruppen Werbeplakate für die Lebensgemeinschaft Familie. Beziehen Sie auch Ihre Wünsche für Ihre Zukunft mit ein. Ihr Plakat soll ansprechend und überzeugend sein; den Betrachterinnen und Betrachtern soll unmittelbar einleuchten,

- was Familie ist oder sein kann.
- was das Leben in einer Familie auszeichnet (was man erlebt, erfährt und lernt).
- was einem ohne Familie fehlen könnte. 10

Stellen Sie Ihre Plakate in der Klasse vor und beurteilen Sie gegenseitig die Überzeugungskraft und den Wirklichkeitsgehalt Ihrer Familien-Werbungen.
Überlegen Sie abschließend, wie sich Menschen, die nicht in Familien leben (wollen), fühlen könnten, wenn sie Ihr Plakat sehen.

Mit Sicherheit ins eigene Leben aufbrechen

M1 Von einem sicheren Hafen aus lässt es sich gut segeln

irrelevant ohne Bedeutung

Bedürfnis > Glossar

Exploration (hier) Erkundung der Umwelt

Selbstwirksamkeit > Glossar

Autonomie > Glossar

Interaktion Handeln zweier oder mehrerer Personen, Kommunikation

adäquat angemessen

Viel spricht dafür, dass eine sichere Bindung das Beste ist, was wir unseren Kindern mitgeben können. Denn nahezu alles, was wir unseren Kindern heute fürs Leben wünschen, wurzelt nach den Erkenntnissen der modernen Bindungsforschung in sicheren Bindungserfahrungen während Kindheit und Jugend: Selbstbewusstsein ebenso wie Beziehungsfähigkeit, Belastbarkeit ebenso wie ein gesunder Umgang mit Stress. Trotzdem haben viele Eltern eine gewisse Scheu, die Bedürfnisse ihrer Kinder vorbehaltlos zu erfüllen – aus Sorge, zu viel Fürsorge könne einer gesunden Selbstständigkeitsentwicklung im Wege stehen. Dabei ist das Gegenteil der Fall: Wachsen Kinder damit auf, dass ihre emotionalen und körperlichen Bedürfnisse prompt und zuverlässig erfüllt werden, stärkt diese Erfahrung nämlich nicht nur ihr Bindungssystem, sondern auch ihr Explorationssystem, also jene Anteile ihrer Persönlichkeit, die nach Selbstwirksamkeit, Autonomie und Freiheit streben. [...]

Bindung entsteht im alltäglichen Miteinander, genau wie Selbstbewusstsein und Selbstwirksamkeit – das zu wissen, kann Eltern nicht nur entlasten, sondern auch ganz schön Druck machen. Denn wenn jede winzige Interaktion zählt – wie sollen wir es dann schaffen, dass unser Kind nur positive Botschaften von uns mitbekommt? Schließlich sind wir alle mal genervt, gestresst oder schlecht gelaunt, und wer im turbulenten Familienalltag noch nie die Nerven verloren hätte, werfe doch bitte den ersten Feuchttücher-Pack. Tatsächlich werden die Erkenntnisse der modernen Bindungsforschung von vielen Eltern heute so gnadenlos interpretiert, als würde jeder kleine Fehler die Eltern-Kind-Bindung für immer zerstören. Umso wichtiger ist es, klipp und klar zu sagen: So bedeutsam die Summe der alltäglichen Beziehungserfahrungen für die Bindungsentwicklung ist, so irrelevant sind einzelne Ausnahmemomente für diesen Prozess. Für ein Kind, das in einer liebevollen, wertschätzenden Atmosphäre aufwächst, werden einzelne Momente erschöpfter Genervtheit deshalb auch keine nachhaltigen Spuren in seiner Bindungsbiografie hinterlassen.

Für die ist nämlich das allgemeine Familienklima entscheidend, also der Umgang miteinander, der die Regel und nicht die Ausnahme ist. Dazu kommt, dass die Evolution zu keinem Zeitpunkt mit perfekten Eltern gerechnet hat. Beantworten wir also im Großen und Ganzen die Bedürfnisse unserer Kinder prompt und angemessen, fallen einzelne unerfüllte Bedürfnisse nicht weiter ins Gewicht. Im Gegenteil: So wichtig das feinfühlige Reagieren auf Bedürfnisse für die kindliche Entwicklung auch ist – dass Bedürfnisse auch manchmal nicht adäquat beantwortet werden, ist tatsächlich ebenfalls ein Entwicklungsmotor. Was auf den ersten Blick widersprüchlich wirkt, ergibt bei näherem Hinsehen durchaus Sinn: Sichere Bindung entsteht auf Basis erfüllter Bedürfnisse, doch unperfekte Eltern geben Kindern auch die Chance, mal auszuprobieren, sich selbst zu helfen. [...] Dieses Wachsen durch Unperfektheit ist jedoch etwas völlig anderes als das bewusste Verweigern von Zuwendung zu Erziehungszwecken. Denn Kinder spüren nicht nur, ob wir ihre Bedürfnisse gerade erfüllen oder nicht, sondern auch, mit welcher Haltung wir dies tun. [...] Konkret heißt das: Um eine sichere Bindung zu entwickeln, brauchen Kinder das Gefühl, dass wir ihre Bedürfnisse sehen, ernst nehmen und zu erfüllen versuchen. Dass wir das niemals hundertprozentig schaffen, ist dabei kein Systemfehler, sondern genauso Teil des evolutionären Entwicklungsplans wie unser Bemühen darum.

Nora Imlau

1 Nennen Sie Beispiele für sichere Bindungserfahrungen.
2 Finden Sie zu zweit Beispiele, in denen deutlich wird, dass es Menschen fehlt an
- Selbstbewusstsein
- Beziehungsfähigkeit
- Belastbarkeit
- gesundem Umgang mit Stress

und erklären Sie, was Eltern dazu beitragen können, dass es ihren Kindern nicht daran fehlt.
3 Erläutern Sie, warum manche Eltern die Sorge haben, „zu viel Fürsorge könne einer gesunden Selbstständigkeitsentwicklung im Wege stehen".
4 Diskutieren Sie, weshalb immer mehr junge Eltern unter Druck stehen, perfekte Mütter und Väter zu sein, und was dieses Streben nach Perfektion für die Eltern, die Kinder und die Beziehung zwischen beiden bedeuten kann. 4
5 Erläutern Sie den letzten Satz des Textes mithilfe von Beispielen und erklären Sie, warum diese Einsicht für Eltern hilfreich sein kann.

M2 Was wichtig ist im Leben ...

Bill Watterson

6 Interpretieren Sie den Comic im Hinblick auf das Kapitelthema und Ihre Erkenntnisse, die Sie bei der Bearbeitung dieses Kapitels gewonnen haben.
7 Stellen Sie sich vor, Ihr 80. Geburtstag steht kurz bevor. Schreiben Sie einen Tagebucheintrag, in dem Sie einer Person Ihrer Wahl (Enkelin, Großneffen etc.) von den wichtigsten Momenten und Erlebnissen Ihres Lebens erzählen (die Sie vielleicht auch erst im Nachhinein als wichtig empfunden haben). Beantworten Sie dabei folgende Fragen:

a) Was empfinden Sie als wichtig für ein gelungenes (Familien-)Leben?
b) Welche Vor- und welche Nachteile hat ein im Voraus geplantes Leben?
c) Wie gingen und gehen Sie damit um, wenn die Wirklichkeit die sorgsam entwickelten Pläne durchkreuzt?
d) Gibt es etwas, das Sie gerne anders gemacht hätten?
e) Halten Sie es für sinnvoll, jungen Menschen Ratschläge für die Lebensplanung zu geben?

Diversity and family life

diversity
Vielfalt

M1 All you need is love

1 **a)** Talk about the different icons and guess the topic of today's lesson.
b) Explain the message behind the icons. Do you agree or disagree with the message? Discuss. 4

2 The rainbow is an international symbol for the LGBTIQ (lesbian, gay, bisexual, transgender, intersexual, queer) community and stands for diversity. Comment on whether you think the rainbow is a suitable symbol for the LGBTIQ community.

LGBTIQ
> glossary / Glossar

gender
soziales Geschlecht
> glossary / Glossar

suitable
geeignet

M2 Fight for equality

On a hot summer night in 1969, police raided the Stonewall Inn, a bar located in New York City's Greenwich Village that served as a haven for the city's gay, lesbian and transgender community. At the time, homosexual acts remained illegal in every state except Illinois, and bars and restaurants could get shut down for having gay employees or serving gay patrons. [...] Police raids on gay bars were common, but on that particular night, members of the city's LGBT community decided to fight back – sparking an uprising that would launch a new era of resistance and revolution.

The fight for equality remains an issue up to today. In 2015 the U.S. Supreme Court finally ruled gay marriage as legal in all 50 states. In England and Wales, same-sex marriages became legal in 2013. In January 2020, Northern Ireland followed. Although adopting a child as a same-sex couple is also allowed in the UK and the U.S. they often face discrimination.

equality
Gleichberechtigung, Gleichheit

to raid something
eine Razzia in etwas durchführen

haven
Zufluchtsort, Hafen

patron
(hier) Kunde/Kundin

to spark an uprising
einen Aufstand befeuern

to launch something
> Wortschatzkasten

3 Explain what the Stonewall Inn stands for.

4 Research the rights of homosexuals in Germany and compare their rights with the rights of homosexuals in the U.S. and the UK. Prepare a one minute presentation. 6, 11

5 Talk to your partner and find examples in what situations same-sex couples are discriminated against today. 4

6 Imagine your best friend tells you that she / he is homosexual. What would you do? Create a dialogue or a roleplay. 12

M3 The challenges of family life

Growing Up With Grandma

I don't know when it happened.
I don't know when she came,
But she's the one I always knew.
Grandma was her name.

She taught me how to tie my shoes.
She taught me how to talk,
And though I can't remember,
I think she taught me how to walk.

When all the other kids in school
Would talk about Mom and Dad,
I wondered where my parents were;
That made me kinda sad.

And sometimes there were days
I'd cry
Or hide my head in shame.
But Grandma took it all in stride
And loved me all the same.

Candy Canan (2006)

Every Mom's Test

You are special; you mean the world to me.
You are my daughter, a reflection of my entity.
[...]
Sometimes I am strict and you may think it is unfair,
But I correct you only because I love and care.

I harden my heart and nag, scold and fight
To teach you the difference between the wrong and
the right.

For soon, the days will pass swiftly all in a whirl,
And into a woman will grow my baby girl.

Tomorrow when you need inner strength above all,
I hope my values will give you the courage to stand tall.
[...]

At a later date, when the real world you have to face,
Today's lessons will help you go ahead in the race.
[...]

For your baby then you will do what is best
To blend discipline with kindness is every mom's test.

Nandita Shailesh Shanbhag (2009)

entity Entität, Wesen, Dasein
to harden something etwas verhärten
to nag nörgeln
to scold somebody jemanden schimpfen
days will pass swiftly all in a whirl (hier) die Zeit verfliegt
to face something etwas begegnen, ins Auge sehen
to take it all in stride (hier) etwas hinnehmen
to blend something etwas mischen
kindness Freundlichkeit
to shape something > Wortschatzkasten

7 Work with a partner. Each of you chooses one poem and sums it up.

8 Parenting can be fun but also exhausting and difficult. Explain this sentence with the two poems. You may add your own ideas.

9 Comment on the following questions:
- What do you think makes a good parent?
- What do you expect from your parents and what do they expect from you?
- How do your parents shape your personality?
- M1 states: "All you need is love". Do you agree?

10 Imagine you were 30 years old and looking back at your childhood. Use your answers to the questions above and write a letter to your legal guardian or to one of your parents, in which you comment on their impact on your life.

legal guardian Erziehungs-berechtige/r
impact Einfluss, Auswirkung

WORTSCHATZ

to launch something: *etwas beginnen, einführen*
If a company launches a new product, they start to sell it (= release).
Example: The company launches a new smartphone.

to shape something: *etwas formen, prägen*
When you shape a person's personality, you influence her / him.
Example: A mother shapes her child's way of treating other people.

Ich wiederhole mein Wissen

Rückblick als Grundlage für den Ausblick

Meine Kindheit
> S. 34/35

Die **Erinnerung an die eigene Kindheit** und die Erlebnisse prägen die Vorstellung davon, wie man später einmal leben möchte – dazu kann auch der Wunsch gehören, als Vater oder Mutter eines Tages alles genau so zu machen, wie man es selbst in der Kindheit erlebt hat, oder alles komplett anders zu machen.
Daher ist es wichtig, sich klarzumachen, welche **Erlebnisse** einen geprägt haben und welche **Schlüsse** man daraus zieht.

Familie als Basis fürs Leben

Familie und
ihre Bedeutung
> S. 36/37

In den meisten Fällen sind es nahe Angehörige, die in der Kindheit eine entscheidende Rolle spielen: Sie können Begleiter, Beschützer, Vorbilder, Mitfreuende und Mitleidende sein, man lernt von ihnen und erlebt vieles mit ihnen, und man kann sich an sie wenden.
Jeder Mensch bringt mit der Geburt die Bereitschaft mit, sich an jemanden zu binden – diese **Bindung** ist lebenswichtig, denn das Baby kann sich nicht um sich selbst kümmern, sondern es muss jemanden davon überzeugen, dass sie / er sich um es kümmert. Das muss keineswegs eine verwandte Person sein; entscheidend ist, dass diese Person die **Bedürfnisse des Kindes** wahrnimmt und ernst nimmt.
Eine sichere Bindung als Kind trägt viel dazu bei, dass ein Mensch als Jugendlicher und Erwachsener bindungsfähig ist. Wer in den ersten Lebensjahren eine sichere Bindung erlebt hat, geht gestärkt in sein Leben.

Erziehungsstile

Zu streng?
Zu lasch?
> S. 38/39

Erziehung ist immer sehr individuell und hängt auch immer von der Situation und dem Alter der Kinder ab, aber man kann unterschiedliche Formen unterscheiden.

laissez faire
Die Kinder werden so wenig wie möglich eingeschränkt und haben viele Freiheiten. Die Eltern setzen kaum Grenzen und versuchen, keine Regeln vorzugeben.

autoritär
Die Eltern geben vor, was zu tun und zu lassen ist; die Kinder sind an vielen Entscheidungen nicht beteiligt. Mit Belohnungen und Strafen soll das erwünschte Verhalten der Kinder bewirkt werden. Die autoritäre Erziehung wird oft als traditionelle Erziehung bezeichnet, da sie zur Zeit unserer Eltern und Großeltern viel weiter verbreitet war als heute.

demokratisch / autiautoritär
Die Eltern halten es für wichtig, dass sich die Kinder früh in das Familienleben einbringen, daher werden sie in möglichst viele Entscheidungen miteinbezogen. Die Bedürfnisse der Kinder stehen im Mittelpunkt, nicht ihr Verhalten.

Bindungsorientierte Elternschaft

In der **bindungsorientierten Elternschaft** (Attachment Parenting) stehen die **Bedürfnisse des Kindes** – z. B. nach Nähe, Wärme, Nahrung oder Schlaf – im Mittelpunkt. In dieser Vorstellung wird davon ausgegangen, dass uns Babys von Anfang an ihre Bedürfnisse mitteilen. Diese Bedürfnisse gilt es zu erkennen und zu erfüllen, zudem sollten dabei die eigenen Bedürfnisse nicht aus dem Blick geraten. Das ist kein kompliziertes Erziehungsmodell mit unzähligen Regeln, sondern ein sehr einfaches, als Grundregel gilt: Ein Kind soll viel Nähe erfahren, Eltern sollen ihre Babys nicht schreien lassen und die Bedürfnisse von Kindern sollen ernst genommen werden.

Bedürfnisse im Gleichgewicht
> S. 40/41

Vielfältige Familienformen

Familie – das war früher „Vater, Mutter, Kind(er)". In den meisten Fällen (ca. zwei Drittel) ist das auch heute noch so, aber es kommen auch **vielfältigere Formen der Familie und des Zusammenlebens** hinzu, z. B. alleinerziehende Mütter oder Väter und ihre Kinder, gleichgeschlechtliche Elternpaare mit Kindern oder Familien mit adoptierten Kindern und Pflegekindern.

Manchen Menschen fällt es schwer, sich Familienformen vorzustellen, die sie nicht aus eigener Erfahrung kennen. Das ist zum Teil verständlich, aber auf keinen Fall ein Grund, andere Familienformen abzuwerten oder als unvollständig anzusehen.

Familie – wichtig und vielfältig
> S. 42/43

Gut zusammenleben

In keiner Familie und keiner Lebensgemeinschaft läuft alles glatt, daher wäre es unangemessen, den Alltag an den Idealen einer „perfekten Familie" zu bewerten. Aber es ist **hilfreich, sich zu überlegen, was zum Gelingen von Lebensgemeinschaften beiträgt**. So ist es zum Beispiel förderlich, wenn jede und jeder in ihrem / seinen Bereich Verantwortung übernimmt und sich an den alltäglichen Aufgaben beteiligt. Dabei ist es wichtig, dass Eltern ihren Kindern etwas zutrauen und sie miteinbeziehen. Zudem braucht jede und jeder auch Freiräume im Zusammenleben.

Wie gelingen Lebensgemeinschaften?
> S. 44/45

Die sichere Bindung als stabiles Fundament

Wenn Kinder und Jugendliche immer wieder die Erfahrung machen, dass sie Menschen um sich haben, auf die sie sich verlassen können und die **ihre Bedürfnisse ernst nehmen**, haben sie die besten Bedingungen, um selbstbewusst und beziehungsfähig zu werden, sie sind belastbarer und können mit Stress besser umgehen.

Manche Eltern haben Bedenken, dass sie ihr Kind verziehen und verweichlichen, wenn sie zu sehr auf seine Bedürfnisse eingehen; nach den Erkenntnissen der Bindungsforschung besteht diese Gefahr jedoch nicht.

Damit Kinder eine **sichere Bindung** erfahren und so auch selbst bindungsfähig werden, ist ein allgemein gutes Familienklima wichtig – dazu gehören auch schlechte Tage, herausfordernde Lebenslagen und unperfekte Eltern. Diese Erkenntnis kann entlastend sein, um nicht dem überzogenen Anspruch zu verfallen, man müsse in der Erziehung und im Familienalltag immer alles richtig machen.

Mit Sicherheit ins eigene Leben aufbrechen
> S. 46/47

Ich wende mein Wissen an

Jeder und jede hat Erinnerungen an die eigene Kindheit und Familie und zieht daraus Schlüsse, wie er oder sie selbst einmal leben möchte. Sie sollten erkennen und verstehen, ...

- welche Erinnerungen und Erlebnisse Sie bis heute prägen.
- welchen Einfluss diese Erinnerungen und Erlebnisse auf die Vorstellung und Wünsche für Ihre Zukunft haben.

M1 So will ich nie werden

miro07
Meine Eltern verstehen einfach gar nichts, die haben sich noch nie für mich interessiert, die kriegen irgendwie gar nicht mit, dass es mich gibt.

jerkjerk
Meine sind ganz cool, die versuchen echt, mich zu verstehen, so wär ich später auch mal gern.

miro07
Will sicher nie Vater werden, ist doch das Mieseste, was es überhaupt gibt.

1 Beschreiben Sie, welche Schlüsse miro07 und jerkjerk aus den Erfahrungen mit ihren Eltern ziehen.
2 Beurteilen Sie mithilfe von Beispielen, wie sich Ihre Erfahrungen mit Ihren Eltern auf Ihre Vorstellungen von Ihrer Zukunft und künftigen Lebensform auswirken.

Die Gestaltung des Lebens ist nicht zuletzt davon abhängig, in welcher Art von Gemeinschaft man leben möchte. Daher sollten Sie überlegen und urteilen, ...

- was Ihnen in einer Lebensgemeinschaft wichtig ist.
- welche Art der Lebensgemeinschaft zu Ihnen passen könnte.

M2 Will ich das wirklich?

Kinder sind Optionenvernichter. Sie rauben einem die Nächte und stellen den Tagesrhythmus auf den Kopf. Sie werden mittags müde, abends quengelig und haben ständig Hunger. Man muss ihnen vorlesen und vorsingen. Sie [...] bringen aus der Kita Krankheiten mit, unter denen man selbst bald leidet. Nachts spucken sie in unsere Betten. Sie sind aufs Leben gerechnet so teuer wie ein Einfamilienhaus [...]. Kinder machen jeden Gedanken an Spontaneität zunichte. Das Ausschlafen ist vorbei, [...] keine Partys bis vier Uhr früh.

Melanie Mühl

1 Beurteilen Sie, ob der Text sachliche Fehler enthalt.
2 Setzen Sie sich mit der Frage auseinander, ob die im Text genannten Aspekte gegen Kinder sprechen, und nehmen Sie Stellung.

Bei Überlegungen zur Lebensform und zur Kindererziehung ist es – auch sich selbst gegenüber – wichtig, ethisch zu handeln und zu kommunizieren, indem Sie ...

- sich und anderen klarmachen, welche Erwartungen überzogen und unangemessen sind.
- einen für Sie passenden Umgang mit den Themen Erziehung und Familie finden.

M3 Die perfekte Mutter

Klar will ich mal Kinder – und ich werde alles dafür tun, die perfekte Mutter zu sein! Mein Kind soll die besten Chancen haben, da will ich einfach alles richtig machen. Das wird sicher anstrengend, aber ich werde es mir nie anmerken lassen.

Nancy, 17 Jahre

1 Beurteilen Sie Nancys Aussage und nennen Sie Vor- und Nachteile des Wunsches, der perfekte Vater / die perfekte Mutter werden zu wollen.

2 Erklären Sie Nancy, was „bindungsorientierte Elternschaft" ist und wie diese Vorstellung dazu beitragen kann, sich von der Idee der perfekten Mutter / des perfekten Vaters entspannt zu verabschieden.

Um die Bedürfnisse der Kinder ebenso wie die eigenen Bedürfnisse wahrzunehmen, ist es unverzichtbar, sich einzufühlen und Anteil zu nehmen, und sich zu fragen, ...

- was mein Kind gerade braucht.
- ob man seine eigenen Bedürfnisse im Blick hat.

M4 Alle komplett verweichlicht

Das ist unfassbar, wie meine Enkel aufwachsen. Heute wird übertrieben Rücksicht genommen auf die Kinder. Wenn ein Baby schreit, springen die Eltern gleich auf – ist doch nicht gut für das Kind, das glaubt ja, das wird im Leben immer so sein. Eben weil ich meine Enkel mag, will ich nicht, dass die komplett verweichlichen und gar nichts mehr aushalten.

Norbert, 71, vierfacher Großvater

1 Erläutern Sie, welche Gefahr Norbert in der Erziehung seiner Enkel sieht.

2 Schreiben Sie einen Dialog und erklären Sie ihm freundlich und deutlich, wie Kinder davon profitieren können, wenn ihre Bedürfnisse ernst genommen werden.

„Ein reines Gewissen ist ein sanftes Ruhekissen."

Sprichwort

Haben alle Menschen ein Gewissen?

Jan Tomaschoff

Kann man es mit dem schlechten Gewissen auch übertreiben?

Woher weiß ich, dass sich mein Gewissen nicht irrt?

„Man entgeht wohl der Strafe, aber nicht dem Gewissen."

Sprichwort

Gewissen und Verantwortung

Ich mache genau das, was mein Gewissen mir sagt.

nie ⟷ immer

Gewissensbisse sind komplett sinnlos.

stimme nicht zu ⟷ stimme zu

Das Leben wäre besser, wenn man das Gewissen einfach abschalten könnte.

stimme nicht zu ⟷ stimme zu

Das Gewissen ist angeboren.

stimme nicht zu ⟷ stimme zu

Mein Gewissen schränkt mich in meiner Freiheit ein.

stimme nicht zu ⟷ stimme zu

Besser leben ohne Gewissen?

M1 Das verlorene Gewissen

Das Gewissen war verlorengegangen. Wie bisher drängten sich die Leute in den Straßen und Theatern; wie bisher liefen sie einander nach und überholten einander; wie bisher regten sie sich auf und suchten festzuhalten, was ihnen in den Weg kam, und niemand merkte, dass etwas fehlte, dass in dem großen Orchester des Lebens eine Flöte nicht mehr mitspielte. Viele fühlten sich sogar freier und kräftiger. Es ging sich leichter; es war leichter geworden, dem Nächsten ein Bein zu stellen, zu heucheln, zu kriechen, zu betrügen, zu verleumden. Alle Seelennot war mit einem Mal wie weggeblasen; die Menschen gingen nicht mehr, sie flogen förmlich; nichts betrübte sie mehr, nichts zwang sie zum Denken; Gegenwart und Zukunft – alles schien ihnen von selbst in die Hände zu fallen, ihnen, den Glücklichen, die den Verlust des Gewissens gar nicht gemerkt hatten.

Das Gewissen war ganz plötzlich verschwunden ... in einem Augenblick. Noch gestern tauchte dieser langweilige Schmarotzer alle Fingerlang auf und quälte die erregte Phantasie, und nun mit einem Mal – weg! Verschwunden waren die lästigen Gespenster und mit ihnen die innere Unruhe, die das strafende Gewissen immer wieder hervorzurufen pflegte. Man konnte jetzt Gottes schöne Welt in Frieden betrachten und sich an ihr freuen. Die Weisen dieser Welt erkannten, dass sie nun auch das letzte Joch, das ihre Bewegungen hemmte, losgeworden waren, und beeilten sich selbstverständlich, von der neuen Freiheit Gebrauch zu machen. Die Menschen wurden grausam; Morde und Raubanfälle mehrten sich, und überall ging es bald drunter und drüber.

Mittlerweile aber lag das arme Gewissen auf der Straße, zerfetzt, bespuckt, zertrampelt von den Vorübergehenden. Jeder stieß das unnütze Ding mit dem Fuß beiseite; jeder wunderte sich, wie in einer wohlverwalteten Stadt an einer so belebten Stelle ein so abscheuliches Ding herumliegen konnte. Und Gott weiß, wie lange das arme Gewissen noch so gelegen hätte, wenn ein armer Saufbruder es nicht aufgehoben hätte, denn in seinem Dusel griff er sogar nach einem dreckigen Lappen, in der Hoffnung, dafür vielleicht noch ein Gläschen zu bekommen.

Und da fuhr es ihm mit einemmal durch die Glieder wie ein elektrischer Strom. Mit trüben Augen blickte er um sich und fühlte ganz deutlich, wie die Fuseldünste aus seinem Schädel wichen und wie nach und nach das bittere Wirklichkeitsgefühl wiederkehrte, das zu betäuben er mit Einsatz aller seiner geistigen Kräfte bemüht gewesen war.

Michael Saltykow

Fusel
Alkohol, Schnaps

Michael Saltykow
(1826-1889)
russischer Schriftsteller und Satiriker

Schmarotzer
Person, die vom Geld oder der Arbeit anderer lebt

Joch
Geschirr, mit dem zwei Ochsen vor einen Wagen gespannt werden, (im übertragenen Sinne) bedrückende Last

1. Beschreiben Sie, wie sich die Menschen zunächst fühlten, nachdem das Gewissen verlorengegangen war.
2. Erläutern Sie anhand des Textes, wie die Menschen das Gewissen wahrgenommen hatten, bevor es verloren ging. Vergleichen Sie diese Beurteilung des Gewissens mit Ihrer eigenen Erfahrung.
3. Stellen Sie sich vor, auch in Ihrer Welt wäre das Gewissen verlorengegangen. Beschreiben Sie in einem kurzen Text, wie Sie sich fühlen würden, wie Ihr Leben sich verändern und welche Folgen das für Ihre Umwelt haben könnte. Um die Veränderungen deutlich zu machen, können Sie auch übertreiben.
4. Erklären Sie, wer mit den „Weisen dieser Welt" (Z. 28) gemeint sein könnte und wie sich der Verlust des Gewissens auf sie und ihre Taten auswirkt.
5. Überlegen Sie gemeinsam, was mit dem „bittere[n] Wirklichkeitsgefühl" (Z. 51-52) gemeint sein könnte, das beim Finder des Gewissens wiederkehrte.
6. Diskutieren Sie, ob es ein gewissenloser oder ein gewissenhafter Mensch im Leben leichter hat. 4

M2 Glücksfall – oder doch nicht?

Nur weil er uns vertraut, hatte er Mara und mir den Schlüssel für den Kopierraum gegeben, schließlich sind wir Klassensprecher. Unser Lehrer hatte uns gebeten, ein Arbeitsblatt zu kopieren – kein Problem. Es sollte unser Glückstag werden: Im Kopierer lag eine Matheschulaufgabe, und damit nicht genug, es war unsere Matheschulaufgabe! Niemand würde merken, wenn wir sie für uns kopieren. Für Mara ist die Sache klar, endlich mal eine gute Note in Mathe. Aber wäre das nicht irgendwie Betrug? Oder ungerecht für alle anderen? Ich weiß nicht …

7 Tauschen Sie sich darüber aus, was Sie in dieser Situation machen würden, und begründen Sie Ihre Entscheidung. Beurteilen Sie gegenseitig, ob Ihre Argumente überzeugend sind.

8 Diskutieren Sie, ob Sie es in dieser Situation ohne Gewissen leichter hätten. 4

M3 Ich fühlte mich irgendwie schuldig

[Alvaro erzählte:] „Als ich neulich mit meiner Mutter im Supermarkt war, hatten sie gerade Tennisbälle im Sonderangebot, und da hab ich mal einen mitgehen lassen. Niemand hat das gemerkt, und ich hab natürlich auch nicht bezahlt. […]." […]

„Wie hast du dich denn gefühlt, als du den Tennisball in der Tasche hattest?" […]. „Naja, ich hatte schon Gewissensbisse, das heißt, ich fühlte mich irgendwie schuldig. Es war auf jeden Fall ein schlechtes Gefühl, jedenfalls für Momente, aber auf der anderen Seite war ich letztlich auch zufrieden, weil ich ja den Ball so leicht bekommen hatte."

„Wenn du Gewissensbisse hattest, dann ist das doch ein Anzeichen dafür, dass du etwas getan hast, was nach deinen eigenen Begriffen schlecht war", sagte Gloria.

„Das sehe ich anders", entgegnete Sebastian. „Es stimmt zwar, dass sich manchmal das Gewissen bemerkbar machen kann, aber wenn die Vorteile nur groß genug sind, spielt das bei den meisten Menschen keine Rolle mehr. Wenn viel Geld auf dem Spiel steht, werden alle ihr Gewissen schnell vergessen."

„Ja, das glaube ich auch", sagte Alvaro. „Wenn die Menschen öfter stehlen, hören sie ihr Gewissen immer weniger. Das ist ihnen dann ganz egal."

Ernst Tugendhat / Celso López / Ana María Vicuña

9 Beschreiben Sie Alvaros Gefühle. Diskutieren Sie, ob sein schlechtes oder sein gutes Gefühl stärker ist. 4

10 Erstellen Sie in Partnerarbeit eine Liste von mindestens zehn Gefühlen, die sich in oder nach einer Gewissensentscheidung bemerkbar machen können. Beurteilen Sie jedes Gefühl danach, ob es eher angenehm oder eher unangenehm ist.

11 Diskutieren Sie, welche Gewohnheiten dazu führen können, dass man sein eigenes Gewissen immer weniger hört. 4

12 Stellen Sie sich vor, Sie dürften wählen, ob Sie ein Gewissen haben oder nicht. Begründen Sie, wie Sie sich entscheiden würden, und schreiben Sie einen kurzen, anschaulichen Text.

Über diese Codes kann die digitale Methodenbibliothek abgerufen werden.

20070-01

Wer oder was spricht da mit mir?

M1 Die innere Stimme

Grimm
heftiger Zorn, verbissene Wut

Ein Mensch, von bangen Zweifeln voll,
ist unentschlossen, was er soll.
Ha, denkt er da in seinem Grimme:
wozu hab ich die inn're Stimme?
Er lauscht gespannten Angesichts –
jedoch, er hört und hört halt nichts.
Er horcht noch inniger und fester:
nun tönt es wild wie ein Orchester.
Wo wir an sich schon handeln richtig,
macht sich die inn're Stimme wichtig.
Zu sagen uns: Du sollst nicht töten,
ist sie nicht eigentlich vonnöten.
Doch wird sie schon beim Ehebrechen
nicht mehr so unzweideutig sprechen.
Ja, wenn es klar in uns erschölle:
Hier spricht der Himmel, hier die Hölle!
Doch leider können wir vom Bösen
das Gute gar nicht trennscharf lösen.
Ist's die Antenne, sind's die Röhren,
die uns verhindern, gut zu hören?
Ist's, weil von unbekanntem Punkt
ein schwarzer Sender zwischenfunkt?
Der Mensch, umschwirrt von so viel
Wellen,
beschließt, die Stimme abzustellen.
Gleichviel, ob er das Richtge tue,
hat er zum mindesten jetzt Ruhe.

Eugen Roth

Eugen Roth
(1895-1976)
deutscher Schriftsteller und Lyriker

1 Beschreiben Sie Situationen aus Ihrem Alltag, in denen sich Ihre innere Stimme zu Wort meldet.

2 Erklären Sie anhand des Gedichts, ob Eugen Roth die innere Stimme eher positiv oder eher negativ sieht. Beurteilen Sie seine Einschätzung.

3 Diskutieren Sie, ob man die innere Stimme abstellen kann. 4

M2 Mein Gewissen ist wie …

Handschellen

ein Kompass

ein Wegweiser

ein lästiger Freund

eine Alarmanlage

ein ehrlicher Freund

4 Erläutern Sie die bildlichen Bezeichnungen für das Gewissen.

5 Übertragen Sie den Satzanfang „Mein Gewissen ist wie …" in Ihr Heft und ergänzen Sie den Vergleich, der Ihrer Meinung nach am besten passt. Erklären Sie anhand eines Beispiels aus Ihrer Erfahrung, wie die bildliche Bezeichnung zu verstehen ist.

M3 Das Gewissen als innerer Gerichtshof

Immanuel Kant beschreibt das Gewissen mit dem Bild des „inneren Gerichtshofes im Menschen, […] vor welchem sich seine Gedanken einander verklagen oder entschuldigen". Der innere Richter ist eine ideale Person, die sich die Vernunft selbst schafft.

„Jeder Mensch hat Gewissen, und findet sich durch einen inneren Richter beobachtet, bedroht und überhaupt im Respekt (mit Furcht verbundener Achtung) gehalten […]. [Das Gewissen] folgt ihm wie sein Schatten, wenn er zu entfliehen gedenkt. Er kann sich zwar durch Lüste und Zerstreuungen betäuben, oder in Schlaf bringen, aber nicht vermeiden, dann und wann zu sich selbst zu kommen, oder zu erwachen, wo er alsbald die furchtbare Stimme desselben vernimmt. Er kann es, in seiner äußersten Verworfenheit, allenfalls dahin bringen, sich daran gar nicht mehr zu kehren, aber sie zu hören kann er doch nicht vermeiden."

Auch der Apostel Paulus hat – mehr als 1700 Jahre vor Kant – die Vorgänge im Gewissen mit einer Gerichtsverhandlung verglichen. Er soll über die Nicht-Christen geschrieben haben: „Die Völker kennen das Gesetz zwar nicht. Trotzdem tun sie von sich aus, was das Gesetz verlangt. Obwohl sie das Gesetz nicht kennen, tragen sie es offensichtlich in sich. Sie zeigen damit, dass das vom Gesetz geforderte Handeln in ihr Herz geschrieben ist. Ihr Gewissen bestätigt das. So streiten ja auch in ihren Gedanken Anklage und Verteidigung miteinander."

Zitate aus Immanuel Kant: Metaphysik der Sitten (1797) sowie BasisBibel: Römer 2,14-15

Immanuel Kant
> Glossar

sich an etwas kehren
(hier) sich nach etwas richten

Paulus
> Glossar

Verworfenheit
Verkommenheit, Verdorbenheit

6 Diskutieren Sie die Aussage Kants, dass jeder Mensch ein Gewissen habe. 4

7 Beurteilen Sie, ob Kants Vorstellung, das Gewissen verfolge einen wie ein Schatten und erhebe seine „furchtbare Stimme", Ihren Erfahrungen mit Ihrem Gewissen entspricht.

8 Erläutern Sie den Vergleich des Gewissens mit einem inneren Gerichtshof.

9 Veranschaulichen Sie mithilfe eines Beispiels aus Ihrer Erfahrung, wie eine innere Gerichtsverhandlung ablaufen könnte. Schreiben Sie zu dritt eine kleine Szene. Es spielen mit: Anklägerin oder Ankläger, Verteidigerin oder Verteidiger, Richterin oder Richter. Die Situation soll deutlich werden, zudem soll ersichtlich werden, wie die innere Richterin oder der innere Richter schließlich entscheidet. 12

Zum Weiterdenken

Stellen Sie sich vor, Sie landen auf einem fernen Planeten. Die Bewohner dort sprechen zwar Ihre Sprache, haben aber keine Vorstellung von Menschen und dem Leben auf der Erde.

a) Erklären Sie ihnen, was wir Erdbewohner unter Gewissen verstehen.

b) Spielen Sie die Szene nach, um Ihre Erklärungen zu überprüfen: Die oder der Außerirdische sollte so lange nachfragen, bis sie / er die Erläuterung verstanden hat. 12

c) Die Aufgabe wird schwieriger, wenn die / der Außerirdische sich etwas dumm stellt, zudem sehr skeptisch ist und immer wieder Sinn und Zweck des Gewissens in Frage stellt. 12

d) Diskutieren Sie, warum es – nicht nur gegenüber Außerirdischen – so schwierig ist, das Gewissen zu beschreiben. 4

skeptisch
zweifelnd, misstrauisch

Ein inneres Gespräch schreiben

GEWUSST WIE

Gedanken sichtbar machen: ein inneres Gespräch schreiben

Bei alltäglichen Überlegungen, aber auch bei größeren Gewissensentscheidungen führen wir innerlich Gespräche mit uns selbst. Wir wägen Gedanken ab und tauschen mit uns selbst Argumente aus, um uns klarer darüber zu werden, was wir wollen und wie wir handeln könnten und sollten.

Wenn man ein inneres Gespräch aufschreibt, gibt man den Lesenden die Möglichkeit, einem Menschen gewissermaßen beim Denken zuzuschauen. Da es sich bei Gewissensentscheidungen um besonders schwierige Entscheidungen handelt, eignen sie sich besonders für anspruchsvolle, konfliktreiche innere Gespräche.

Diese Fragen können beim Schreiben eines inneren Gespräches hilfreich sein:

- Worum geht es?
- Welche Entscheidungs- / Handlungsmöglichkeiten gibt es?
- Welche ‚Stimmen' sprechen / streiten? Wollen Sie diese Stimmen im Dialog benennen?
- Wie argumentieren die Beteiligten?
- Warum ist die Entscheidung schwierig?

Auch sprachlich orientiert sich das innere Gespräch am Denken: Kaum jemand spricht innerlich so, wie man eine Erörterung schreibt; passender sind

- Alltagssprache
- Fragen
- abgebrochene Sätze / Gedanken; Gedankensprünge
- Ausrufe und Interjektionen (Empfindungsworte, Geräuschnachahmungen) wie z. B. „Ach!", „puh", „Mist!", „Hä?", „pffff"

M1 Selbstgespräche sind gesund

Wenn jemand seine Gedanken vor sich hin murmelt, gilt er oft als sonderbar. Psychologen haben herausgefunden, dass diese Mischung aus Denken und Sprechen meist etwas Gutes ist.
Man steht beim Einkaufen und geht im Geist noch einmal durch, was man alles braucht. Da ertappt man sich dabei, dass man „Butter brauch ich noch" oder Ähnliches laut vor sich hinsagt. US-Forscher schätzen, dass 96 % aller Erwachsenen hin und wieder mit sich selbst sprechen. Und das ist in den meisten Fällen sogar empfehlenswert. Selbstgespräche fördern die Strukturierung unserer Gedanken und helfen uns dabei, Stress abzubauen. Wenn wir also einen Monolog führen, hilft uns das gesprochene Wort dabei, einen Gedanken zu verfestigen. Selbstgespräche sollen uns helfen, uns besser zu strukturieren, Gedanken zu ordnen, Erlebnisse zu verarbeiten und eventuell auch unsere Gefühle besser zu verstehen, so Psychologin Julia Hüwel. *nach Nadine Lang*

1 Erläutern Sie, wozu Selbstgespräche hilfreich sein können.

2 Tauschen Sie sich über alltägliche Situationen aus, in denen Ihnen widersprüchliche Gedanken durch den Kopf gehen, bevor Sie etwas aussprechen.

3 Diskutieren Sie, ob ein inneres Gespräch eher ein Monolog oder ein Dialog ist. 4

M2 Niemand würde es merken

Du hast gerade wenig Geld – da trifft es sich gut, dass du einen Geldbeutel mit 147 Euro findest. In dem Geldbeutel findest du auch die Adresse des Besitzers, aber keinen Ausweis oder Karten. Du bist alleine, es beobachtet dich garantiert niemand, es würde nie herauskommen, dass du … Du denkst kurz nach …

4 Versetzen Sie sich in die Situation und schreiben Sie ein inneres Gespräch, in dem Sie sich mit Ihrem Gewissen auseinandersetzen. Kommen Sie nicht zu schnell und einfach zu einer Entscheidung, sondern spielen Sie mehrere Möglichkeiten durch. Es soll deutlich werden, ob Sie Ihrem Gewissen folgen oder nicht, und wie Ihr Gewissen darauf reagiert.

5 Beurteilen Sie Ihre inneren Gespräche gegenseitig:
- Passt die Sprache zu den Gedanken?
- Ist der Konflikt erkennbar?
- Wird deutlich, dass es eine schwierige Entscheidung ist?
- Ist die Darstellung des Gewissens sprachlich und inhaltlich überzeugend?

M3 Soll ich? Soll ich nicht?

Du beobachtest, wie Lennard aus deiner Klasse sich auf dem Schulhof bemüht unauffällig umschaut und dann einen Geldschein vom Boden aufhebt. Später erfährst du, dass Linus einen 50-Euro-Schein verloren hat, mit dem er für seine Oma Medikamente in der Apotheke kaufen sollte. Linus ist aufgeregt, hat schon fast alle (auch Lennard) gefragt, ob sie das Geld gesehen haben, nun fragt er dich …

Während einer Pandemie hast du Symptome der Krankheit, die sich gerade gefährlich schnell ausbreitet. Eigentlich müsstest du zum Arzt gehen und einen Test machen, aber das könnte bedeuten, dass der Test positiv ausfällt und du in Quarantäne musst. In diesem Fall dürfest du nicht auf die Geburtstagsfeier deiner Lieblingscousine gehen, du freust dich schon seit Wochen auf diesen Tag …

6 Überlegen Sie gemeinsam, worin die Schwierigkeit der Entscheidung in den beiden Beispielen liegt und wie sich das Gewissen in die innere Auseinandersetzung einschalten könnte.

7 Schreiben Sie in Partnerarbeit ein inneres Gespräch zu einem der Beispiele.

8 Erstellen Sie eine Methodenkarte zum Thema „Ein inneres Gespräch schreiben“. 8

Über diese Codes kann eine Vorlage und ein Beispiel für die Methodenkarte abgerufen werden.

20070-02

Wenn das Gewissen keine Ruhe gibt

M1 Stets im Blick

François Chifflart (1825-1901): Das Gewissen, 1877 (Ausschnitt)

1 Betrachten Sie das Bild. Beschreiben Sie die Haltung des Mannes und überlegen Sie, in welchem Gefühlszustand er sein könnte. 1

2 Stellen Sie Vermutungen darüber an, zu wem das Auge im Hintergrund gehören könnte. Nennen Sie Adjektive, die diesen Blick beschreiben.

3 Versetzen Sie sich in die abgebildete Person. Denken Sie sich eine Geschichte aus, die dazu geführt hat, dass dieser Mensch nun ein schlechtes Gewissen hat. Was geht in ihm vor? Schreiben Sie ein inneres Gespräch.

Ein inneres Gespräch schreiben
> Methodenkompetenz S. 60/61

Lesetipp
Louis Sachar: Der Fluch des David Ballinger

M2 Was sollte daran so schlimm sein?

David schließt sich seinen Freunden an, als diese losziehen, um der alten Mrs. Bayfield einen ungewöhnlichen Spazierstock zu stehlen. Zuerst sieht er den anderen nur zu, aber bevor er wegrennt, zeigt er der alten Frau noch einen „Stinkefinger". In den folgenden Tagen muss David immer wieder an Mrs. Bayfield denken.

Auf dem Heimweg fühlte sich David total mies. Außerdem machte er sich Sorgen. Was, wenn Mrs. Bayfield die Polizei rief?

Wenigstens war er nicht derjenige gewesen, der den Schaukelstuhl umgekippt hatte. Er hatte ihr auch nicht die Limonade über den Kopf gegossen. Er war nicht durch ihr Blumenbeet getrampelt und hatte das Fenster nicht eingeschmissen. Und den Stock hatte er ihr auch nicht geklaut.

Das Einzige, was er gemacht hatte, war das mit dem Stinkefinger.

Und eigentlich – was sollte daran so schlimm sein? Er hatte ihr den Mittelfinger gezeigt, das war alles. Was war am Mittelfinger schlimmer als an anderen Fingern? Wenn er ihr nun den kleinen Finger gezeigt hätte? Das wäre doch auch nicht schlimm gewesen, oder? [...]

Er stellte sich vor, wie sie allein durch das hohe Gras im Garten kroch, die Holzstufen hoch zur Veranda und von dort ins Haus. Und Roger hatte ja die Scheibe eingeworfen, sodass der Boden, über den sie kriechen musste, sicher übersät war mit Scherben. Wahrscheinlich war auch die Glaskaraffe zerbrochen. Möglich, dass Mrs. Bayfield genau in diesem Moment verblutete. Er bemühte sich, nicht daran zu denken, während er Bälle fing und warf.

Sie hat vermutlich weder Familie noch Freunde, dachte er. Sie hat sich so gefreut, als wir kamen – endlich mal Besuch. Und wenn sie doch Familie hatte? Wird sie ihren Verwandten erzählen, was passiert war? Oder wird sie sich einfach sauber machen und zu niemandem ein Wort sagen, weil es einfach zu demütigend wäre? So tun, als wäre nichts gewesen. „Das Fenster ist ja kaputt! Wie ist das denn passiert?", würde ihr Sohn vielleicht fragen.

„Ach, du weißt doch, wie ungeschickt deine alte Mutter ist!", würde sie nur antworten, weil sie nicht darüber sprechen mochte.

David war beinahe zum Heulen zumute. Wie wäre es, wenn irgendwelche Kinder dasselbe mit seiner eigenen Großmutter machten? Oder mit seiner Mutter, wenn sie später mal alt war? Oder mit Elizabeth?

Elizabeth war seine kleine Schwester. Sie war gerade ein Jahr alt geworden.

Auch Mrs. Bayfield war irgendwann mal erst ein Jahr alt gewesen, ein niedliches kleines Mädchen, das alle gern hatten. Wer hätte damals gedacht, dass sie eines Tages eine gehbehinderte, einsame alte Dame sein würde und dass ein paar Jungen sie mit dem Schaukelstuhl umkippen, ihr Limonade ins Gesicht schütten und ihr den Stock klauen würden? [...]

Vielleicht wusste Mrs. Bayfield ja tatsächlich nicht, was die Geste bedeutete! Und wenn sie es nicht wusste, dann hatte er auch nichts Schlimmes gemacht. Genauso gut hätte er ihr den Ellenbogen zeigen können ... Ob seine Eltern die Bedeutung des Fingers eigentlich kannten? Sein Vater bestimmt, entschied er, aber seine Mutter? Dass ihr jemand so was erklärte, konnte David sich beim besten Willen nicht vorstellen. Und wenn schon seine Mutter womöglich keine Ahnung hatte, dann konnte Mrs. Bayfield gleich überhaupt nichts davon wissen.

Louis Sachar

4 Erstellen Sie in Partnerarbeit eine Liste der Argumente, mit denen David versucht, sein schlechtes Gewissen zu beruhigen. Beurteilen Sie die Überzeugungskraft der Argumente.

M3 Wenn ich handle, bin ich mein Zeuge

So wie ich mein eigener Partner bin, wenn ich denke, bin ich mein einziger Zeuge, wenn ich handle. Ich kenne den Täter und bin dazu verdammt, mit ihm zusammenzuleben. Er ist nicht stumm. [...]

Wenn Sie mit Ihrem Selbst uneins sind, ist das so, als wenn Sie gezwungen wären, täglich mit Ihrem eigenen Feind zu leben und zu kommunizieren. Das kann sich keiner wünschen. Wenn Sie Übles tun, leben Sie mit einem Übeltäter zusammen, und wenn auch viele es vorziehen, zu ihrem eigenen Vorteil eher Schlechtes zu tun, als Schlechtes zu erleiden, wird niemand gerne mit einem Dieb oder einem Mörder oder einem Lügner zusammenleben wollen.

Hannah Arendt

5 Erläutern Sie die Erklärung von Hannah Arendt und beziehen Sie sie auf Davids Gedanken in M2.

6 Stellen Sie sich vor, Sie tun etwas Verbotenes (und da es eine Vorstellung ist, können Sie auch eine Handlung wählen, die Sie in Wirklichkeit nie ausführen würden). Beschreiben Sie in einem inneren Gespräch anschaulich und übertrieben, wie „Täter" und „Zeuge" zusammenleben müssen und wie sie miteinander umgehen.

Ein inneres Gespräch schreiben
> Methodenkompetenz S. 60/61

Hannah Arendt
> Glossar

Keine Gewissensbisse ohne Freiheit

M1 Ein T-Shirt für alle Fälle

1 Erklären Sie, warum es ein gutes Gefühl ist, wenn man sagen kann „Ich war's nicht".

2 Stellen Sie sich vor, jemand aus Ihrer Klasse redet sich immer wieder mit „Ich war's nicht" heraus, auch wenn Sie ganz genau wissen, dass sie / er es doch war. Beschreiben Sie, was Sie an ihrem / seinem Verhalten stört.

M2 Gewissen und Freiheit

Woher kommen die Gewissensbisse? Für mich ist das ganz klar: aus unserer Freiheit. Wenn wir nicht frei wären, könnten wir uns für nichts schuldig fühlen und hätten wohl keine Gewissensbisse. Daher versuchen wir, wenn wir wissen, dass wir etwas Falsches getan haben, uns damit zu rechtfertigen, dass wir nicht anders handeln konnten, dass wir nicht wählen konnten: „Ich habe nur die Befehle meiner Vorgesetzten ausgeführt", „Alle machen es genauso", „Ich habe den Kopf verloren", „Es ist stärker als ich", „Ich war mir nicht bewusst, was ich tat". Genauso schreit der kleine Junge weinend, wenn das Marmeladenglas, das er oben aus dem Regal holen wollte, zu Boden fällt und zerbricht: „Ich bin es nicht gewesen!" Er schreit es genau deshalb, weil er weiß, dass er es gewesen ist; wäre es nicht so, würde er sich nicht die Mühe machen, etwas zu sagen, und würde vielleicht sogar lachen. Wenn er dagegen etwas sehr Schönes gemalt hat, erklärt er sofort: „Ich habe es ganz allein gemacht, niemand hat mir geholfen!" Genauso wollen wir immer frei sein, das Verdienst für das, was wir erreicht haben, uns selbst zuzuschreiben, aber wir bekennen uns lieber als „Sklaven der Umstände", wenn unsere Handlungen nicht so toll sind. *Fernando Savater*

3 Erklären Sie, warum Freiheit eine Voraussetzung für Gewissensbisse ist.

4 Diskutieren Sie, ob man auch wegen einer Handlung, die man nicht frei gewählt hat, ein schlechtes Gewissen haben kann. 4

5 Nennen und erläutern Sie Beispiele für Situationen, in denen Sie versucht haben, Ausreden für Ihr Verhalten oder Ihr Handeln zu finden – und beurteilen Sie, ob Sie diese Versuche überzeugt haben.

LERNAUFGABE

Einen Argumentationsgang wiedergeben

Wenn in einer Aufgabe ein Argumentationsgang wiedergegeben werden soll, ist es hilfreich, die Gedanken der Verfasserin oder des Verfassers nachzuvollziehen und sich den Aufbau der Argumentation klarzumachen.
Ein Argument ist eine Aussage, mit der etwas begründet werden soll. Eine Verknüpfung von Argumenten zu einem Argumentationsgang ist meist überzeugender als ein Argument allein, da die Verfasserin / der Verfasser die Leserin / den Leser beim Denken mitnimmt.

So können Sie vorgehen:

1. Lesen Sie den Text gründlich und stellen Sie folgende Fragen:
   - Worum geht es in dem Text?
   - Auf welche Frage will der Text eine Antwort geben?
2. Notieren Sie die einzelnen Argumente und fragen Sie sich, welche Aussagen mit ihnen begründet werden sollen.
3. Notieren Sie auch die Beispiele oder Belege, die angeführt werden, um die Argumente zu stützen.
4. Stellen Sie den Verlauf der Argumente mit eigenen Worten dar.
5. Achten Sie bei der Sprache darauf, dass Sie den Argumentationsgang im Präsens wiedergeben. Benutzen Sie nicht nur Verben wie „sagen" oder „schreiben", sondern formulieren Sie genauer, z. B. „Die Verfasserin macht mit einem Beispiel deutlich, ...", „Der Verfasser betont, dass ...", „Er weist darauf hin, ...", etc.

L Geben Sie den Argumentationsgang von Fernando Savater in M2 wieder.

M3 Verantwortung übernehmen

Ich habe lange geglaubt, dass ich nicht die ganze Verantwortung tragen muss. Nicht für mein Leben, nicht für all das, was mir täglich begegnet. Ich habe immer geglaubt, dass ich nur teilweise Verantwortung zu übernehmen brauche. Dass auch die anderen oder allgemein das Leben „mit schuld" an diesem und jenem sind. Ich habe mich so aus vielen Angelegenheiten bequem herausreden können. [...] Aber wie ist es jetzt? [...] Ich muss für alles die ganze Verantwortung übernehmen. [...] Für mein gesamtes Leben, für meinen Lebenslauf, für meine Freundschaften und Nicht-Freundschaften trägt niemand anderes die Verantwortung. Nur ich selbst kann und muss dafür geradestehen. [...] Es ist armselig, immer den anderen die „Schuld" geben zu wollen. Das ist peinlich im privaten und nahezu gefährlich im politischen Leben. [...] Wie können wir mehr Einfluss nehmen? Was müssen wir eventuell an der Politik unseres Landes ändern? Diese Fragen müssen wir beantworten und dementsprechend auch Taten folgen lassen. Dann übernehmen wir Verantwortung.

Sven Precht

6 Erläutern Sie den Begriff „Verantwortung" mithilfe von Beispielen aus Ihrem Alltag.
7 Geben Sie den Argumentationsgang wieder.
8 Begründen Sie, was an dieser Darstellung aus Ihrer Sicht richtig und was unzutreffend ist.

Hat das Gewissen immer recht?

M1 Der Esel und der Wolf

du dauerst mich
du tust mir leid

Gotthold Ephraim Lessing
(1729-1781)
einer der bedeutendsten deutschen Dichter der Aufklärung

Ein Esel begegnete einem hungrigen Wolfe. Habe Mitleiden mit mir, sagte der zitternde Esel, ich bin ein armes krankes Tier; sieh nur, was für einen Dorn ich mir in den Fuß getreten habe! –

Wahrhaftig, du dauerst mich, versetzte der Wolf. Und ich finde mich in meinem Gewissen verbunden, dich von diesen Schmerzen zu befreien. –

Kaum war das Wort gesagt, so ward der Esel zerrissen. *Gotthold Ephraim Lessing*

1 Beurteilen Sie, ob es sich bei der Entscheidung des Wolfes um eine Gewissensentscheidung handelt.

2 Nennen und erläutern Sie Beispiele, wie und wo – z. B. im Privaten, in der Schule, in Politik oder Werbung – an Ihr Gewissen appelliert wird und welche Absicht dahinterstecken könnte.

M2 Kann sich das Gewissen irren?

Sterbehilfe
> Glossar

relevant
wichtig, bedeutsam

implizieren
beinhalten

Wer sich ein Gewissensurteil bildet und sein eigenes Verhalten daran prüft, stellt ja nicht nur die Frage, ob er sich subjektiv von den besten Gründen hat leiten lassen. Er fragt auch, ob diese Gründe ihn objektiv betrachtet zu einer richtigen Entscheidung geführt haben. Das wird besonders deutlich, wenn jemand die eigenen Handlungsgründe im Nachhinein beurteilt; hier lehrt die Erfahrung eines jeden Einzelnen, dass sich auch eine nach bestem Wissen und Gewissen begangene Tat nachträglich als falsch herausstellen kann. Ein Beispiel ist leicht gefunden, etwa: „Ich bin damals zu schnell gefahren, weil ich es besonders wichtig fand, mich bei einem Termin für eine gute Sache einzusetzen. Hätte ich gewusst, dass auf der Straße Kinder spielten, wäre ich niemals dieses Risiko eingegangen. Daher sehe ich mein damaliges Verhalten als falsch an, obwohl ich nach bestem Wissen und Gewissen gehandelt habe". Eine solche Aussage impliziert offenbar, dass auch im Gewissensurteil ein Fehler auftreten kann, der zwar von einer objektiven Fehleinschätzung der Situation herrührt, aber sehr wohl als ein Irrtum des eigenen Gewissens empfunden wird – „ich hätte es besser wissen können und müssen".

Noch schwieriger ist die Frage, ob man auch in anderer Hinsicht von einem Gewissensirrtum sprechen kann, nämlich dann, wenn ein Handelnder sich über die Geltung einer moralischen Regel irrt bzw. sich an moralischen Regeln orientiert, die nach Ansicht anderer Handelnder objektiv falsch sind. Beim Thema der ethischen Zulässigkeit von aktiver Sterbehilfe zur Verkürzung oder Verminderung von großem Schmerz können ein Befürworter und ein Gegner […] entgegengesetzte Positionen vertreten, obwohl beide ihre Entscheidung nach Prüfung aller ihrer Ansicht nach relevanten ethischen Aspekte getroffen haben. Da beide ihre Position aus sittlicher Einsicht heraus begründen, werden sie auch nicht von dem Vorwurf der Gewissenlosigkeit getroffen […]. *Matthias Perkams*

3 Erklären Sie die beiden beschriebenen Arten von Gewissensirrtum, ohne Beispiele zu nennen.

4 Erläutern Sie anhand eines Beispiels aus Ihrer Erfahrung die Aussage, „dass sich auch eine nach bestem Wissen und Gewissen begangene Tat nachträglich als falsch herausstellen kann". Beurteilen Sie, ob es sich in Ihrem Beispiel um einen Gewissensirrtum handelt.

5 Setzen Sie sich zu zweit mit dem erwähnten Beispiel der aktiven Sterbehilfe auseinander, indem Sie
  a) sich über aktive Sterbehilfe informieren. 6
  b) die Argumente der Befürworterinnen und Befürworter auflisten und erläutern.
  c) die Argumente der Gegnerinnen und Gegner auflisten und erläutern.
  d) beurteilen, ob und wie sich Vertreterinnen und Vertreter beider Positionen auf ihr Gewissen berufen könnten.

6 Nennen und erläutern Sie Beispiele, in denen sich Menschen an moralischen Regeln orientieren oder orientiert haben, die Sie für falsch halten.

7 Beurteilen Sie anhand von Beispielen, ob es Taten geben könnte, die die Menschenrechte verletzen und mit dem Gewissen vereinbar sind.

8 Diskutieren Sie, inwieweit die Möglichkeit eines Gewissensirrtums auch als Ausrede verstanden werden kann. 4

9 **a)** Recherchieren Sie, wer wofür die Auszeichnung „Ambassador of Conscience" (Botschafter des Gewissens) verleiht. 6
  b) Recherchieren Sie in Gruppen, wer in den vergangenen Jahren ausgezeichnet wurde und stellen Sie die Preisträgerinnen und Preisträger in einer Präsentation vor. 6, 11
  c) Diskutieren Sie, ob und wie sich auch diese „Botschafterinnen und Botschafter des Gewissens" mit der Berufung auf ihr Gewissen irren können. 4

M3 Dem Gewissen immer folgen?

Die Meinungen über richtig und falsch, über gut und schlecht, gehen auseinander. Eine mögliche Antwort auf die dadurch entstehende Verwirrung besagt, dass wir alle unserem Gewissen folgen sollen. Ob es aber wirklich richtig ist, dem Gewissen zu folgen, muss am Ende von dem abhängen, was das Gewissen einem sagt. Den Trugschluss anzunehmen, dass man dem Gewissen stets folgen soll, ist darin begründet, dass hier zwei Ansichten zusammengefasst werden: dass „das Diktat des Gewissens immer Recht hat" und dass „niemand zu Handlungen gegen sein Gewissen gezwungen werden soll". Dem eigenen Gewissen zu folgen, entbindet den Menschen nicht von der moralischen Verantwortung. Das Gewissen kann sich irren; es kann auch zu sorglos befragt werden. Manchmal sollte man ihm, entgegen der Meinung der anderen, folgen, sogar entgegen dem Gesetz. Das aber kann keine Entschuldigung für das Böse sein. *Brenda Almond*

Diktat
(hier) etwas, dem man sich nicht widersetzen kann

10 Nennen Sie Beispiele für Handlungen, zu denen niemand gegen sein Gewissen gezwungen werden sollte.

11 Nennen Sie Beispiele aus Ihrer Erfahrung, in denen Sie Ihr Gewissen „zu sorglos befragt" haben, und erläutern Sie die Folgen.

12 Nehmen Sie Stellung zu der Frage, ob die Gewissensfreiheit über allen Gesetzen steht.

13 Diskutieren Sie, ob man guten Gewissens die Würde anderer Menschen verletzen kann. 4

14 Gewissensfreiheit ist ein Menschenrecht, also ein unveräußerliches Recht, das niemand einschränken kann und das niemandem genommen werden kann. Sie ist in Artikel 18 der Allgemeinen Erklärung der Menschenrechte festgeschrieben. Beurteilen Sie, ob man die Menschenrechte als allgemeingültige Grundlage des Gewissens bezeichnen kann.

Allgemeine Erklärung der Menschenrechte
> Glossar

Wie das Gewissen entstehen könnte

Sozialisation
Auseinandersetzung eines Menschen mit seiner Umwelt (z. B. Familie, Freunde, Kultur, Religion, Gesellschaft, Medien)

Norm
> Glossar

Wert
> Glossar

Soziologie
> Glossar

M1 Sozialisation als Lernvorgang

Die Vermittlung sozialer Normen und Wertvorstellungen erfolgt in einem Prozess, den die Soziologie als Sozialisation bezeichnet. […] Sozialisation meint mehr als der klassische pädagogische Begriff der „Erziehung“, der sich ja vor allem auf jene in der Regel absichtsvollen und bewusst geplanten Bemühungen und Handlungsschritte von Eltern oder Lehrern bezieht […]. Vielmehr schließt Sozialisation den Vorgang der Erziehung mit ein und umfasst darüber hinaus auch jene ungeplanten, aber persönlichkeitsprägenden Lernvorgänge, die sowohl das Kleinkind wie auch später noch der Erwachsene durch eigene Erfahrungen machen kann. […] Überhaupt lassen sich solche Einflüsse – denkt man beispielsweise an die prägenden Wirkungen von jugendlichen Freundschaftsgruppen, Fan-Clubs, Reklame, Massenmedien, Interessenorganisationen, politischer Öffentlichkeit usw. – nach pädagogischem Selbstverständnis schwerlich alle sinnvoll als Erziehung oder Ausbildung charakterisieren, während sie indessen zweifellos sozialisierende Prozesse darstellen.

Hans Peter Henecka

1 Nennen und erläutern Sie drei Beispiele für „ungeplante, aber persönlichkeitsprägende Lernvorgänge“ aus Ihrer Erfahrung – aus möglichst unterschiedlichen Bereichen.
2 Erstellen Sie eine Grafik, aus der hervorgeht, welche Sozialisationsinstanzen auf die Bildung des Gewissens Einfluss haben.
3 Diskutieren Sie anhand von Beispielen, wie Medien die Gewissensbildung von Jugendlichen beeinflussen können, und beurteilen Sie diese Einflüsse. 4

Sigmund Freud
> Glossar

M2 Im Innern der menschlichen Seele

Sigmund Freud hat ein sogenanntes Instanzenmodell entwickelt, um Vorgänge innerhalb der Seele anschaulich zu machen.

Die älteste Instanz nennt Freud das **Es**. Dies ist das ursprüngliche Fundament der Seele, es enthält alles, was wir von Geburt an mitbringen. Beherrscht wird das Es von Trieben, Gefühlen und Bedürfnissen (z. B. Hunger oder Schlaf), die Wünsche dulden keinen Aufschub, sie wollen sofort befriedigt werden.

Dass wir unseren Trieben nicht komplett ausgeliefert sind, verhindert das **Ich**. Das Ich handelt bewusst (indem es z. B. Bewegungen ausführt oder vernünftige Entscheidungen zu treffen versucht), es nimmt Reize von außen auf und reagiert darauf, es speichert Erfahrungen im Gedächtnis und lernt nach und nach, mit der Außenwelt umzugehen. Das Ich hat die wichtige Aufgabe zu entscheiden, ob es angemessen ist, dem Es und seinen Triebansprüchen nachzugeben, zudem setzt es sich mit den Ansprüchen der dritten Instanz, des **Über-Ichs**, auseinander: Die Entstehung dieses Über-Ichs beginnt in der Kindheit: Das Kind verinnerlicht, was ihm die Eltern vermitteln, später kommen Regeln, Normen und Werte aus Schule und Gesellschaft hinzu. So entsteht eine Art Ideal-Ich, dem das Ich zu entsprechen versucht. Diese Vorgänge sind jedoch größtenteils nicht bewusst, wir erkennen also in vielen Fällen nicht, wenn wir uns an diesem Ideal-Ich orientieren.

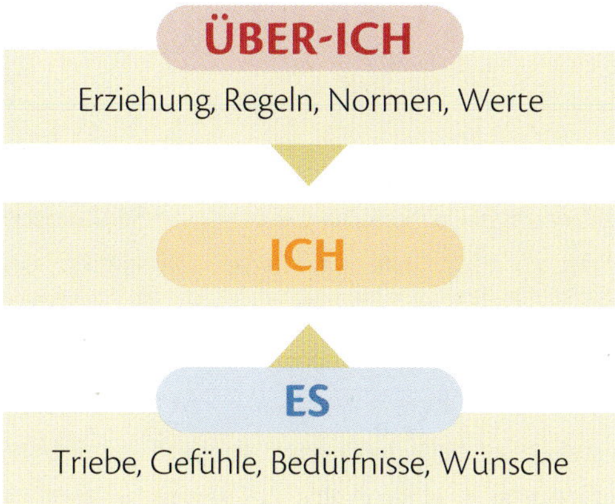

4 Beurteilen Sie, welcher seelischen Instanz das Gewissen zuzurechnen ist. Veranschaulichen Sie Ihre Einschätzung mit einem Beispiel, aus dem das Zusammenwirken aller drei Instanzen deutlich wird.

5 Erläutern Sie mithilfe von Freuds Instanzenmodell sowie eines Beispiels aus Ihrer Erfahrung, warum Entscheidungen des Ichs so schwierig sein können.

M3 Die Angst vor dem Über-Ich

Ein ursprüngliches, sozusagen natürliches Unterscheidungsvermögen für Gut und Böse darf man ablehnen. [...] Das Böse ist [...] anfänglich dasjenige, wofür man mit Liebesverlust bedroht wird; aus Angst vor diesem Verlust muss man es vermeiden. [...] Man heißt diesen Zustand „schlechtes Gewissen", aber eigentlich verdient es diesen Namen nicht, denn auf dieser Stufe ist das Schuldbewusstsein offenbar nur Angst vor dem Liebesverlust, „soziale" Angst. Beim kleinen Kind kann es niemals etwas anderes sein, aber auch bei vielen Erwachsenen ändert sich nicht mehr daran, als dass an Stelle des Vaters oder beider Eltern die größere menschliche Gemeinschaft tritt. Darum gestatten sie sich regelmäßig, das Böse, das ihnen Annehmlichkeiten verspricht, auszuführen, wenn sie nur sicher sind, dass die Autorität nichts davon erfährt oder ihnen nichts anhaben kann, und ihre Angst gilt allein der Entdeckung. Eine große Änderung tritt erst ein, wenn die Autorität durch die Aufrichtung eines Über-Ichs verinnerlicht wird. Damit werden die Gewissensphänomene auf eine neue Stufe gehoben, im Grunde sollte man jetzt erst von Gewissen oder Schuldgefühl sprechen. Jetzt entfällt auch die Angst vor dem Entdecktwerden und vollends der Unterschied zwischen Böses tun und Böses wollen, denn vor dem Über-Ich kann sich nichts verbergen, auch Gedanken nicht. [...] Wir kennen also zwei Ursprünge des Schuldgefühls, den aus der Angst vor der Autorität und den späteren aus der Angst vor dem Über-Ich.

Sigmund Freud

Autorität
> Glossar

6 Erklären Sie, gegen welche Vorstellung des Gewissens sich Freud mit dem ersten Satz des Textes wendet.

7 Erläutern Sie mithilfe von Beispielen, was mit „Angst vor dem Liebesverlust" gemeint ist.

8 Erklären Sie, wie sich nach Freuds Vorstellung das Gewissen entwickelt.

9 Beurteilen Sie, in welchen Situationen in Ihrem Leben die „Angst vor dem Entdecktwerden" eine Rolle spielt. Diskutieren Sie, ob diese Angst ein hinreichender Grund ist, sich gegen eine Handlung zu entscheiden. 4

10 Finden Sie Beispiele aus Ihrer Erfahrung, in denen
- **a)** das Gewissen vom Über-Ich beeinflusst wird.
- **b)** das Gewissen vom Es beeinflusst wird.
- **c)** Über-Ich und Es unterschiedliche ‚Meinungen' gegenüber dem Ich vertreten.

11 Verfassen Sie zu Ihrem Beispiel aus Aufgabe 10 c) ein inneres Gespräch – je konfliktreicher, desto anschaulicher.

Ein inneres Gespräch schreiben
> Methodenkompetenz S. 60/61

Autoritäres und humanistisches Gewissen

Autorität
> Glossar

autoritär
lässt keine Kritik und keine andere Meinung zu, fordert Gehorsam

Kultur
> Glossar

internalisieren
annehmen und verinnerlichen von Regeln, Normen oder Auffassungen

Sanktion
(hier) Strafandrohung

Regulator
regulierende Kraft

Erich Fromm
> Glossar

Sigmund Freud
> Glossar

M1 Die verinnerlichte Stimme der Autorität

Das autoritäre Gewissen ist die Stimme einer nach innen verlegten äußeren Autorität, also der Eltern, des Staates oder was immer in einer bestimmten Kultur als Autorität gelten mag. Solange das Verhältnis des Menschen zur Autorität äußerlich bleibt und keine sittlichen Folgerungen daraus abgeleitet werden, kann man kaum von einem Gewissen sprechen. [...]

Was die Menschen als ein dem Gewissen entstammendes Schuldgefühl empfinden, ist oft nur Furcht vor der Autorität. Sie fühlen im Grunde nicht Schuld, sondern Angst. Bei der Bildung des Gewissens werden jedoch Autoritäten wie Eltern, Kirche, Staat, öffentliche Meinung bewusst oder unbewusst als ethische und moralische Gesetzgeber angesehen, deren Gesetze und Sanktionen man annimmt und sie damit internalisiert. So werden die Gesetze und Sanktionen der äußeren Autorität zu einem Teil des Menschen selber. Man fühlt sich nicht mehr verantwortlich gegenüber etwas, das außerhalb liegt, sondern gegenüber etwas, das in einem selbst ist: gegenüber seinem Gewissen. Das Gewissen ist ein wirksamerer Regulator des Verhaltens als alle Furcht vor äußeren Autoritäten. Denn vor der Autorität kann man davonlaufen, vor sich selbst jedoch nicht, daher auch nicht vor einer nach innen verlegten Autorität, die zu einem Teil des Selbst geworden ist.

Erich Fromm

1 Beurteilen Sie, welcher seelischen Instanz bei Freud (S. 68/69) das von Erich Fromm beschriebene „autoritäre Gewissen" ähnelt.

2 Nennen und erläutern Sie ein Beispiel aus Ihrer Erfahrung, in dem sich ihr autoritäres Gewissen zu Wort meldet.

3 Erläutern Sie den letzten Satz des Textes.

4 Diskutieren Sie, inwieweit das „autoritäre Gewissen" hilfreich sein kann und in welchem Ausmaß oder in welchen Situationen es problematisch werden kann. 4

5 Stellen Sie sich vor, Sie sind Diktatorin oder Diktator und wollen Einfluss auf das Gewissen Ihrer Untergebenen nehmen.

a) Überlegen Sie zu zweit, mit welchen Mitteln und Maßnahmen Ihnen das gelingen könnte.

b) Beurteilen Sie, ob es Sie als Diktatorin oder Diktator überzeugen würde, wenn die Menschen nach ihrem Gewissen handelten, dies aber letztlich kein eigenes Gewissen im engeren Sinne ist.

humanistisch
an der Menschlichkeit orientiert

M2 Die eigene innere Stimme

Das humanistische Gewissen ist nicht die nach innen verlegte Stimme einer Autorität, der wir gefallen wollen und der zu missfallen wir fürchten; es ist die eigene Stimme, die in jedem Menschen gegenwärtig ist und die von keinen äußeren Strafen und Belohnungen abhängt. Worin besteht das Wesen dieser Stimme? Weshalb hören wir sie, und weshalb können wir gegen sie taub werden? Das humanistische Gewissen ist die Reaktion unserer Gesamtpersönlichkeit auf deren richtiges oder gestörtes Funktionieren. Es ist keine Reaktion auf das Funktionieren dieser oder jener Fähigkeit, sondern auf die Totalität der Fähigkeiten, die unsere menschliche und individuelle Existenz ausmacht. Das Gewissen beurteilt, ob wir als menschliche Wesen „funktionieren". [...] Handlungen, Gedanken und Gefühle, die ein richtiges Funktionieren und die Entfaltung unserer Gesamtpersönlichkeit fördern, rufen ein Gefühl der inneren Zustimmung, der Richtigkeit hervor. Dieses ist charakteristisch für das humanistische „gute Gewissen". Andererseits rufen Handlungen, Gedanken und Gefühle, die für unsere Gesamtpersönlichkeit schädlich sind, ein Gefühl der inneren Unruhe und des Unbehagens hervor. Dieses ist charakteristisch für das „schlechte Gewissen".

Erich Fromm

Totalität
Ganzheit

6 Erklären Sie den Satz: „Das Gewissen beurteilt, ob wir als menschliche Wesen funktionieren".

7 Nennen und erläutern Sie Beispiele aus Ihrer Erfahrung, an denen deutlich wird, wie Handlungen, Gedanken oder Gefühle für Ihre Gesamtpersönlichkeit schädlich sein können und daher ein schlechtes Gewissen verursachen.

8 Diskutieren Sie, was einem Menschen ohne humanistisches Gewissen fehlen würde. 4

9 Versetzen Sie sich wieder in die Rolle einer Diktatorin oder eines Diktators.

a) Erläutern Sie, welche Folgen es für Sie und Ihr Regime haben könnte, wenn Ihre Untergebenen ein humanistisches Gewissen entwickeln.

b) Diskutieren Sie, wie und inwieweit es möglich ist, das humanistische Gewissen zu verhindern oder zu begrenzen. 4

Zum Weiterdenken

Auf sich zu hören, ist schwierig, weil diese Kunst noch eine andere Gabe voraussetzt, die beim heutigen Menschen selten geworden ist: mit sich allein sein zu können. Wir haben tatsächlich eine Angst vor dem Alleinsein entwickelt; die trivialste, ja anstößigste Gesellschaft und die sinnlosesten Beschäftigungen ziehen wir dem Alleinsein vor; der Gedanke, uns selber ins Gesicht sehen zu müssen, scheint uns Schrecken einzujagen. [...] [Vor] dieser Begegnung [mit uns selbst] fürchten wir uns und suchen ihr zu entfliehen. Damit versäumen wir die Gelegenheit, auf uns selbst zu hören, und ignorieren auch weiterhin unser Gewissen.

Erich Fromm

a) Beurteilen Sie die Aussage des Textes und erläutern Sie anhand von Beispielen, inwieweit sie auf Sie zutrifft.

b) Benennen Sie Gründe, warum es wichtig ist, sich mit sich selbst auseinanderzusetzen.

c) Beurteilen Sie, wer oder was Sie am häufigsten und am heftigsten daran hindert, dass Sie sich mit sich selbst auseinandersetzen.

d) Diskutieren Sie, ob es als eine Form der Manipulation zu werten ist, wenn man Menschen am Alleinsein und damit an der Auseinandersetzung mit sich selbst und ihrem Gewissen hindert. 4

Ziviler Ungehorsam

M1 Gründe

Weil das alles nicht hilft
Sie tun ja doch was sie wollen

Weil ich mir nicht nochmals
die Finger verbrennen will

Weil man nur lachen wird:
Auf dich haben sie gewartet

Und warum immer ich?
Keiner wird es mir danken

Weil da niemand mehr durchsieht
sondern höchstens noch mehr kaputtgeht

Weil jedes Schlechte
vielleicht auch sein Gutes hat

Weil es Sache des Standpunktes ist
und überhaupt wem soll man glauben?

Weil auch bei den andern
nur mit Wasser gekocht wird

Weil ich das lieber
Berufeneren überlasse

Weil man nie weiß
wie einem das schaden kann

Weil sich die Mühe nicht lohnt
weil sie alle das gar nicht wert sind
[…]

Erich Fried

Erich Fried (1921-1988) österreichischer Lyriker und Übersetzer

Ein inneres Gespräch schreiben
> Methodenkompetenz S. 60/61

1 Tauschen Sie sich zunächst zu zweit darüber aus, wofür in diesem Text Gründe angeführt werden. Diskutieren Sie anschließend Ihre Antworten in der Klasse. Nennen Sie Beispiele aus Ihrer Erfahrung, in denen Sie bei schwierigen Situationen in Gedanken ähnliche Gründe wie im Gedicht genannt haben. 4

2 Stellen Sie sich eine Situation vor, in der Sie sich überlegen, ob Sie handeln sollen oder nicht und Ihnen die „Gründe" durch den Kopf gehen. Schreiben Sie ein lebendiges inneres Gespräch.

3 Beurteilen Sie den Titel in Bezug auf den Inhalt des Gedichts.

4 Diskutieren Sie, ob die „Gründe" Aussagen des Gewissens sein könnten. 4

5 Stellen Sie sich vor, Sie leben in einer Gemeinschaft, in der alle ständig diese Gründe – innerlich und äußerlich – vorbringen. Beschreiben Sie, welche Folgen das für die Gemeinschaft und den Einzelnen hätte.

M2 Ungehorsam mit guter Absicht?

Mahatma Gandhi
> Glossar

Martin Luther King Jr.
> Glossar

Wer im Einsatz gegen Ungerechtigkeit und Missstände bewusst gegen Gesetze verstößt oder Pflichten verletzt, um eine Situation zu verändern, leistet eine Art von Widerstand. Man spricht von „zivilem (= bürgerlichem) Ungehorsam", dabei geht es um die Durchsetzung bürgerlicher Rechte. Bekannte Beispiele sind Mahatma Gandhi oder Martin Luther King Jr.

Robin Celikates (*1977) deutscher Philosoph und Sozialwissenschaftler

Man darf natürlich jetzt nicht sofort die Gesetze brechen, wenn einem dies oder das nicht passt. Zum Beispiel kann man sich auch Protestaktionen vorstellen, die einfach darauf abzielen, den Bau einer Autobahn zu verhindern, weil man keine Autobahn durch den eigenen Hintergarten gebaut haben möchte. Das ist durchaus verständlich, aber vielleicht nicht auf die gleiche Art und Weise moralisch rechtfertigbar. Es muss schon um bestimmte Bedrohungen der Demokratie, der Gerechtigkeit, der Grundrechte gehen und um bestimmte Demokratie-Defizite […].

Robin Celikates

Ziviler Ungehorsam ist ein moralisch begründeter Protest, dem nicht nur private Glaubensüberzeugungen oder Eigeninteressen zugrunde liegen […]. Wer auf diese Weise Protest einlegt, sieht sich in einer Situation, wo ihm in einer Gewissensfrage nur noch drastische, mit persönlichen Risiken belastete Mittel zur Verfügung stehen, um die Bereitschaft zur erneuten Beratung und Willensbildung über eine geltende Norm oder eine rechtskräftig beschlossene Politik zu wecken und den Anstoß für die Revision einer Mehrheitsmeinung zu geben. Wer sich zu zivilem Ungehorsam entschließt, will sich angesichts der Tragweite einer für illegitim gehaltenen Regelung nicht damit zufriedengeben, dass die institutionell vorgesehenen Revisionsmöglichkeiten ausgeschöpft sind.

Jürgen Habermas

[D]as vom Zeitgeist in Umlauf gesetzte Wort „ziviler Ungehorsam" [führt] in die Irre, weil er etwas Einschmeichelndes verkörpert und ein Hauch von „Zivilcourage" in ihm anklingt. In Wirklichkeit soll „ziviler Ungehorsam" die bewusste Gesetzesübertretung für politische Zwecke schönreden. Warum zivil? In einem demokratischen Staat werden die Gesetze von Parlamenten beschlossen, die die Bürger in Wahlen bestimmt haben. Insofern muss es den Bürgern eine Art Ehrenpflicht sein, diese Gesetze zu respektieren. Gesetzesungehorsam mag für den Untertan in einer Diktatur in Betracht kommen, der freie Bürger hingegen schuldet zivilen Gehorsam.

Gottfried Loeck

Norm
> Glossar

Revision
(hier) Überprüfung

illegitim
unrechtmäßig

institutionell
eine Institution, also eine öffentliche oder staatliche Einrichtung, (hier) ein Rechtssystem betreffend

Jürgen Habermas
> Glossar

6 Erläutern Sie die Zitate mit eigenen Worten und begründen Sie, welcher Aussage Sie am ehesten zustimmen.

7 Diskutieren Sie, was das Gedicht „Gründe" (M1) mit zivilem Ungehorsam zu tun haben könnte. 4

LERNAUFGABE

Prüfen

Wenn in einer Aufgabe etwas geprüft werden soll, bedeutet das, dass Sie die Aussagen und Sachverhalte eines Materials auf ihre Angemessenheit hin untersuchen.

So können Sie vorgehen:

1. Lesen Sie das Material gründlich und aufmerksam durch.
2. Notieren Sie die wichtigsten Aussagen des Materials; die Aussagen können sich auch widersprechen oder unklar sein.
3. Bewerten Sie anschließend, ob die Aussagen, die Sie in Schritt 2 herausgearbeitet haben, angemessen sind. Dafür überlegen Sie, ob die Aussagen stimmig oder widersprüchlich sind, ob sie der Wahrheit entsprechen oder für bestimmte Personen wahr sein können und ob die Gedankengänge der Verfasserin oder des Verfassers nachvollziehbar sind.
4. Fassen Sie Ihre Bewertung aus Schritt 3 in einem kurzen Text zusammen.

L Prüfen Sie die Aussagen in M2 auf ihre Angemessenheit.

Waches Gewissen und Widerstand

Sabotage
absichtliche Störung von Abläufen, um ein politisches Ziel zu erreichen

M1 „Wir sind Euer böses Gewissen"

„Weiße Rose" nannte sich ein Freundeskreis um die Studenten Hans Scholl und Alexander Schmorell. Mit Flugblättern, die sie in München verteilten, riefen sie zum Widerstand gegen die Diktatur der Nationalsozialisten auf.

Hans und Sophie Scholl mit ihrem Freund Christoph Probst (vorne rechts). Bei ihrer Hinrichtung waren sie 21, 24 und 23 Jahre alt.

Die ersten vier „Flugblätter der Weißen Rose" schrieben und verbreiteten Hans Scholl und Alexander Schmorell zwischen dem 27. Juni und dem 12. Juli 1942. […] „Leistet passiven Widerstand, wo immer Ihr auch seid!", forderten sie in ihrem ersten Flugblatt. Es sei höchste Zeit, „diese braune Horde auszurotten", heißt es im zweiten. Diese Appelle steigerten sie im dritten Flugblatt in konkrete Handlungsanweisungen für einen Regierungssturz mittels Sabotage in allen Bereichen des öffentlichen und politischen Lebens. Angesichts der Massenmorde an Juden und Polen, die sie im zweiten Blatt anprangerten, verdeutlichten sie die Mitschuld aller Deutschen, die still Unrecht ertrugen, anstatt es zu bekämpfen. „Wir schweigen nicht, wir sind Euer böses Gewissen, die Weiße Rose lässt Euch keine Ruhe!" […].
Ein Teil der 800 bis 1200 Flugblätter [des fünften Flugblatts] wurde Mitte Februar per Post verschickt. Den Rest transportierten Sophie und Hans Scholl in einem Koffer und in einer Aktentasche am 18. Februar in die Universität, wo sie die Blätter vor den Hörsälen auslegten. Als Sophie Scholl einen Stapel Blätter vom zweiten Stock in den Lichthof hinabstieß, wurden sie entdeckt und verhaftet.

Kirsten Schulz

1 Erläutern Sie die Aussage „Wir schweigen nicht, wir sind Euer böses Gewissen, die Weiße Rose lässt Euch keine Ruhe!"

2 Diskutieren Sie, inwieweit Aktionen wie die der „Weißen Rose" dazu beitragen können, dass Menschen wachgerüttelt werden und ihrem Gewissen (wieder) folgen. 4

Grundgesetz (GG)
> Glossar

Zum Weiterdenken

Zum 100. Geburtstag von Sophie Scholl im Mai 2021 schrieb der Journalist Tim Schleider: „Wer sich […] heute im demokratischen Deutschland im Schutz von Grundgesetz und Rechtsstaat an und mit Sophie Scholl messen will, muss überlegen, ob auch er bereit wäre, diesen Preis zu zahlen: einen wahren Terrorstaat nicht zu fürchten und für Worte voll utopischer Hoffnung dem eigenen Tod ins Gesicht zu sehen."

Erläutern Sie die Aussage und nennen Sie Beispiele, in denen es

a) unangemessen wäre, wenn sich heute jemand mit Sophie Scholl vergleicht.

b) angemessen wäre, wenn sich heute jemand mit Sophie Scholl vergleicht.

M2 Konsequent oder unvernünftig?

Sophie Scholl wird am 20. Februar 1943 verhört. Am 22. Februar 1943 wird sie zum Tode verurteilt und mit ihrem Bruder Hans Scholl und Christoph Probst in München-Stadelheim enthauptet. Im Verhörprotokoll ist folgende Schlussfrage festgehalten:

„Sind Sie nach diesen Aussprachen nun nicht doch zu der Auffassung gekommen, dass man Ihre Handlungsweise und das Vorgehen gemeinsam mit Ihrem Bruder und anderen Personen gerade in der jetzigen Phase des Krieges als ein Verbrechen gegenüber der Gemeinschaft insbesondere aber unserer im Osten schwer und hart kämpfenden Truppen anzusehen ist, das die schärfste Verurteilung finden muss." Dies war eine Steilvorlage, Reue zu zeigen, um damit vielleicht sogar den eigenen Kopf zu retten. Doch Sophies Antwort lautete: „Von meinem Standpunkt aus muss ich dies[e] Frage verneinen. Ich bin nach wie vor der Meinung, das Beste getan zu haben, was ich gerade jetzt für mein Volk tun konnte. Ich bereue deshalb meine Handlungsweise nicht und will die Folgen, die mir aus meiner Handlungsweise erwachsen, auf mich nehmen."

Maren Gottschalk

3 Beurteilen Sie in Partnerarbeit die Entscheidung Sophie Scholls, nicht doch Reue zu zeigen (oder zu heucheln), sondern erneut zu ihren Aktionen zu stehen.

4 Zahlreiche Schulen sind nach Sophie Scholl oder den Geschwistern Scholl benannt. Diskutieren Sie, was Sie und Ihre Mitschülerinnen und Mitschüler von Sophie Scholl lernen könnten. 4

M3 Hellhörig und widerstandsfähig

Wir leben im Zeitalter eines um sich greifenden Sinnlosigkeitsgefühls. In diesem unserem Zeitalter muss es sich die Erziehung angelegen sein lassen, nicht nur Wissen zu vermitteln, sondern auch das Gewissen zu verfeinern, sodass der Mensch hellhörig genug ist, um die jeder einzelnen Situation innewohnende Forderung herauszuhören. In einem Zeitalter, in dem die Zehn Gebote für so viele ihre Geltung zu verlieren scheinen, muss der Mensch instand gesetzt werden, die 10 000 Gebote zu vernehmen, die in den 10 000 Situationen verschlüsselt sind, mit denen ihn sein Leben konfrontiert. Dann wird ihm nicht nur ebendieses sein Leben wieder sinnvoll erscheinen, sondern er selbst wird dann auch immunisiert sein gegenüber Konformismus und Totalitarismus – diesen beiden Folgeerscheinungen des existentiellen Vakuums; denn ein waches Gewissen allein macht ihn „widerstands"-fähig, sodass er sich eben nicht dem Konformismus fügt und dem Totalitarismus beugt.

Viktor Emil Frankl

5 Erläutern Sie, warum Viktor Emil Frankl ein waches Gewissen für wichtig hält.

6 Beschreiben Sie, wo und wie in Ihrem Leben Konformismus zu einer Gefahr werden kann.

7 Beurteilen Sie, was Ihnen ein waches Gewissen für Ihr Leben bringt oder bringen könnte.

8 Diskutieren Sie, was Erziehung und Schule dazu beitragen können, das Gewissen von Menschen zu bilden und zu verfeinern. 4

Konformismus
übertriebene Anpassung (an die Gesellschaft oder eine Gruppe)

Totalitarismus
Diktatur, in der die/der Einzelne kaum Freiheiten hat, alles wird staatlich vorgeschrieben und kontrolliert

existentiell
das menschliche Dasein betreffend

Viktor Emil Frankl
(1905-1997) österreichischer Neurologe und Psychiater. Er stellte die Frage nach dem Sinn in den Mittelpunkt seiner Arbeit.

Was tun, wenn das Gewissen beißt?

M1 Als wäre nichts gewesen

1 Nennen Sie die Vor- und Nachteile eines Waschmittels für das Gewissen und begründen Sie, ob Sie es gerne nutzen würden.
2 Wenn Sie eine kleine Menge des Waschmittels zur Verfügung hätten: In welchen Situationen würden Sie es anwenden? Begründen Sie Ihre Einschätzung und nennen Sie auch Situationen und Entscheidungen, in denen Sie das Waschmittel gerne nutzen würden, es aber für wichtigere Anlässe aufsparen.
3 Sammeln und bewerten Sie zu zweit sinnvolle und unbrauchbare Ratschläge, wie man mit einem schlechten Gewissen umgehen kann.

Nachzeichnung des Plakats der Buß- und Bettagskampagne der Evangelischen Kirche von Kurhessen Waldeck 2005

Bettina Kumpe

M2 So ist Versöhnung

Wie ein Regen in der Wüste,
frischer Tau auf dürrem Land,
Heimatklänge für Vermisste,
alte Feinde Hand in Hand.
Wie ein Schlüssel im Gefängnis,
wie in Seenot „Land in Sicht“,
wie ein Weg aus der Bedrängnis,
wie ein strahlendes Gesicht.

So ist Versöhnung.
So muss der wahre Friede sein.
So ist Versöhnung.
So ist Vergeben und Verzeihn.

Jürgen Werth

4 Begründen Sie, welches der genannten Bilder Ihrer Erfahrung nach Versöhnung am besten beschreibt.
5 Schreiben Sie Ihre Definition von Versöhnung in drei Sätzen, ohne ein Beispiel zu nennen.
6 Diskutieren Sie, in welchen Situationen Versöhnung angebracht ist und in welchen nicht. Erläutern Sie, wie Sie die Situationen unterscheiden können. 4
7 Beurteilen Sie die Auswirkungen von Versöhnung auf das Gewissen.

M3 Verantwortung und Wiedergutmachung: Täter-Opfer-Ausgleich

Täter-Opfer-Ausgleich steht als Begriff im Gesetz [...]. Darunter versteht man eine außergerichtliche Konfliktschlichtung, auch Mediation in Strafsachen genannt. Betroffene von Straftaten haben im Täter-Opfer-Ausgleich die Möglichkeit, mit Hilfe eines Vermittlers (Mediators) eine außergerichtliche Konfliktregelung zu finden und sich über eine Wiedergutmachung zu verständigen. [...]

In getrennten Vorgesprächen klärt der Vermittler, ob und wie die Konfliktschlichtung vonstatten gehen kann. In weiteren gemeinsamen Gesprächen suchen die Betroffenen eine Lösung, die für beide Seiten akzeptabel und gewinnbringend ist. Darüber treffen Geschädigte und Beschuldigte dann eine Vereinbarung. [...]

Geschädigte können durch eine außergerichtliche Konfliktschlichtung eine Wiedergutmachungsleistung und/oder Schmerzensgeld erhalten. Sie können reden, fragen, Ärger loswerden, Energie und Kosten für langwierige Gerichtsverfahren sparen und vor allem: Nicht in der passiven Zeugenrolle verharren, sondern den Verlauf und die Inhalte des Verfahrens aktiv mitbestimmen.

Beschuldigte können im Täter-Opfer-Ausgleich reinen Tisch machen, die Verantwortung für die Straftat übernehmen, Wiedergutmachung leisten und gegebenenfalls Strafmilderung erhalten. Auch für sie gilt: Ich bin dem Prozess nicht passiv ausgeliefert. Ich kann mitbestimmen, was jetzt passiert. Ich kann sofort einen konstruktiven Beitrag zur Lösung einbringen.

Ministerium für Justiz, Europa und Verbraucherschutz des Landes Schleswig-Holstein

8 Erläutern Sie die Vorteile des Täter-Opfer-Ausgleichs für die Täterin oder den Täter.

9 Vergleichen Sie die Wirkung des Täter-Opfer-Ausgleichs mit der Wirkung des Gewissens-Waschmittels aus M1.

10 Der Täter-Opfer-Ausgleich ist besonders geeignet zur Aufarbeitung von Gewaltstraftaten sowie Vermögens- und Eigentumsdelikten. Stellen Sie sich vor, Sie sind Opfer einer dieser Straftaten. Begründen Sie, unter welchen Bedingungen und bei welchen Straftaten Sie einem Täter-Opfer-Ausgleich zustimmen würden und in welchen Fällen Sie dazu keinesfalls bereit wären.

Zum Weiterdenken

„Menschen, denen man das Gefühl der Reue ausredet, indem man ihnen einredet, dass sie ohnehin nie anders hätten handeln können, werden so auch um die Chance gebracht, ihre Handlungen zu überdenken und zu verändern."

Konrad Paul Liessmann

a) Diskutieren Sie auf Grundlage des Zitats und mithilfe von Beispielen aus Ihrer Erfahrung, welchen Wert Reue für Sie hat. 4

b) Nennen und erläutern Sie Beispiele, in denen Reue unangebracht ist.

c) Diskutieren Sie, wie man erkennen könnte, ob und in welchem Ausmaß Reue hilfreich ist und wann sie schädlich sein kann. 4

d) Beurteilen Sie, ob Versöhnung Reue voraussetzt.

Konrad Paul Liessmann (*1953) österreichischer Professor für Philosophie

Was soll ich tun?

M1 Entscheidungsschwierigkeiten

1

Lilly hat mir diese Tabletten gegeben, sie sollen absolut harmlos sein. Man kann sich dann stundenlang konzentrieren, wird nicht müde und kann viel besser lernen. Könnte meine Rettung sein, um das Schuljahr doch noch zu schaffen. Ich muss es schaffen! Aber wenn ich mir selbst schade? Na ja, ein bisschen schaden geht schon, dafür habe ich ja einen großen Vorteil … Oder ist das unfair? Das ganze Leben ist doch irgendwie unfair, warum soll ich dann nicht die Möglichkeiten nutzen, die es gibt.

2

Ich weiß schon, dass Fliegen das allerletzte ist, klimamäßig. Aber deshalb auf den USA-Austausch verzichten? Die Chance habe ich nie wieder! Soll ich etwa nur noch dahin reisen, wo ich zu Fuß hinkomme?? Und das Flugzeug fliegt doch auch ohne mich, außerdem fahre ich jeden Tag mit dem Fahrrad in die Schule. Mein Bruder ist schon viel häufiger geflogen als ich. Und überhaupt: Soll ich jetzt die Welt retten oder was?

3

Ich habe Verantwortung für meine Mitarbeiter – das sind ja nicht nur diese 47 Leute, da hängen auch meist Familien mit dran. Und natürlich will ich, dass die Kunden zufrieden sind (die sollen uns ja erhalten bleiben). Aber ich kann mich wirklich nicht drum kümmern, dass jedes einzelne Teil, das wir verbauen, unter Bedingungen hergestellt wird, die man als eindeutig menschenwürdig bezeichnen kann. Natürlich will ich das irgendwie, aber das geht nunmal nicht. Und überprüfen kann ich das doch auch nicht. Also bestelle ich diese Teile beim Großhändler, vielleicht sollte sich der mal drum kümmern, wo das alles herkommt.

4

Wir haben in Ethik schon wieder so einen herzerweichenden Film gesehen von Kindern, die in Bangladesch T-Shirts besticken, 14 Stunden am Tag, ohne Wochenende. Richtig übel, wie die leben, das hat mit Leben eigentlich gar nichts zu tun. So ähnliche T-Shirts gibt's grade für 4,99, wollte ich mir kaufen. Aber ist das nicht übertrieben, dass ich dabei jetzt an diese Kinder aus dem Film denke? Ist das mein Problem, dass solche Sachen hier überhaupt verkauft werden dürfen? Ändert's irgendwas, wenn ich das jetzt nicht kaufe? Dann kauft's eine andere, und wenn's übrig bleibt, wird es vernichtet …

1 Beschreiben Sie, worin in den Aussagen jeweils die Entscheidungsschwierigkeit steckt.
2 Beurteilen Sie, ob und inwieweit es sich um Gewissensentscheidungen handelt.

3 Wählen Sie zu zweit ein Beispiel aus und geben Sie der Person eine begründete, realistische Handlungsempfehlung. Formulieren Sie Ihre Empfehlung nicht zu belehrend (schließlich wollen Sie, dass sie befolgt wird) und berücksichtigen Sie auch Gegenargumente.

M2 Erfreulicher Kontostand?

Lapsus Fehler

Ich bin heute Morgen mit dem Fahrrad im strömenden Regen zur Arbeit gefahren, habe Bio-Müsli mit Äpfeln aus dem eigenen Garten gegessen und mich freundlich nach dem Befinden meiner Kollegen erkundigt. Mein Moralkonto könnte kaum praller gefüllt sein. Darf ich mir also nachher in der Kantine guten Gewissens eine Currywurst genehmigen? Oder der Oma im Supermarkt den letzten Einkaufswagen wegschnappen? Welchen Lapsus kann ich mir leisten, um ethisch gerade noch so im Plus zu bleiben?

Anna von Hopffgarten

4 Geben Sie den Argumentationsgang wieder und prüfen Sie die Angemessenheit der Überlegungen.

5 Nennen und erläutern Sie Situationen, in denen Sie ähnlich denken.

6 Prüfen Sie, ob in den Aussagen in M1 ähnliche Überlegungen stecken.

LERNAUFGABE

Debattieren

Wenn in einer Aufgabe debattiert werden soll, heißt das, dass Sie in einem Streitgespräch kontroverse Positionen nach vorgegebenen Regeln vertreten sollen. Eine Debatte ist ein Redewettstreit nach festen Regeln. Debatten laden dazu ein, Fragen und Begriffe genau zu durchdenken und Dinge anders und vielfältiger zu sehen. Für jede Debatte müssen Standpunktreden so vorbereitet werden, dass auf dem Podium vier Personen teilnehmen können: zwei Pro- und zwei Contra-Vertreterinnen und -Vertreter.

Zur Vorbereitung einer Debatte können Sie folgende Schritte ausführen:

1. Teilen Sie sich in eine Pro- und eine Contra-Gruppe auf. Wählen Sie aus jeder Gruppe zwei Vertreterinnen / Vertreter aus, die die Standpunktreden halten. Legen Sie eine gemeinsame Jury aus beiden Gruppen fest.
2. Erarbeiten Sie Argumente für die Position der jeweiligen Gruppe. Überlegen Sie sich zu jedem Argument, was man dagegen einwenden könnte – so sind Sie auf Gegenargumente gut vorbereitet.

Eine Debatte kann aus vier Teilen bestehen:

1. **Eröffnungsrunde:** Jede / jeder der vier Teilnehmerinnen und Teilnehmer beantwortet in maximal zwei Minuten die Streitfrage aus ihrer / seiner Sicht. Rede und Gegenrede wechseln sich dabei ab.
2. **Freie Aussprache:** Hier werden weitere Argumente der Gruppen „Pro" und „Contra" ausgetauscht, dabei nehmen die Rednerinnen und Redner aufeinander Bezug. In dieser Runde gibt es keine feste Rede-Reihenfolge, allerdings sollte niemand länger als 30 Sekunden reden; insgesamt sollte die freie Aussprache maximal zwölf Minuten dauern.
3. **Schlussrunde:** Jede Teilnehmerin und jeder Teilnehmer hat in ihrem / seinem Abschluss-Statement noch einmal maximal eine Minute Zeit, die Streitfrage nach dem Austausch der Argumente abschließend zu beantworten. Dabei benennen die Rednerinnen und Redner jeweils das für sie stärkste Argument der Debatte.
4. **Bewertung:** Die Jury bewertet die Debatte nach dem ethischen Gehalt der Argumente und begründet ihre Einschätzung.

L1 Debattieren Sie die Aussage: „Wenn man meistens nach seinem Gewissen handelt, ist es auch in Ordnung, wenn man mal nicht darauf hört." Finden Sie in der Vorbereitung aussagekräftige Beispiele und achten Sie in der Debatte darauf, ob sich diese Beispiele tatsächlich vergleichen lassen.

L2 Debattieren Sie anhand von M1 und M2 der vorigen Doppelseite über die folgende Aussage von Albert Schweitzer: „Nie dürfen wir abgestumpft werden. In der Wahrheit sind wir, wenn wir die Konflikte immer tiefer erleben. Das gute Gewissen ist eine Erfindung des Teufels."

Albert Schweitzer (1875-1965) deutsch-französischer Philosoph, Arzt, evangelischer Theologe und Musiker

Schuld und Strafe

M1 Schuld und Verantwortung

Sanktion (hier) Strafandrohung

fundamental grundlegend

Konrad Paul Liessmann (*1953) österreichischer Professor für Philosophie

Ist [...] von Schuld und Sühne die Rede, geht es nicht nur um übertretene Gesetze und dafür vorgesehene Sanktionsmöglichkeiten. Bei Schuld geht es um mehr und anderes als um ein gesellschaftlich nicht akzeptiertes Verhalten. Schuld: Das kann all das meinen, was man im Sinne einer Urheberschaft verschuldet hat. Schuld kann aber auch das bedeuten, was man einem anderen schuldet, was man, im übertragenen und wörtlichen Sinn, zurückzahlen muss. [...] Jemand hat das Recht, etwas, das er mir gegeben hat, zurückzufordern. Dieser Forderung nachzukommen, ist meine Pflicht. Wer Schulden hat, der schuldet jemandem etwas, und er lädt weitere Schuld auf sich, wenn er diese Schulden nicht begleichen kann. Dies gilt auch im übertragenen Sinn, wenn etwa davon die Rede ist, dass „die Gesellschaft" einer bestimmten Gruppe von Menschen etwas schuldet. Schuld kann aber auch bedeuten, dass wir an jemandem schuldig werden können, indem wir sein Leben oder seine Lebenschancen beeinträchtigen. Schuld kann man in mannigfacher Form auf sich laden, absichtlich und unabsichtlich [...]. Letztlich geht es bei der Frage nach der Schuld darum, inwieweit der Mensch als Urheber seiner Handlungen begriffen werden muss, für die er vor anderen und vor sich selbst einstehen kann. [...] [Es geht um die Fragen:] Wie kann, nachdem etwas getan und diese Tat als falsch und verwerflich erkannt worden ist, noch reagiert werden? Wie kann auf die Frage „Warum hast du das getan?" noch geantwortet werden?
Bei der Frage nach Schuld und Sühne geht es in einem fundamentalen Sinn um die Frage der Verantwortung. Im Begriff der Verantwortung steckt die Antwort. [...] Sich verantworten bedeutet in einem ganz ursprünglichen Sinn, auf eine gestellte Frage antworten zu können – oder schärfer: antworten zu müssen. *Konrad Paul Liessmann*

1 Erläutern Sie, warum es bei der Frage nach der Schuld darum geht, „inwieweit der Mensch als Urheber seiner Handlungen begriffen werden muss".

2 Diskutieren Sie, inwieweit man auch schuldig werden kann, wenn man seine eigenen Lebenschancen beeinträchtigt oder nicht nutzt. 4

M2 Schuldig vor wem?

Gewissen	Gesetz	Gott
▲	▲	▲
moralische Schuld	rechtliche Schuld	religiöse Schuld

3 Erläutern Sie das Schaubild und nennen Sie für jede Art der Schuld ein Beispiel.

4 Bringen Sie die Arten der Schuld in eine Rangfolge und begründen Sie Ihre Einschätzung.

5 Diskutieren Sie, wie in den drei Bereichen mit Schuld umgegangen wird, und beurteilen Sie, inwieweit Sie der jeweilige Umgang überzeugt. 4

M3 Warum Strafe?

[Das] Strafrecht [...] schränkt die Freiheit von Menschen ein, sehr lange, zum Teil lebenslang. Sie werden gezwungen, unter Bedingungen zu leben, die ihre Persönlichkeit verändern, ihre seelische Gesundheit gefährden und ihre Würde verletzen. Wie kann man das rechtfertigen? [...]

Die Vergeltungstheorie sagt, der Zweck der Strafe sei die Vergeltung. Auf Deutsch: Rache. Wenn jemand getötet hat oder gestohlen oder betrogen, dann muss es dafür Rache geben. Deshalb wird bestraft. [...]

Generalprävention. Auf Deutsch: Abschreckung. Das Strafrecht und die Existenz von Gerichten und Gefängnissen haben den Zweck, sagt man, die Menschen durch Angst vor Strafe davon abzuhalten, dass sie Straftaten begehen. [...]

Spezialprävention. Das war die Lösung Franz von Liszts. Er sah den sozialen Hintergrund von Kriminalität und meinte, das Strafrecht habe die Aufgabe, solche Fehlentwicklungen wieder auszugleichen, indem man auf den einzelnen Straftäter positiv einwirkt und ihn dazu erzieht, dass er nicht wieder Straftaten begeht. Das Mittel dazu sei das Gefängnis. Damit solle speziell auf den einzelnen Täter eingewirkt werden, nicht auf die Allgemeinheit. Spezialprävention statt Generalprävention, die ohnehin nicht möglich sei. Der Gefangene soll allmählich wieder in das normale gesellschaftliche Leben eingegliedert werden. Resozialisierung. So steht es heute im Strafvollzugsgesetz.

Uwe Wesel

Strafrecht
alle Rechtsnormen, die regeln, welche Verhaltensweisen verboten sind und unter Strafe stehen

6 Erstellen Sie eine Tabelle zu den unterschiedlichen Strafzwecken.

7 Diskutieren Sie, welche Strafzwecke Sie am meisten überzeugen.

Franz von Liszt
(1851-1919) deutscher Rechtslehrer und Kriminalpolitiker

M4 Wer hat hier Schuld?

Bernd Zeller

Mandant
(hier) derjenige, den der Anwalt vor Gericht vertritt

8 Analysieren Sie die Karikatur und erläutern Sie die Aussage des Anwalts. Beziehen Sie in Ihre Erläuterung unterschiedliche Strafzwecke (vgl. M3) ein. 7

9 Erklären Sie dem Anwalt, weshalb er die Schuld seines Mandanten nicht auf eine „nachsichtige Justiz" schieben kann.

Verantwortlich – aber inwieweit?

M1 Schuldig?

Manfred Sondermann

„Euer Ehren"
Anrede für Richterinnen und Richter in vielen englischsprachigen Ländern

1 Erklären Sie die Gründe, die den Richter zu seinem Urteil veranlassen, und beurteilen Sie, ob diese Gründe überzeugend sind.

2 Der Richter spricht den Angeklagten frei. Diskutieren Sie, ob er damit auch unschuldig ist und ob der Freispruch Auswirkungen auf sein Gewissen hat. 4

M2 Schuld? Ich doch nicht!

Intensivtäter
Straftäter, die durch mehrfache und schwere Straftaten auffallen

Die Sozialpädagogen Katja S. und Malte R. leiten soziale Trainingskurse für junge Intensivtäter. Jeweils ein Wochenende plus elf Gruppensitzungen à drei Stunden, in denen es um Recht und Unrecht, um Toleranz und um Alternativen zum Zuschlagen geht – die letzte Chance vor dem Jugendarrest. Die beiden kennen die Blockaden ihrer Schützlinge: „Es ist nicht leicht, einzusehen, was für ein Schwein oder Idiot man in bestimmten Situationen war." Thema heute: Schuld. Erste Aufgabe: Jeder soll aufschreiben, wen oder was er verantwortlich macht für das, was er angerichtet hat: Menschen zusammenzuschlagen, zu bedrohen, zu berauben. Drei dicke Filzstifte kratzen übers Papier und schreiben: Alkohol. Hass. Rache. Angst. Dummheit. Familie. Gruppenzwang.
Ein „Ich" taucht selten auf den Zetteln auf. Die Kursleiter weisen darauf hin, dass dieses „Ich" nein

sagen könnte zum Alkohol, zum Ausleben von Hass und Rache. Rauchpause.
Danach wird es ernst. Mit leiser Stimme liest Katja S. den Fall vor, der mit Alkohol in einer Disco begann und mit einer Anklage nach § 226 StGB endete. Zu dritt sind sie auf ihr Opfer losgegangen, um ihm Geld und Zigaretten abzunehmen. „Wir haben ihn mit einer Holzlatte und Fußtritten so lange bearbeitet, bis er blutüberströmt am Boden lag und sich nicht mehr bewegt hat ..." Alle in der Gruppe werden still. Sven vergisst, sich Chips in den Mund zu schieben. Jörg [...] starrt ins Leere. Und Christian, kurz geschorenes dunkles Haar, sonst nie um einen Spruch verlegen, betrachtet stumm seine roten Turnschuhe.

nach Hanne Tügel

§ 226 StGB
der Paragraf „Schwere Körperverletzung" im Strafgesetzbuch

3 Erläutern Sie mit Beispielen aus Ihrer Erfahrung, warum es oft nicht leicht ist einzusehen, „was für ein Schwein oder Idiot man in bestimmten Situationen war".

4 Erklären Sie, welche Vorteile es zunächst haben kann, sich für nicht verantwortlich zu halten.

5 Diskutieren Sie, warum es für die straffälligen Jugendlichen besonders wichtig ist, zu verstehen, „was für ein Schwein oder Idiot man in bestimmten Situationen war" und welche Folgen diese Einsicht für ihre Zukunft haben kann. 4

M3 Eingeschränkte Verantwortung

Frei sein heißt wissen, was man tut, und von niemandem zu seinem Tun gezwungen zu sein. Wenn jemand nicht frei ist, weil er nicht weiß, was er tut, oder von jemand anderem dazu gezwungen wird, ist er nur eingeschränkt oder gar nicht verantwortlich. Schwierigkeiten macht aber erst einmal die Tatsache, dass es nur selten möglich ist, zweifelsfrei nachzuweisen, dass ein gesunder, geistig normal begabter Mensch tatsächlich nicht wusste, was er tat. Einem Betrunkenen billigt ein Gericht vielleicht für seine Tat mildernde Umstände zu. Für seinen unmäßigen Alkoholgenuss ist er aber verantwortlich. Auch Suchtkranken wird selten die volle Verantwortung für ihr Tun zugeschrieben, aber auch für sie gilt, dass sie für den Weg in die Sucht verantwortlich sind. Gesunden, durch äußere Umstände nicht eingeschränkten, von niemandem gezwungenen Menschen wird jedoch gewöhnlich unterstellt, sie wüssten, was sie tun. Sie gelten als frei und voll verantwortlich, deswegen werden ihnen Taten auch zugerechnet. Sie seien zurechnungsfähig, heißt es dann. [...]
Könnte es auch sein, dass jemand frei für sein Tun, aber dennoch nicht verantwortlich dafür ist? Ja, selbst dieser Fall ist denkbar, aber nur dann, wenn dieses Tun Folgen hat, welche die handelnde Person nicht übersehen konnte. Dann hat sie nach bestem Wissen und Gewissen und frei gehandelt, ohne für das verantwortlich zu sein, was aus ihrem Tun folgte.

Wilhelm Vossenkuhl

6 Erklären Sie, unter welchen Umständen jemand für seine Tat verantwortlich ist und wann nicht.

7 Nennen Sie Beispiele für Fälle, in denen jemand nicht verantwortlich ist, weil er die Folgen seines Tuns nicht absehen konnte, und beurteilen Sie, ob sie / er dennoch ein schlechtes Gewissen haben kann.

Moral courage

Rosa Louise Parks (1913-2005) American civil rights activist

Civil Rights Movement Bürgerrechtsbewegung
> glossary / Glossar

M1 Rosa Parks and the beginning of the Civil Rights Movement

Every year, in February, the Black History Month is celebrated in the U.S. and Canada in order to recognize the role of African Americans in U.S. history.

Rosa sat so Martin could walk.

Martin walked so Obama could run.

Obama ran so our children can fly.

to run for something für etwas kandidieren

hypothesis Hypothese, Annahme

to emphasize something etwas betonen, hervorheben

1 Describe the picture. 1

2 Formulate hypotheses on how the three people are connected and what the slogan could emphasize.

established gesichert, anerkannt

Jim Crow Laws Jim-Crow-Gesetze
> glossary / Glossar

segregation Trennung

descent Abstammung

to obfuscate something etwas verschleiern

equality Gleichberechtigung, Gleichheit

M2 Fact File

Between the 1870s and 1960s racial injustice was established by the Jim Crow Laws. Part of the Jim Crow Laws was the segregation of African Americans and white people in all public facilities, for instance, there were two different bus sections. The white people sat in the front and the black were seated in the back of the bus. If all seats were taken in the front section, African Americans had to clear their seats for white people. The term *separate but equal* obfuscated the racial injustice the African American population suffered. In the Civil Rights Movement (1950s and 1960s) the African American population fought for equality.

3 Read the text and explain the term "separate but equal".

M3 The Montgomery Bus Boycott

seamstress Näherin, Schneiderin

to refuse something etwas ablehnen, verweigern

conviction Verurteilung

fine Strafe

to launch something etwas beginnen, einführen

trial Gerichtsverhandlung

Martin Luther King Jr. > glossary / Glossar

4 Read the sign. Explain why Rosa Parks' actions are considered the beginning of the Civil Rights Movement.

5 Research the Civil Rights Movement and create a timeline. You can also use the glossary.

6 Take another look at the picture M1. Check whether your hypotheses in task 1 were right. If not, correct them. Explain the slogan.

7 Compare Rosa Parks with other activists from this chapter (e. g. Geschwister Scholl).

8 Discuss whether Rosa Parks can be considered a moral compass. Take into consideration that her actions were against the law. 4

M4 A Rosa Parks' slogan

"You must never be fearful about what you are doing when it is right." *Rosa Parks*

9 Explain the statement. Use an example.

10 Rosa Parks followed her conscience. Think about your life and whether her statement could be your life slogan. Discuss advantages and disadvantages. 4

to follow one's conscience > Wortschatzkasten

WORTSCHATZ

to follow one's conscience: *dem eigenen Gewissen folgen*

If you follow your conscience, you do what you believe is the right thing to do.

Example: Although it was against the law Rosa Parks refused to give up her seat. She followed her conscience.

Ich wiederhole mein Wissen

Die innere Stimme, die jeder kennt

Besser leben ohne Gewissen? > S. 56/57
Wer oder was spricht da mit mir? > S. 58/59
Ein inneres Gespräch schreiben > Methodenkompetenz S. 60/61

Fast jede und jeder hat Erfahrungen mit dem Gewissen und es ist kaum vorstellbar, dass man ohne Gewissen leben kann.
Da das Gewissen nicht sichtbar und zudem sehr individuell ist, ist es schwer zu beschreiben. Daher versuchen Menschen seit vielen Jahrhunderten, es in **Bilder** zu fassen. Zum Beispiel wird das Gewissen umschrieben als: Wegweiser oder Kompass, Alarmanlage, ehrlicher, aber gelegentlich auch lästiger Freund oder innerer Gerichtshof.
Häufig wird das Gewissen als **innere Stimme** beschrieben, die sich bei oder nach schwierigen Entscheidungen zu Wort meldet. Um Gewissensentscheidungen anschaulich darzustellen, liegt daher das Schreiben eines **inneren Gesprächs** nahe. Darin zeigt sich, wie sich das Gewissen in die Überlegungen einmischt und ob es tatsächlich Einfluss darauf nimmt.

Wozu sind Gewissensbisse und Schuldgefühle gut?

Wenn das Gewissen keine Ruhe gibt > S. 62/63

Niemand hat gerne Schuldgefühle – denn sie zwingen uns dazu, uns **mit unserem Handeln auseinanderzusetzen** und **eigene Entscheidungen kritisch zu betrachten**. Das ist nicht immer einfach und angenehm, kann uns aber helfen, darüber nachzudenken, was uns wichtig ist. So können wir aus unseren eigenen Fehlern lernen.

Freiheit, Gewissen und Verantwortung

Keine Gewissensbisse ohne Freiheit > S. 64/65

Wenn man sich für oder gegen eine Handlung nicht frei entscheidet (sondern z. B. unter Zwang), fühlt man sich danach auch nicht oder zumindest viel weniger schuldig. **Gewissensbisse** zeigen uns, dass wir uns **frei entschieden haben** – denn wir hätten uns auch anders entscheiden können. Wer sich für oder gegen eine Handlung entscheidet, ist für diese Entscheidung **verantwortlich**.
So armselig und unerwachsen es ist, immer anderen die Schuld geben zu wollen (und sich damit vor der Verantwortung zu drücken), so unangemessen ist es, sich für alles und jeden verantwortlich zu fühlen.

Soll man dem Gewissen immer folgen?

Hat das Gewissen immer recht? > S. 66/67

Es genügt nicht, einfach dem Gewissen zu folgen und sich bei unangenehmen Folgen darauf zu berufen (und damit rauszureden). Auch das **Gewissen kann sich irren**.
Zudem kann es sein, dass man zunächst dem Gewissen entsprechend handelt und überzeugt ist, richtig zu handeln – im Nachhinein stellt sich jedoch heraus, dass diese Entscheidung oder Handlung nicht richtig war.
Diese Einschränkungen sprechen nicht gegen das Gewissen, sondern machen deutlich, dass das Gewissen keine Autorität ist, der man blind folgen kann und die immer zur besten aller Entscheidungen rät.
Die Menschenrechte werden auch als allgemeingültige Grundlage des Gewissens bezeichnet: Es ist schwer vorstellbar, dass man diese grundlegenden Rechte guten Gewissens verletzen kann.

Woher kommt das Gewissen?

So klar es ist, dass jede und jeder eine Art Gewissen hat, so schwierig ist es herauszufinden, woher es kommt. Es sind **unterschiedliche Faktoren**, die unterschiedlich stark auf das Gewissen einwirken, zudem ändern sich diese Einflüsse im Laufe des Lebens.

Wie das Gewissen entstehen könnte
> S. 68/69

Autoritäres und humanistisches Gewissen

Erich Fromm unterscheidet zwei Arten des Gewissens:

- Das **autoritäre Gewissen**, in dem die Stimmen äußerer Autoritäten nach innen verlegt sind; was wie ein Schuldgefühl wirkt, ist oft nichts anderes als die Angst vor einer Autorität.
- Das **humanistische Gewissen** als die eigentliche innere und individuelle Stimme, die nicht von äußeren Strafen und Bedrohungen abhängig ist.

Autoritäres und humanistisches Gewissen
> S. 70/71

Ungehorsam mit vollem Bewusstsein

In Ausnahmefällen kann es erforderlich sein, im Einsatz für etwas Gutes (und nicht nur aus Eigeninteresse) Pflichten zu verletzen oder gar gegen Gesetze zu verstoßen. Diese Art des Widerstands heißt **ziviler Ungehorsam**. Dies kann besonders in Diktaturen angemessen sein, in denen es keine Möglichkeiten der Mitbestimmung gibt.

Ein besonders eindrucksvolles Beispiel für konsequentes Handeln auf Basis von Überzeugungen ist die Widerstandsgruppe **„Weiße Rose"** um die **Geschwister Scholl** in der Zeit des Nationalsozialismus. Sie sind ein Beispiel dafür, was Viktor Emil Frankl später als **„waches Gewissen"** bezeichnete.

Ziviler Ungehorsam
> S. 72/73

Waches Gewissen und Widerstand
> S. 74/75

Mit Gewissensbissen umgehen

Bei Entscheidungen stellt sich immer wieder die Frage, inwieweit man auf das eigene Gewissen hören mag und ob man ehrlich zu sich selbst ist. Es gibt viele Arten, mit Schuld und Schuldgefühlen umzugehen; was am besten passt, ist von den Beteiligten und der Situation abhängig. Beliebt, aber langfristig nicht empfehlenswert sind **Verdrängung** und Ausreden. Hilfreich sein können z. B. **Wiedergutmachung** oder **Versöhnung**, auch eine **Strafe** kann mehr als ein lästiges Übel sein. **Reue** kann ein wichtiger erster Schritt sein, um eine Handlung oder Entscheidung besser einzuordnen und einen angemessenen Umgang damit zu finden.

Was tun, wenn das Gewissen beißt?
> S. 76/77

Was soll ich tun?
> S. 78/79

Schuld und Strafe
> S. 80/81

Schuld und Verantwortung

Nur wer **frei gehandelt** hat, kann schuldig werden. Es ist unverzichtbar, diese **Verantwortung** zu erkennen und zumindest nachträglich zu übernehmen, um mit der Schuld angemessen umgehen zu können. Wenn die Verantwortung eingeschränkt war, kann das die Schuld mildern. Man ist auch nicht für alle Folgen (so sie nicht absehbar sind) verantwortlich, wenn eine Entscheidung nach bestem Wissen und Gewissen getroffen wurde.

Verantwortlich, aber inwieweit?
> S. 82/83

Ich wende mein Wissen an

Jede und jeder hat Erfahrungen mit dem Gewissen – und dennoch ist es schwer zu beschreiben. Sie sollten erkennen und verstehen, …

Ein inneres Gespräch schreiben
> Methodenkompetenz S. 60/61

- wie sich Menschen das Gewissen vorstellen.
- bei welchen Entscheidungen Ihr Gewissen beteiligt ist.
- was Ihr Gewissen prägt.

M1 Was sind das für Stimmen?

Jonas Stalfort

1 Beschreiben Sie die Zeichnung und beurteilen Sie, ob eher der Teufel oder der Engel für das Gewissen steht – oder beide. 1

2 Erzählen Sie von einer Situation aus Ihrer Erfahrung, in der Sie sich mit Ihrem Gewissen unterhalten haben. Schreiben Sie ein inneres Gespräch, aus dem ersichtlich wird, wer sich am Ende durchsetzt.

Gewissensbisse sind lästig und können schmerzhaft sein, sie weisen in den meisten Fällen auf falsche Entscheidungen oder unangemessene Handlungen hin. In solchen Situationen ist es ratsam, zu überlegen und zu urteilen, …

- ob Ihr Umgang mit Gewissensbissen der entsprechenden Situation und Ihren Handlungs- und Entscheidungsmöglichkeiten angemessen ist.
- welcher Umgang mit Schuld zur jeweiligen Situation passt.

M2 Mit Schuld angemessen umgehen

Reue
Verdrängung
Beichte
Wiedergutmachung
Versöhnung
Strafe
Beschönigung

1 Nennen und erläutern Sie zu jeder Möglichkeit des Umgangs mit Schuld ein Beispiel.

2 Beschreiben Sie Situationen aus Ihrem Alltag, in denen Sie versuchen, Ihr Gewissen zu beruhigen. Diskutieren Sie, ob Sie diese Gewissensberuhigungen dauerhaft überzeugen. 4

Bei Gewissensbissen ist es hilfreich, ehrlich mit sich und anderen umzugehen. Es ist wichtig, ethisch zu handeln und zu kommunizieren, indem Sie ...

- sich selbst oder anderen deutlich machen, was tatsächlich Anlass zu einem schlechten Gewissen gegeben haben könnte.
- auch Auswege aus Selbstvorwürfen aufzeigen, ohne es sich oder anderen zu einfach zu machen.

M3 Keine Ruhe vor dem Gewissen

Lea
Hey Sina, habe sooooo ein schlechtes Gewissen! Dabei ist es soooooo schön! Ich habe Kevin geküsst!!! Er ist einfach ... habe keine Worte! Dabei weiß ich doch, dass Katha was von ihm will. Ich will ihr nie wieder begegnen. Aber sie ist doch meine Freundin! In meinem Kopf geht's voll ab, so viele Gefühle, alles durcheinander. Wieso kann mich dieses Gewissen nicht einfach in Ruhe lassen??? Ich bin echt voll verzweifelt.
18:19

1 Diskutieren Sie, inwiefern es gerechtfertigt ist, dass Lea ein schlechtes Gewissen hat. 4

2 Erklären Sie Lea (nachdem sich die erste Verwirrung gelegt hat), warum einen das Gewissen oft nicht in Ruhe lässt, und machen Sie ihr einen Vorschlag, wie sie damit umgehen könnte.

Ein schlafendes Gewissen kann für die Einzelne oder den Einzelnen möglicherweise angenehm sein, im Engagement für ein gerechtes und gutes Miteinander ist jedoch ein waches Gewissen unerlässlich. Die Grundlage dafür besteht darin, sich einzufühlen und Anteil zu nehmen, indem man sich fragt ...

- wie man sich gegen Ungerechtigkeit und Unrecht einsetzen kann.
- ob mich mein Gewissen darauf hinweist, mich zu engagieren.

M4 Waches Gewissen

„Zerreißt den Mantel der Gleichgültigkeit,
den ihr um euer Herz gelegt!
Entscheidet euch, eh' es zu spät ist!"

aus dem fünften Flugblatt der „Weißen Rose"

1 Erläutern Sie, in welchem Zusammenhang dieses Zitat mit dem „wachen Gewissen" stehen könnte.

2 Diskutieren Sie anhand von Beispielen, warum es manchmal bequemer ist, es sich im Mantel der Gleichgültigkeit gemütlich zu machen, als ihn zu zerreißen. 4

Wozu braucht man Ethik in den Medien?

Was sind Medien überhaupt?

Dodenhoff

Im Internet gibt es keine Gesetze.

Die Begrenzung meiner Medienzeit nervt mich.

Kann man ohne Smartphone und Internet überleben?

Angewandte Ethik: Medienethik

Im Internet darf man sagen, was man will.

stimme nicht zu ⟷ stimme zu

Es muss auch jemanden geben, der die Medien kontrolliert.

stimme nicht zu ⟷ stimme zu

Wenn man nicht ständig online ist, verpasst man etwas.

stimme nicht zu ⟷ stimme zu

Täuschungen, Filter und Fakes in den Medien erkenne ich sofort.

stimme nicht zu ⟷ stimme zu

Hauptsache, die Quote stimmt – der Inhalt ist zweitrangig.

stimme nicht zu ⟷ stimme zu

Was sind Medien und was mache ich mit ihnen?

M1 Meine Mediennutzung

1. Vergleichen Sie die Bilder sowohl miteinander als auch mit Ihrer eigenen Mediennutzung. Finden Sie zu jedem Foto eine griffige Überschrift.
2. Diskutieren Sie, was Ihren Großeltern – die ohne Internet und Smartphone aufgewachsen sind – ohne diese Medien gefehlt haben könnte und ob dies auch Vorteile gehabt haben könnte. 4
3. Benennen Sie drei Themen, über die Sie sich gelegentlich im Internet informieren. Überlegen Sie gemeinsam, auf welchen anderen Wegen Sie an diese oder vergleichbare Informationen kommen könnten.
4. Lesen Sie den Glossareintrag „Journalismus". Recherchieren Sie, worin sich journalistische Angebote von anderen unterscheiden und notieren Sie diese Merkmale. 6

Journalismus > Glossar

M2 Was sind Medien?

Kommunikation > Glossar

Im Interview mit „Abenteuer Ethik" erläutert ein Medien- und Kommunikationswissenschaftler grundlegende Begriffe im Bereich der Medien.

Sie beschäftigen sich schon lange mit dem Thema Medien. Erklären Sie uns bitte, was Medien eigentlich sind.

Das ist nicht schwer zu verstehen, wenn man ein bisschen Latein kann. Das Wort „Medien" kommt von *medium*, und das bedeutet: das Mittlere. Etwas, das in der Mitte ist, liegt immer zwischen zwei anderen Dingen. Man kann auch sagen: es verbindet diese Dinge miteinander. So verbindet das Telefon zwei Menschen miteinander – es ermöglicht ihnen, miteinander zu sprechen, obwohl sie sich nicht an demselben Ort befinden. Und auch das Fernsehen stellt eine Verbindung zwischen zwei Orten her: Wir sehen zu Hause Ereignisse, die woanders geschehen, und bekommen Informationen von dort.

Dann wären ja auch Rauchzeichen Medien,

denn durch sie werden Informationen von Mitgliedern eines Stammes an andere Stammesmitglieder weitergeleitet.

Richtig, und auch die Zeitung ist ein Medium – und das Buch und das Internet. Das alles sind technische Mittel, mit denen Menschen Informationen untereinander austauschen können.

Aber zwischen einem Buch und dem Internet gibt es doch einen großen Unterschied.

Ja, aber beide unterscheiden sich hauptsächlich dadurch, wie die Informationen gespeichert werden. Das eine ist ein Druckmedium, es speichert die Informationen mit Druckerschwärze auf Papier. Das andere ist ein elektronisches Medium, d. h. hier werden die Informationen elektronisch gespeichert. Man spricht auch von alten und neuen Medien. Die alten Medien beruhen auf Gutenbergs Erfindung des Buchdrucks, die neuen Medien – Fernsehen, Handy, Internet usw. – nutzen die Möglichkeiten der modernen Technik.

5 Erstellen Sie auf Grundlage des Textes einen kleinen Lexikon-Eintrag zum Thema „Medien" für die Unterstufe. Darin soll auch der Unterschied zwischen alten und neuen Medien deutlich werden.

6 Diskutieren Sie, inwiefern sich die im Interview genannte Definition von Medien davon unterscheidet, was im Alltag gemeint sein kann, wenn von „(den) Medien" gesprochen wird. 4

M3 Technische Ausstattung zur Mediennutzung

Gerätebesitz Jugendlicher 2021

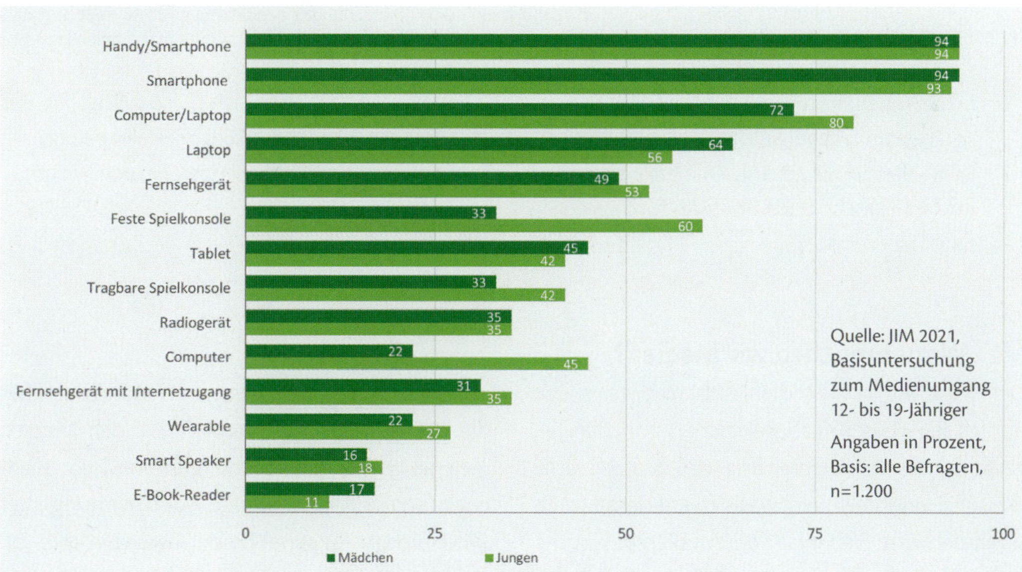

7 Erklären Sie sich in Partnerarbeit die Statistik und tauschen Sie sich über die Geräte-Ausstattung in Ihren Haushalten aus.

8 Erstellen Sie zum Vergleich eine Übersicht, die die von Ihnen genutzten Geräte enthält. Beziehen Sie in Ihre Übersicht ein, welche Inhalte Sie auf welchem Medium nutzen und warum Sie dieses Medium dafür auswählen.

Über diese Codes kann die digitale Methodenbibliothek abgerufen werden.

20070-01

Wozu Medien?

M1 Wie informiere ich mich?

Die Studie #UseTheNews ist der Frage nachgegangen, welche Quellen Jugendliche im Alter von 14 bis 17 Jahren nutzen, um sich eine Meinung zu bilden. Es wurden vier verschiedene Typen von Jugendlichen hinsichtlich der Nachrichtenorientierung unterschieden. So haben die vier Typen auf die folgende Frage geantwortet:

Wenn Sie sich zu einem für Sie wichtigen Thema eine Meinung bilden möchten, wie wichtig sind, ganz allgemein gesagt, die folgenden Quellen oder Personen?

NGO (non-governmental organization) Nichtregierungsorganisation

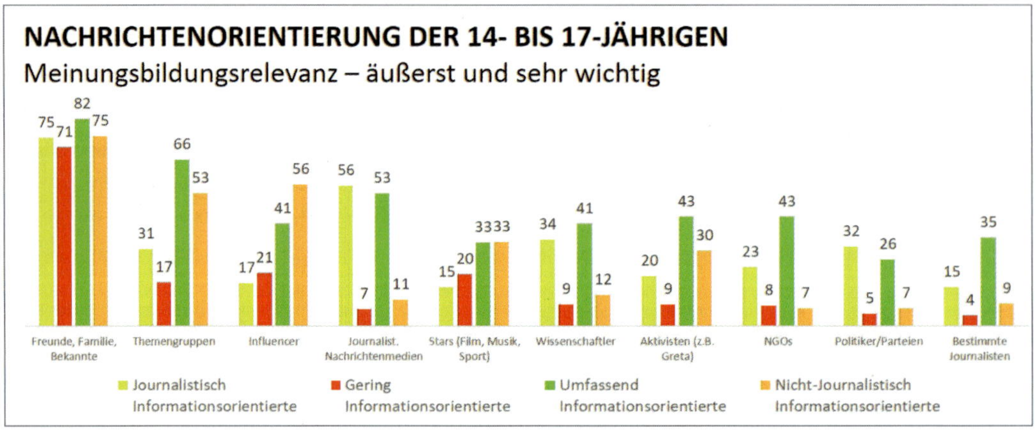

#UseTheNews / Leibniz-Institut für Medienforschung | Hans-Bredow-Institut (Basis 14-17 Jahre: n = 494)

1 Erklären Sie die Statistik und fassen Sie die wichtigsten Ergebnisse zusammen.

2 Beurteilen Sie die genannten Informationsquellen. Halten Sie die Vor- und Nachteile in einer Tabelle fest.

3 Erläutern Sie, worin sich die vier Gruppen der Befragten hinsichtlich der gestellten Frage unterscheiden, und ordnen Sie sich begründet einer Gruppe zu.

M2 Wozu brauchen wir Medien?

Grundgesetz (GG) > Glossar

Der Blick auf die Medienlandschaft zeigt ein buntes Bild: Die Angebote reichen von der Tagesschau bis zur Verbreitung von Klatsch und Tratsch. Hergestellt wird, was sich auf dem Markt verkaufen lässt. Den Inhalt der Medien bestimmt nicht der Staat, sondern letztlich das Publikum, denn produziert wird auf Dauer nur, was auch Absatz findet. Jeder kann selbst entscheiden, was er liest, hört oder sieht. Er kann sich über das Zeitgeschehen informieren, muss es aber nicht. [...] Dieser Zustand ist durch das Grundrecht der Presse- und Rundfunkfreiheit geschützt, das sich in Artikel 5 des Grundgesetzes findet. Es schützt die Herstellung und Verbreitung der Medien generell gegen staatliche Eingriffe und vor allem gegen solche, die sie an der Wahrnehmung ihrer „öffentlichen Aufgabe" hindern würden. Ihre „öffentliche Aufgabe" erfüllen die Medien dadurch, dass sie an der freien, individuellen und öffentlichen Meinungsbildung mitwirken, indem sie zu Angelegenheiten von allgemeiner Bedeutung Nachrichten sowie Informationen beschaffen und verbreiten, die jeder Einzelne benötigt, um sich in der Gesellschaft zurechtzufinden. [...]

Den Kern der öffentlichen Aufgabe bildet die Mitwirkung der Medien an der politischen Meinungsbildung. […] Das Funktionieren einer Demokratie, in der alle Staatsgewalt vom Volke ausgeht (Art. 20 Abs. 2 GG), setzt voraus, dass dessen Mitglieder über die Informationen verfügen, die sie benötigen, um sich auf rationale Weise eine eigene Meinung zu allen politischen Fragen bilden zu können. Diese Informationen können sie zum größten Teil nur aus den Medien beziehen. Deren Aufgabe besteht deshalb vor allem darin, die erforderlichen Informationen zu beschaffen, auszuwählen und so zusammenzustellen und ggf. kritisch zu kommentieren, dass ihr Publikum sie versteht und sich seine eigene Meinung bilden kann. […] Noch stärker gewachsen ist das Angebot an Beiträgen, die vor allem oder ausschließlich der Unterhaltung dienen wie beispielsweise „Lifestyle"-Angebote über das Leben von Prominenten. Auch solche Beiträge genießen das Privileg der Pressefreiheit, soweit sie die Rechte der behandelten Personen, zum Beispiel auf Wahrung ihrer Privatsphäre, nicht verletzen.

Udo Branahl / Patrick Donges

4 Arbeiten Sie aus dem Text heraus, welche öffentlichen Aufgaben Medien erfüllen sollen und welche Wünsche der Rezipientinnen und Rezipienten sie zudem bedienen.

5 Erklären Sie die Aussage „Den Inhalt der Medien bestimmt […] letztlich das Publikum".

6 Erläutern Sie, wozu Sie ohne Medien keinen Zugang hätten, und beurteilen Sie, ob Ihnen ohne diesen Zugang etwas Wesentliches im Leben fehlen würde.

Rezipientin/ Rezipient Mediennutzerin/ Mediennutzer wie z. B. Leser, Zuschauerinnen, Zuhörer

M3 Funktionen der Medien

7 Erläutern Sie die Grafik. Verfassen Sie hierfür in Gruppen kurze Infotexte, die die jeweilige Funktion der Medien erklären und anhand von Beispielen veranschaulichen.

8 Diskutieren Sie, an welcher Stelle Soziale Netzwerke ergänzt werden müssten. 4

Medien als vierte Gewalt

M1 Grundpfeiler

Ed Stein

1 Analysieren und interpretieren Sie die Karikatur. 7

2 Diskutieren Sie, wie Sie die Karikatur aktualisieren könnten. 4

M2 Vierte Macht, vierte Gewalt?

Die Begriffe „vierte Gewalt" und „vierte Macht" werden üblicherweise synonym verwendet, aber die Ausdrücke meinen nicht dasselbe. Wer „vierte Gewalt" sagt, geht von einer – virtuellen – vierten Säule im System der Gewaltenteilung aus. Neben Exekutive, Legislative und Justiz [Judikative] gibt es danach die Medien, die zwar keine eigene Gewalt zur Änderung der Politik oder zur Ahndung von Machtmissbrauch besitzen, aber durch korrekte Berichterstattung und öffentliche Diskussion die Verhältnisse zum Tanzen bringen können.

Wer nur den Begriff der „vierten Macht" akzeptiert (weil Journalisten bekanntlich kein Mandat haben), redet in der Regel über jene Macht, die dann zum Zuge kommt, wenn die drei Gewalten versagen. Je nach Standort und Gemütsverfassung des Medienschaffenden ist es entweder Berufsrisiko oder Privileg, wenn die Staatsmacht grob wird und Muskeln zeigt.

Hans Leyendecker

Exekutive ausführende Gewalt (Regierung und Verwaltung)

Legislative gesetzgebende Gewalt (das Parlament berät und verabschiedet Gesetze)

Judikative (hier Justiz), rechtsprechende Gewalt (Gerichte)

3 Erläutern Sie anhand von Beispielen, wie Medien „durch korrekte Berichterstattung und öffentliche Diskussion die Verhältnisse zum Tanzen bringen können".

4 Beurteilen Sie, ob Sie die Medien als „vierte Gewalt" oder „vierte Macht" bezeichnen würden.

5 Diskutieren Sie, was einer Gesellschaft ohne Medien fehlen würde. 4

M3 Lüge und Wahrheit

„Eine Lüge geht um die halbe Welt, bevor die Wahrheit auch nur die Hosen anziehen kann."

Sir Winston Churchill

Sir Winston Churchill (1874-1965) britischer Premierminister von 1940-1945 und 1951-1955

6 Erläutern Sie die Aussage und beziehen Sie die Rolle der Medien mit ein.

7 Recherchieren Sie, wie Medienunternehmen (z. B. Fernsehsender) versuchen, Falschinformationen entgegenzuwirken. 6

M4 Missstände aufdecken wie Hobby-Detektive?

Investigatives Arbeiten generell sieht Klaus Ott im Aufwind in Deutschland. Der Rechercheverbund aus Süddeutscher Zeitung, WDR und NDR sei 2014 einer der Vorreiter gewesen. Davon profitieren auch jüngere Kolleginnen wie Lea Busch:

„Ich habe superviel TKKG, Drei Fragezeichen etc. gehört, fand das einfach superspannend und dachte mir, das ist ja wohl der Traumjob: Mit guten Freundinnen und Freunden ein Detektivbüro zu haben und Missstände aufzudecken."

Die 32-Jährige volontierte 2017 bis 2019 beim NDR – arbeitet jetzt unter anderem für Panorama und das Funk-Format „Strg_F". Da kommt es auch schon mal vor, dass sie in andere Identitäten schlüpfen muss:

„Ich habe mich auch schon unter einer falschen Identität ausgegeben und habe mich sozusagen eingeschleust. Das war natürlich eine große Überwindung. In mir hat das die ganze Zeit gearbeitet: Kann ich das so machen, wie weit kann ich gehen? Ich will einerseits fair und korrekt mit allen umgehen, andererseits hat man auch das Interesse, etwas herauszufinden, und ist zu dem Zeitpunkt der Recherche der Meinung, das ist superwichtig, dass das veröffentlicht wird." Wichtig sei in jedem Einzelfall, neu zu bewerten: Rechtfertigt das öffentliche Interesse die Schwere des Eingriffs? Werden keine gesetzlichen Grenzen überschritten? Das alles sei immer Teamarbeit, so die NDR-Journalistin.

Andre Zantow

investigativer Journalismus
> Glossar

volontieren
als Volontärin/Volontär arbeiten, d. h. man arbeitet zur Vorbereitung auf den späteren Beruf in einem journalistischen Bereich, z. B. in einem Verlag oder bei einem Sender

8 Erläutern Sie, welche ethischen Fragen sich für die Journalistin Lea Busch in ihrer Arbeit stellen.

9 Diskutieren Sie, ob zur Aufdeckung von Missständen alle Mittel erlaubt sind. 4

10 Recherchieren Sie, was investigativen Journalismus ausmacht, und erstellen Sie einen Steckbrief für den Beruf Investigative Journalistin / Investigativer Journalist. Daraus soll hervorgehen, 6

- welche Fähigkeiten man braucht, um diesen Beruf auszuüben.
- welche Themen und Methoden diese Arbeit auszeichnen.
- welche Schwierigkeiten und Herausforderungen damit verbunden sind.

Grenzenlose Meinungsfreiheit?

M1 Meinungsfreiheit – für alle?

Karsten Schley

Rezipientin/ Rezipient Mediennutzerin/ Mediennutzer wie z. B. Leser, Zuschauerinnen, Zuhörer

1 Erläutern Sie die Aussage der Karikatur.
2 Erörtern Sie zu zweit, worin der Unterschied zwischen Meinung und Tatsache liegt.
3 Diskutieren Sie, welche Folgen es haben kann, wenn in den Medien zwischen Meinung und Tatsache nicht deutlich unterschieden wird bzw. wenn die Rezipientinnen und Rezipienten diesen Unterschied nicht (er)kennen. 4

M2 Zeit ohne Meinungsfreiheit

Auch in Deutschland gibt es eine Zeit ohne Meinungsfreiheit – denn im Dritten Reich war an eine freie Meinungsäußerung nicht zu denken. Der Nationalsozialismus führte die totalitäre Überwachung der gesamten Öffentlichkeit ein. Das heißt: Es wurden alle Informationen kontrolliert, die veröffentlicht wurden – die Presse war nicht mehr frei, in allen Medien wurde dasselbe verkündigt, vorgeschrieben durch die Diktatur. Aber auch Einzelpersonen mussten aufpassen, wie sie sich äußerten, sogar im privaten Bereich. Jegliche Kritik des Regimes stand unter Strafe, Menschen wurden dafür verhaftet und eingesperrt. Mit dem Inkrafttreten des Grundgesetzes im Jahr 1949 wurde Deutschland zu einer Demokratie – und damit gilt nun wieder die Meinungsfreiheit.

©BR / Claudia Erl

Grundgesetz (GG) > Glossar

Journalismus > Glossar

NGO (non-governmental organization) Nichtregierungsorganisation

4 Vergleichen Sie die Situation im Text mit unserer heutigen Zeit. Nennen Sie Beispiele, wie der Journalismus zur Erhaltung der Meinungsfreiheit beiträgt.
5 Die NGO „Reporter ohne Grenzen" veröffentlicht jedes Jahr die „Rangliste der Pressefreiheit". Recherchieren Sie, wie die Pressefreiheit in Deutschland im weltweiten Vergleich beurteilt wird, und bewerten Sie diese Position. 6

M3 Nicht ohne meine Zustimmung

Die Schauspielerin Gwyneth Paltrow hat ein Urlaubsbild mit ihrer Tochter auf Instagram gepostet – offenbar ohne deren Erlaubnis. Nun hat sich die Jugendliche bei ihrer Mutter beschwert.

Gwyneth Paltrows 14-jährige Tochter Apple Martin wird offenbar erwachsen. Zumindest ermahnte sie ihre Mutter in einem Kommentar unter einem Instagram-Foto, keine gemeinsamen Bilder mehr ohne ihre Erlaubnis zu veröffentlichen. [...] Das Bild zeigt die Teenagerin mit ihrer Mutter im Skilift. Während Paltrow fröhlich in die Kamera lächelt, ist das Gesicht der 14-Jährigen zum Teil von ihrer großen Skibrille verdeckt. „Mama, wir haben das doch schon mal diskutiert", kommentierte Martin. „Ohne meine Zustimmung darfst du nichts veröffentlichen." Paltrow dagegen konterte: „Man kann doch nicht mal dein Gesicht sehen!"
Was der konkrete Anlass für Martins Beschwerde war, ist jedoch nicht bekannt. Bei vorherigen Bildern mit ihrer Mutter, die Paltrow ebenfalls auf ihrem Kanal postete, hatte Martin nicht protestiert. Die 14-Jährige ist zwar auch auf Instagram unterwegs, hält ihren Account jedoch privat. So können nicht alle Nutzer ihre Fotos sehen.

DER SPIEGEL

6 Beschreiben Sie, wie Sie an Stelle der Tochter reagiert hätten.

7 Recherchieren Sie, welche Persönlichkeitsrechte Kindern und Jugendlichen zustehen. Beziehen Sie dabei die Frage ein, ob es hier Unterschiede gibt, wenn die Personen selbst als Prominente in der Öffentlichkeit präsent sind. 6

8 Stellen Sie sich vor, Ihr Vater oder Ihre Mutter hätte ohne Ihre Zustimmung Bilder von Ihnen auf Instagram veröffentlicht. Erläutern Sie ihnen die Rechtslage in Deutschland und formulieren Sie freundlich, aber deutlich, welchen Umgang Sie sich mit Bildern wünschen, auf denen Sie zu sehen sind.

Persönlichkeitsrecht
> Glossar

M4 Grenzen der Meinungsfreiheit?

Die eine schimpft, dass Reichsbürger „kriminalisiert" würden, während Migranten „morden und vergewaltigen" könnten, ohne dass es jemanden interessiere. Der andere hat ganz ähnliche verbale Angriffe auf Migranten parat – und zwar in Großbuchstaben. Beide nutzten für die Veröffentlichung ihre Facebook-Konten. Das Netzwerk löschte beide Beiträge und sperrte die Konten 30 beziehungsweise drei Tage lang. Eine Sperrung bedeutet, dass das Konto nicht zum Posten und Kommentieren genutzt werden kann. Auch auf den Facebook-Messenger haben Betroffene dann keinen Zugriff. Die beiden Nutzer halten das für rechtswidrig und haben Facebook verklagt. Sie berufen sich dabei insbesondere auf die Meinungsfreiheit. Sie wollen, dass der Social-Media-Konzern ihre Beiträge wieder sichtbar macht und es in Zukunft unterlässt, ihre Konten zu sperren und Beiträge zu löschen.

Alessa Böttcher / Claudia Kornmeier

9 Beurteilen Sie, ob das sogenannte Soziale Netzwerk richtig gehandelt hat. Beziehen Sie in Ihr Urteil auch Ihr Wissen zum Thema Meinungsfreiheit mit ein.

10 Informieren Sie sich über den Ausgang dieses Prozesses und diskutieren Sie, inwiefern Plattformen im Umgang mit den beschriebenen Äußerungen Verantwortung tragen. 4, 6

Das geht gegen meine Ehre

Satire
Form der kritischen Darstellung von Ereignissen oder Personen. Sie zieht Missstände ins Lächerliche und will dadurch eine Veränderung anstoßen.

St. Martin
Gedenktag des Heiligen Martin am 11. November. An diesem Tag ziehen in vielen Gegenden Kinder mit Laternen durch die Straßen und singen Martinslieder.

Rezipientin/ Rezipient
Mediennutzerin/ Mediennutzer wie z. B. Leser, Zuschauerinnen, Zuhörer

M1 Satire zu St. Martin

[redacted] [redacted]
Am 10. Nov. um 23:30 ·

habt ihr sie noch alle !!!!!!!!!!!!!!!!! armes deutschland 😞

Schlagstöcke und Pyrotechnik sichergestellt: Polizei löst unerlaubte Kinderdemo auf
der-postillon.com

1 „Gefällt mir"-Angabe

1 Analysieren und interpretieren Sie zunächst nur das Foto.
2 Beziehen Sie in Ihre Interpretation nun den Titel (unter dem Foto) mit ein und erläutern Sie, was sich an der Interpretation ändert.
3 Nennen Sie weitere Beispiele für Satire, die Sie aus den Medien kennen, und diskutieren Sie, ob man Satire auch als Fake News bezeichnen kann. Berücksichtigen Sie dabei sowohl die Absicht der Medienschaffenden als auch die Perspektive der Rezipientinnen und Rezipienten. 4

GRUNDWISSEN

Ehrverletzung

Als **Ehrverletzungsdelikt** oder **Ehrdelikt** werden **Handlungen oder Äußerungen bezeichnet, die sich gegen die Ehre eines anderen richten**. Ehrverletzungsdelikte sind laut Strafgesetzbuch (StGB) Straftaten, dazu zählen: § 185 Beleidigung, § 186 Üble Nachrede, § 187 Verleumdung, § 188 Gegen Personen des politischen Lebens gerichtete Beleidigung, üble Nachrede und Verleumdung, § 189 Verunglimpfung des Andenkens Verstorbener.

Bei einer Ehrverletzung ist entscheidend, ob ein **unbefangener Dritter** die Äußerung oder Handlung als ehrverletzend versteht, das heißt, es kann auch vorkommen, dass das Opfer selbst die Äußerung oder Handlung nicht als seine Ehre verletzend ansieht, ein Dritter aber schon.

Die Einordnung einer Ehrverletzung als Straftat hat zur Aufgabe, die **Ehre einer Person oder Personengruppe schützen**.

unbefangen
unvoreingenommen

Dritte / Dritter
Person, die nicht direkt beteiligt ist

4 Finden Sie zu jeder der genannten Straftaten ein Beispiel.

5 Erläutern Sie mit eigenen Worten, was unter einer Ehrverletzung zu verstehen ist.

M2 Meinung oder Tatsache?

Fühlt sich jemand durch die Äußerung eines Dritten in seinem Persönlichkeitsrecht angegriffen, so muss zunächst geschaut werden, ob die vermeintlich verletzende Aussage eine Meinungsäußerung oder eine (unwahre) Tatsachenbehauptung ist. [...]

Schließlich sind Meinungsäußerungen und wahre Tatsachenbehauptungen noch grundrechtlich über die Meinungsfreiheit, Art. 5 Abs. 1 GG geschützt. Danach sind grundsätzlich alle Meinungen schützenswert, unabhängig davon, ob sie wertvoll oder wertlos, provokant oder harmlos sind. Auch überzogene und scharfe Aussagen unterfallen der Meinungsfreiheit. Daher können sie nur in Ausnahmefällen zugunsten des Persönlichkeitsrechts eingeschränkt werden.

Unwahre Tatsachenbehauptungen hingegen genießen keinen solchen Schutz mehr, weil sie nicht der Meinungsbildung dienen. Daher sind sie meist rechtswidrig und in den meisten Fällen sogar strafbar [...]. Als unwahr gelten nicht nur glatte Lügen, sondern etwa auch eine bewusst unvollständige Berichterstattung. [...]

Kurz gesagt: Ob eine Äußerung eine Tatsachenbehauptung darstellt, richtet sich danach, ob die Wahrheit des Inhalts bewiesen werden kann. [...] Handelt es sich hingegen um eine subjektive, nicht beweisbare Aussage, die nur eine persönliche Auffassung darstellt, so ist sie lediglich eine Meinung bzw. ein Werturteil. Diese ist durch ein Dafür- oder Dagegenhalten geprägt und kann nicht in wahr oder falsch kategorisiert werden. Beispiele für Werturteile sind Bewertungen, Prognosen, Zweifel und Schlussfolgerungen.

Doch nicht immer ist die Abgrenzung so einfach. Denn nicht selten werden Tatsachenbehauptung und Werturteil in einer Äußerung oder einer Berichterstattung miteinander vermischt. In solchen Fällen muss im konkreten Einzelfall ermittelt werden, wo der Schwerpunkt der Aussage liegt. Maßgeblich ist hier der Gesamteindruck. Insbesondere, wenn zwar Tatsachen behauptet werden, diese aber mit einem Werturteil verbunden sind, oder wenn die Tatsache Grundlage für die Meinungsbildung ist, so fällt die Aussage im Zweifel noch unter die Meinungsfreiheit. [...]

Aufgrund [...] der Bedeutung der verfassungsrechtlich geschützten Meinungsfreiheit [...] kann nicht jede Meinung, die dem Betroffenen missfällt, auch verboten werden. Und gerade die Äußerung wahrer Tatsachen müssen Betroffene grundsätzlich auch dann hinnehmen, wenn sie besonders unangenehm sind. Denn niemand hat einen Anspruch, in der Öffentlichkeit nur so dargestellt zu werden, wie er sich selbst gerne sehen würde. [...]

Sowohl durch eine Meinungsäußerung als auch durch eine Tatsachenbehauptung kann noch der Tatbestand der Beleidigung erfüllt sein, § 185 StGB. Eine Äußerung kann dann zur Beleidigung werden, wenn man die persönliche Ehre des anderen missachtet oder nicht achtet – z. B. wenn man den Wert des anderen geringer darstellt, als er tatsächlich ist. Nicht ausreichend sind demgegenüber bloße Unhöflichkeiten oder Taktlosigkeiten.

Wilde / Beuger / Solmecke

Persönlichkeitsrecht
> Glossar

Grundgesetz (GG)
> Glossar

6 Erklären Sie mithilfe von Beispielen, warum unwahre Tatsachenbehauptungen nicht der Meinungsbildung dienen.

7 Nennen Sie Beispiele für Tatsachenbehauptungen, die wahr sind und rechtlich als Beleidigungen eingestuft werden können.

8 Arbeiten Sie die Zusammenhänge des Textes mithilfe einer Strukturskizze heraus. Tauschen Sie Ihre Skizzen in Zweiergruppen aus und überprüfen Sie, ob die wesentlichen Begriffe enthalten sind und verständlich werden.

9 Debattieren Sie, ob die Satire in M1 eher unter Meinungsfreiheit oder unwahre Tatsachenbehauptung fällt. 2

Wert
> Glossar

kategorisieren
einordnen

Eine Strukturskizze erstellen
> Methodenkompetenz S. 22/23

Eine Dilemmadiskussion führen

GEWUSST WIE

Die Dilemmadiskussion

Eine Situation, in der zwei ethische Grundsätze einander widersprechen und in der trotzdem entschieden werden muss, nennt man ein Dilemma. Bei solchen Entscheidungen kann es nicht um recht haben oder gewinnen gehen. Man kann nur den Versuch unternehmen, das Problem in einer Diskussion möglichst genau zu verstehen, sich möglichst viele Perspektiven klarzumachen und dann zu einer begründeten, möglichst guten Entscheidung zu kommen.

Dazu haben sich die folgenden Schritte bewährt:

1. Problem klären

Klären Sie zunächst im Plenum, ob es sich bei dem vorliegenden Fall um ein Dilemma handelt:

- Stehen Grundsätze / Prinzipien unvereinbar miteinander in Konflikt?
- Welche sind das?

sondieren
etwas untersuchen, auswerten

2. Meinungen sondieren und sich auf ein Prinzip einigen

Als Nächstes teilen Sie sich in vier Gruppen A-D auf. Erörtern Sie, wie sich Ihre Gruppe zu den verschiedenen Grundsätzen / Prinzipien verhält:

- Wer hält welchen Grundsatz / welches Prinzip in diesem Fall für das wichtigste und warum?
- Welches Meinungsbild ergibt ggf. eine Probeabstimmung?

Einigen Sie sich anschließend auf ein Prinzip.

3. Argumente für das eigene Prinzip finden

Nun können Sie in der Gruppe überlegen, wie sich Ihr Prinzip begründen lässt.

- Welche Argumente können angeführt werden?

Schreiben Sie die Argumente für Ihr Prinzip auf eine Karte.

4. Überprüfung des besten Arguments einer anderen Gruppe

Gruppieren Sie sich in folgende Gruppen: A + B und C + D und tauschen Sie Ihre Karten aus Schritt 3 gegenseitig. Überlegen Sie:

- Was ist das beste Argument der anderen Gruppe und warum?
- Wie lässt sich gegen dieses Argument der anderen Gruppe argumentieren?

Halten Sie Ihre Ergebnisse für das beste Argument der anderen Gruppe in Stichpunkten fest.

5. Vorstellen der besten Argumente

Benennen Sie einen Gruppensprecher. Die Gruppensprecher stellen jeweils das beste Argument der anderen Gruppe aus Schritt 4 im Plenum vor. Dabei sollen Vor- und Nachteile des Arguments genannt werden.

6. Diskussion über die Reihenfolge der Argumente

Diskutieren Sie im Plenum darüber, ob bzw. wie sich alle Argumente in eine Reihenfolge bringen lassen.

M1 Medienethische Konfliktfälle

In Dilemmasituationen im Bereich der Medienethik geht es – anders als z. B. in der Medizinethik – selten um Leben und Tod, aber auch in alltäglichen Fragen der Berichterstattung ist besonnenes Abwägen unverzichtbar. Hierbei sind stets auch die rechtlichen Grundlagen, die Medienformate sowie die Zielgruppen zu berücksichtigen, ebenso die Folgen, die eine Verbreitung eines Inhalts über die Medien haben kann.

Fall 1

Eine bekannte Kabarettistin soll wie so oft in einer Unterhaltungssendung auftreten. Sie hat einen Beitrag geplant, in dem sie die Politik wegen der Corona-Maßnahmen scharf kritisieren und über die Wahrheit hinter der Pandemie sowie die Folgen von Impfungen aufklären will.
Die Redaktion der Sendung liest das Manuskript vorab. Darin steht, dass in der Europäischen Union 5000 Menschen an den Folgen von COVID-19-Impfungen gestorben seien, zudem erwähnt die Kabarettistin einen EU-Hilfsfonds für Geschädigte (da die Impfstoff-Hersteller sich vor der Verantwortung drückten). Beides entspricht nicht der Wahrheit.
Die zuständige Redakteurin und ihr Kollege überlegen, ob sie die Kabarettistin mit diesem Beitrag auftreten lassen sollen oder nicht.

Fall 2

Wer wollte bestreiten, dass Berichte über Akte extremer politischer Gewalt gut sind für Quote und Auflage? […] Bieten Journalisten den Terroristen die mediale Bühne, ohne die ein Terrorakt gar nicht erst ausgeführt würde? Machen sich die Medien durch eine sensationsheischende und emotionalisierte Berichterstattung zu Komplizen? […]
Terrorakte sollen das Gefühl größtmöglicher Verunsicherung und Angst erzeugen – und das geht nur bei entsprechender Berichterstattung. Tappen Journalisten also berufsethisch in eine Falle, die ihnen fanatisierte Gewalttäter gestellt haben? Diesem Dilemma […] sei nur zu begegnen, indem gar nicht mehr über Terrorangriffe berichtet wird.

Christian F. Trippe

1 Überlegen Sie zunächst alleine, welche ethischen Prinzipien oder journalistischen Grundsätze sich in den beiden Fällen jeweils widersprechen. Beziehen Sie auch die Informationen der vorigen Doppelseiten mit ein.
2 Wenden Sie die Schritte der Dilemmadiskussion auf die Beispielfälle an.
3 Erarbeiten Sie in Zweiergruppen weitere möglichst realistische Fälle aus dem Bereich der Medienethik, in denen den Handlungsmöglichkeiten sich widersprechende Werte zugrunde liegen. Wählen Sie gemeinsam mindestens zwei dieser Fälle aus und wenden Sie die Schritte der Dilemmadiskussion an.
4 Erstellen Sie eine Methodenkarte zum Thema „Eine Dilemmadiskussion führen". 8

Wert
> Glossar

Über diese Codes kann eine Vorlage und ein Beispiel für die Methodenkarte abgerufen werden.

20070-02

Mutig für die Meinungsfreiheit

M1 Zeichen der Ermutigung

Die Journalisten Maria Ressa von den Philippinen und Dmitri Muratow aus Russland sind 2021 mit dem Friedensnobelpreis ausgezeichnet worden.

[Es] ist ein Preis, der zum Nachdenken anregen sollte – weit über die persönliche Leistung der Preisträger hinaus. Es ist seit sehr langer Zeit zum ersten Mal, dass Journalisten mit dem Friedensnobelpreis ausgezeichnet wurden. Carl von Ossietzky, der gegen das NS-Regime anschrieb, war 1936 ein Vertreter dieser Zunft. Mit der aktuellen Auszeichnung für Ressa und Muratow wird der Berufsstand in neue Höhen gehoben. Die Preisträger stehen persönlich in einer Reihe mit anerkannten Aktivisten für Menschenrechte [...]. Gleichzeitig stehen die beiden stellvertretend für einen große Gruppe, und für eine Reihe von Problemen. [...]

Ressa und Muratow haben auf der Welt Tausende von mehr oder weniger bekannten Kollegen, die den Preis ebenso verdient haben. Viele von ihnen sollen und können sich nun geehrt fühlen. Sie sind der wichtigste Teil im Ringen darum, die Öffentlichkeit mit Informationen zu versorgen, die manch ein Mächtiger lieber für sich behalten würde. In Zeiten von Fake-News, in denen geballter Blödsinn auf sozialen Netzwerken häufiger geteilt wird als seriöse Berichterstattung, ist der Friedensnobelpreis für die Meinungsfreiheit ein wichtiges Zeichen.

Christian Gottschalk

Zunft
den gleichen Beruf ausüben, zur gleichen Gruppe gehören

1. Erläutern Sie, warum der Preis für die Journalistin und den Journalisten zum Nachdenken anregen soll.
2. Diskutieren Sie, inwieweit der Einsatz für Meinungsfreiheit auch ein Beitrag zum Frieden sein kann. 4
3. Nennen Sie Beispiele für „Informationen [...], die manch ein Mächtiger lieber für sich behalten würde", und erläutern Sie, was sich diese Mächtigen davon versprechen.
4. Nennen Sie Beispiele für „geballten Blödsinn", der auf Sozialen Netzwerken geteilt wird, und erläutern Sie, was diesen Blödsinn so attraktiv macht.
5. Seit 1969 wird jährlich der „Wächterpreis der Tagespresse" verliehen.
   a) Recherchieren Sie zunächst gemeinsam, wofür die Journalistinnen und Journalisten ausgezeichnet werden und was Ziel der Preisvergabe ist. 6
   b) Teilen Sie sich anschließend in fünf Gruppen auf: Jede Gruppe bekommt eines der letzten fünf Jahre zugewiesen und
   - recherchiert, wer in diesem Jahr den Preis bekam. 6
   - wählt eine Preisträgerin / einen Preisträger für dieses Jahr aus und recherchiert, worum es in dem ausgezeichneten Artikel der Person geht. 6
   - stellt die ausgewählte Gewinnerin/ den ausgewählten Gewinner in einer kleinen Präsentation vor und erläutert, warum ihr / sein Artikel einen „Wächterpreis" bekommen hat und wie die Journalistin / der Journalist damit eine Wächterfunktion erfüllt hat. 11

M2 Wahrheit und Frieden

Maria Ressa ist nicht nur Journalistin, sondern auch Mitgründerin und Chefin von „Rappler", einem digitalen Medium für investigativen Journalismus. In ihrer Rede bei der Verleihung des Friedensnobelpreises in Oslo 2021 spricht sie zahlreiche Probleme des Journalismus an, hier einige Auszüge:

Ich stehe vor Ihnen stellvertretend für alle Journalisten auf der ganzen Welt, die gezwungen sind, so viele Opfer zu bringen, um die Stellung zu halten, um unseren Werten und unserem Auftrag treu zu bleiben: Ihnen die Wahrheit zu überbringen und die Mächtigen zur Rechenschaft zu ziehen. [...]

Ich bin seit mehr als 35 Jahren Journalistin: Ich habe in Krisen- und Kriegsgebieten in Asien gearbeitet, über Hunderte von Katastrophen berichtet – und obwohl ich so viel Schlechtes gesehen habe, habe ich auch so viel Gutes dokumentiert, wenn Menschen, die nichts haben, dir das anbieten, was sie haben. [...]

Was in den Sozialen Medien passiert, bleibt nicht in den Sozialen Medien. Online-Gewalt ist Gewalt in der wirklichen Welt.

Soziale Medien sind ein tödliches Spiel um Macht und Geld, [...] bei dem unser Privatleben für riesige Unternehmensgewinne ausgebeutet wird. Unsere persönlichen Erfahrungen werden in eine Datenbank gesaugt, von Künstlicher Intelligenz organisiert und dann an den Meistbietenden verkauft. [...] Ohne Fakten gibt es keine Wahrheit. Ohne Wahrheit gibt es kein Vertrauen. Ohne Vertrauen haben wir keine gemeinsame Wirklichkeit, keine

Die philippinische Journalistin Maria Ressa bei ihrer Rede zur Verleihung des Friedensnobelpreises am 10. Dezember 2021 im Rathaus in Oslo

Demokratie, und es wird unmöglich, die existenziellen Probleme unserer Welt zu lösen: Klima, Coronavirus, der Kampf um die Wahrheit. [...]

Wir müssen dem unabhängigen Journalismus helfen zu überleben, indem wir zunächst Journalisten besser schützen und uns gegen Staaten wehren, die gegen Journalisten vorgehen. [...]

Ich wusste nicht, ob ich heute hier sein würde. Jeden Tag lebe ich mit der realen Gefahr, den Rest meines Lebens im Gefängnis zu verbringen, nur weil ich Journalistin bin. Wenn ich nach Hause gehe, habe ich keine Ahnung, was die Zukunft bringt, aber es ist das Risiko wert. [...]

Bitte schließen Sie jetzt mit mir die Augen. Und stellen Sie sich die Welt vor, wie sie sein sollte. Eine Welt des Friedens, des Vertrauens und der Empathie, die das Beste in uns zum Vorschein bringt, was wir sein können.

investigativer Journalismus
> Glossar

Journalismus
> Glossar

Wert
> Glossar

6 Finden Sie in Partnerarbeit für jeden Absatz eine Überschrift.

7 Erstellen Sie eine Liste der im Text angesprochenen Probleme. Beurteilen Sie, welche dieser Probleme Sie (möglicherweise indirekt) betreffen.

8 Erläutern Sie, weshalb Fakten die unverzichtbare Grundlage sind, um die großen existenziellen Probleme zu lösen, und beurteilen Sie die Rolle der Journalistinnen und Journalisten in diesem Zusammenhang.

9 Diskutieren Sie, was ernstzunehmender Journalismus dazu beitragen kann, dass sich die Welt dahin entwickelt, wie sie im letzten Absatz beschrieben wird. 4

Schutz vor Medien, Schutz der Medien

M1 Achtung, explosiv!

Cigdem Demir

1 Erklären Sie die Aussage der Karikatur.

2 Überlegen Sie, zu welchen medialen Angeboten die Karikatur passt: Was charakterisiert diese Medien(angebote)? Sind diese Medien(angebot) für Sie attraktiv? Halten Sie sie für seriös?

3 Diskutieren Sie die positiven und negativen Auswirkungen, wenn Medien eine ‚explosive' Kraft aufweisen.

4 Um eine Explosion zu verhindern, braucht es funktionierende Mittel der Entschärfung. Erörtern Sie, wann Sie ‚Entschärfungsbedarf' hinsichtlich eines Medienangebotes sehen und wie dieser aussehen könnte.

M2 Die Freiheit und ihre Schranken

In Deutschland sind Meinungs- und Pressefreiheit in der Verfassung (im Grundgesetz) verankert:

(1) Jeder hat das Recht, seine Meinung in Wort, Schrift und Bild frei zu äußern und zu verbreiten und sich aus allgemein zugänglichen Quellen ungehindert zu unterrichten. Die Pressefreiheit und die Freiheit der Berichterstattung durch Rundfunk und Film werden gewährleistet. Eine Zensur findet nicht statt.

(2) Diese Rechte finden ihre Schranken in den Vorschriften der allgemeinen Gesetze, den gesetzlichen Bestimmungen zum Schutze der Jugend und in dem Recht der persönlichen Ehre.

Grundgesetz der Bundesrepublik Deutschland, Artikel 5

Grundgesetz (GG)
> Glossar

Zensur
Kontrolle (des Staates) von Filmen, Büchern und anderen Medien. Damit kann z. B. überprüft werden, ob diese Medien den politischen oder religiösen Vorstellungen eines Landes/einer Regierung entsprechen.

5 Erklären Sie, was unter den genannten drei Formen der Einschränkung in Absatz 2 zu verstehen ist.

6 Erörtern Sie, was für und was gegen diese Einschränkungen der Freiheiten spricht und was deren Durchsetzung erschweren kann.

M3 Aus dem Pressekodex

Nicht alles, was von Rechts wegen zulässig wäre, ist auch ethisch vertretbar. Deshalb hat der Presserat die Publizistischen Grundsätze, den sogenannten Pressekodex, aufgestellt. Darin finden sich Regeln für die tägliche Arbeit der Journalisten, die die Wahrung der journalistischen Berufsethik sicherstellen, so zum Beispiel:

- Achtung vor der Wahrheit und Wahrung der Menschenwürde
- Gründliche und faire Recherche
- Klare Trennung von redaktionellem Text und Anzeigen
- Achtung von Persönlichkeitsrechten, Privatleben und Intimsphäre
- Vermeidung unangemessen sensationeller Darstellung von Gewalt und Brutalität

Ergänzt werden die Grundsätze durch Richtlinien, die aufgrund aktueller Entwicklungen und Ereignisse ständig fortgeschrieben werden.

Deutscher Presserat

Kodex
Sammlung von Regeln oder Anweisungen

Presserat
> Glossar

Menschenwürde
> Glossar

Persönlichkeitsrecht
> Glossar

7 a) Erklären Sie zu jedem Punkt, welche Folgen es haben kann, wenn diese Regeln nicht eingehalten werden.
b) Finden Sie Beispiele, in denen die genannten Punkte nicht berücksichtigt wurden, und überlegen Sie, aus welchen Gründen das geschehen sein könnte.

8 Diskutieren Sie, welche „aktuellen Entwicklungen und Ereignisse" dazu führen könnten, die Richtlinien zu ergänzen oder zu ändern.

M4 Sanktionen des Presserats

Der Presserat kann drei Arten von Sanktionen erteilen:

- Hinweis
- Missbilligung
- öffentliche Rüge (mit Abdruckverpflichtung)
- nicht-öffentliche Rüge (auf Abdruck wird verzichtet, z. B. aus Gründen des Opferschutzes)

Darüber hinaus kann der Beschwerdeausschuss trotz begründeter Beschwerde auf eine Maßnahme verzichten, wenn das betroffene Presseorgan den Fall in Ordnung gebracht hat (z. B. durch Abdruck eines Leserbriefs oder eine redaktionelle Richtigstellung).

Deutscher Presserat

Sanktion
(hier) Strafandrohung

9 Erklären Sie, ob Sie die Maßnahmen des Presserats für ausreichend halten, um den Pressekodex durchzusetzen.

10 Recherchieren Sie, wer zuständig ist für Beschwerden über 6
a) Angebote des öffentlich-rechtlichen Rundfunks und dessen Online-Angebote.
b) Angebote des privaten Rundfunks und dessen Online-Angebote.
c) Werbung.
Erstellen Sie eine Tabelle, die Ihre Ergebnisse und eine Bewertung dieser Ergebnisse enthält.

Aus der Arbeit des Presserats

M1 Der Fall

Eine überregionale Tageszeitung berichtet [2017] gedruckt und online über den Prozess gegen ein homosexuelles Paar, das nicht nur ein bekanntes Hotel in Berlin betrieben, sondern auch Rauschmittel verkauft haben soll. Beide seien HIV-infiziert, berichtet die Autorin. Weitere Details aus ihrem Privatleben werden im Beitrag erwähnt, so auch der Umstand, dass jeder der beiden einen Partner wegen einer Aids-Erkrankung verloren habe.

Deutscher Presserat

Presserat
> Glossar

1 Stellen Sie sich vor, Sie sind Journalist oder Journalistin und bearbeiten den erwähnten Artikel. Schreiben Sie eine Überschrift und eine Unterzeile, die das Wesentliche des Artikels zusammenfasst.

2 Stellen Sie sich gegenseitig Ihre Vorschläge vor und diskutieren Sie Unterschiede und Gemeinsamkeiten. 4

M2 Die Beschwerde

Die Berliner Aids-Hilfe tritt in diesem Fall als Beschwerdeführer auf. Sie beschwert sich über das unerlaubte und unautorisierte Outing der beiden Männer als HIV-Positive. Weder die Homosexualität noch die HIV-Infektion seien für die Berichterstattung relevant, so dass neben der zweifachen Verletzung der Persönlichkeitsrechte die Berichterstattung auch tendenziös sei. Sie bediene das alte Klischee von „Drogen + schwul = HIV". Der Bericht habe für die beiden Männer schwerwiegende Folgen. Sie hätten sich im geschlossenen Vollzug befunden und hätten somit keinen Zugang zu Tageszeitungen oder Online-Medien gehabt. Sie befänden sich seit Mitte 2017 im offenen Vollzug. Die vorliegende HIV-Infektion sei öffentlich nicht bekannt gewesen. Die Kenntnis der Infektion führe seither zu Ausgrenzung, Beschimpfungen und Verunglimpfungen.

Deutscher Presserat

unautorisiert
(hier) nicht von den Betroffenen genehmigt

Persönlichkeitsrecht
> Glossar

tendenziös
von etwas beeinflusst, nicht objektiv

3 Erklären Sie was mit „tendenziöser" Berichterstattung gemeint ist.

4 Diskutieren Sie, ob es etwas an dem Fall ändern würde, wenn die beiden Männer Zugang zur Berichterstattung über sich gehabt hätten. 4

M3 Die Redaktion

Die Autorin nimmt auf dem Weg über die Rechtsvertretung der Zeitung Stellung zu der Beschwerde. Sie vertritt die Auffassung, dass sie gegen keine Gepflogenheiten der Gerichtsberichterstattung verstoßen habe. Sie habe den Prozess gegen die beiden Männer vor dem Berliner Landgericht verfolgt. Um den Lesern die Beweggründe der beiden Angeklagten näherzubringen, habe sie deren Biographie nachgezeichnet. Zu dieser gehöre für sie die Homosexualität der beiden, denn durch diese hätten sie verstärkten Kontakt zu einer Klientel gehabt, die nach Drogen verlangt habe. Im Übrigen sei die HIV-Erkrankung maßgeblich für die Urteilsfindung gewesen. Die Staatsanwaltschaft habe wegen der Berliner Rekordmenge von 4500 Gramm Crystal Meth und der hohen Gewinne eine Straferwartung von acht Jahren Haft geäußert. Der Richter habe dies deutlich unterboten und ein Urteil über fünf Jahre und drei Monate gesprochen. Begründung: Er habe die gesundheitliche Situation berücksichtigt.

Deutscher Presserat

5 Nehmen Sie begründet Stellung dazu, ob Sie die Herangehensweise der Journalistin als gerechtfertigt ansehen.

6 Diskutieren Sie, wie weit die Verantwortung gehen sollte, die Journalistinnen und Journalisten tragen, wenn sie etwas veröffentlichen. 4

M4 Der Presserat

Der Beschwerdeausschuss erkennt in der Berichterstattung einen Verstoß gegen Ziffer 8 des Pressekodex (Schutz der Persönlichkeit). Die Richtlinien 8.1 und 8.6 geben Anhaltspunkte für den Schutz der Identität von Straftätern durch die Presse sowie für den besonderen Schutz von erkrankten Personen. In jedem Fall erforderlich ist eine Abwägung zwischen dem Interesse des einzelnen, anonym zu bleiben, und dem öffentlichen Informationsinteresse. Durch den Artikel und die darin genannten Details werden die beiden Männer für einen erweiterten Personenkreis identifizierbar. Die Redaktion hat die presseethische Grenze zum Recht der Angeklagten auf informationelle Selbstbestimmung überschritten.

Deutscher Presserat

Kodex
Sammlung von Regeln oder Anweisungen

7 Werfen Sie einen Blick in den Pressekodex und lesen Sie Ziffer 8 und die zugehörigen Richtlinien. Diskutieren Sie, weshalb der Schutz der Persönlichkeit Journalistinnen und Journalisten vor besondere Herausforderungen stellen kann. 4, 6

M5 Letztlich ohne Konsequenzen

Im beschriebenen Fall hat der Presserat mit einer öffentlichen Rüge sanktioniert. Die Medienjournalistin Ulrike Simon beobachtet die Arbeit des Presserats seit vielen Jahren. Sie hält dessen Aufgabe für wichtig, sieht seine Möglichkeiten aber kritisch.

Wenn ich Auto fahre, kann ich selbstverständlich immer wieder über rote Ampeln fahren, kann immer wieder die Geschwindigkeit übertreten. Ein Problem habe ich erst, wenn ich erwischt werde, [...] mir einiges zu Schulden kommen lasse, dann habe ich irgendwann entweder Führerscheinentzug oder ich habe Punkte in Flensburg, muss irgendwann notgedrungen einen ‚Idiotentest' machen, wie man das landläufig nennt. So etwas gibt es in den Medien nicht. Es kostet kein Geld, es muss kein Chefredakteur noch einmal ein Volontariat machen, wenn er immer wieder Verstöße begeht. Diese Konsequenzen gibt es nicht und kann es auch nicht geben. Insofern ist es ein Dilemma, das nur zum Teil zu lösen ist.

Ulrike Simon / Daniel Bouhs

Volontariat
journalistische Ausbildung

8 Der Presserat wird auch als „zahnloser Tiger" bezeichnet. Erläutern Sie, was damit ausgesagt werden soll, und begründen Sie, inwieweit Sie diese Auffassung teilen.

Die Quote macht's

Boulevardjournalismus Berichterstattung, in der Sachverhalte verzerrt, vereinfacht, dramatisiert oder extrem emotional dargestellt werden, um die Leserinnen und Leser besonders auf der Gefühlsebene anzusprechen

Journalismus
> Glossar

M1 Schlagzeilenbasteln

Im Boulevardjournalismus – in der sogenannten „Regenbogenpresse" – finden sich häufig Überschriften oder Ankündigungen, die Leserinnen und Lesern sensationelle Inhalte versprechen.

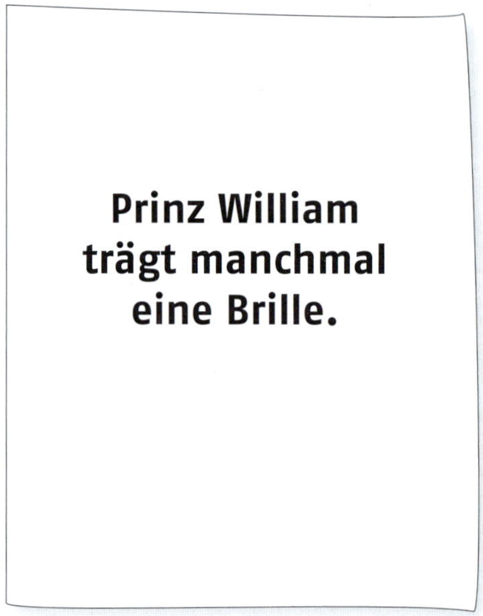

nach Mats Schönauer

1 Erzählen Sie mit wenigen Worten, wie die linke Zeitschriften-Schlagzeile auf Sie wirkt und woran Sie spontan denken, wenn Sie sie lesen.

2 Stellen Sie Vermutungen darüber an, weshalb solche Wirkungen diesen Darstellungen – auch online – nutzen.

3 Ordnen Sie die Schlagzeile über Prinz William auf einer Skala von 1 (Wahrheit) bis 10 (Lüge) ein und begründen Sie Ihre Position.

4 Diskutieren Sie, ob Sie die Darstellung vertretbar finden und welche Kritik Sie an dieser Art von Darstellung üben können. 4

5 Entwerfen Sie Schlagzeilen in Zweiergruppen. Gehen Sie dabei wie folgt vor:

a) Geben Sie sich gegenseitig einige unverfängliche Informationen über sich.

b) Entwerfen Sie drei möglichst reißerische Schlagzeilen im Boulevard-Stil, die sich entfernt auf diese Informationen des / der anderen beziehen.

c) Lesen Sie sich gegenseitig die Schlagzeilen vor und beobachten Sie sich dabei selbst: Wie fühlen Sie sich bei dem Gedanken, dass solch eine Schlagzeile über Sie verbreitet wird?

d) Wählen Sie gemeinsam zwei Schlagzeilen aus, von denen Sie glauben, sie könnten für die Leserinnen und Leser der Regenbogenpresse attraktiv sein. Begründen Sie Ihre Einschätzung.

6 Recherchieren Sie den Begriff „Infotainment" und erläutern Sie dessen Folgen für die Qualität von Medien. Beziehen Sie dabei auch die Bedeutung von Quoten ein. 6

M2 Für Journalismus zahlen?

Für eine Zeitung zahlen wir am Kiosk Geld und erhalten dafür die angebotenen und aufbereiteten Inhalte. Im Internet sind die Möglichkeiten, wie man an Informationen gelangen kann, vielfältig. Das macht es gerade Medienhäusern schwierig, ihre Inhalte gegen Bezahlung anzubieten. Doch warum wollen Menschen nicht für journalistische Online-Angebote zahlen?

1 *Weil ich mich nicht auf einen Dienst festlegen möchte und die Bezahlungen für Einzelinhalte zu kompliziert oder zu teuer sind. Es müsste sowas wie Spotify für journalistische Inhalte geben: ich zahle eine Flat und davon werden die Angebote je nach Aufrufen finanziert.*

2 *Es gibt einfach zu viele Informationsmöglichkeiten, die auch kostenlos sind. Selbst diese kann man nicht schaffen.*

3 *Ich bezahle nicht 1,00 Euro für einen Bericht, wenn die gesamte Ausgabe der Zeitung rund 2,00 Euro kostet. Das ist für mich Wucher. Im Übrigen bezahle ich auch dann, wenn ich kein Geld bezahle – nämlich mit Aufmerksamkeit für Werbung aller Art.*

Frederik Fischer

7 Schreiben Sie für jedes der genannten Argumente ein Gegenargument.

8 Sammeln Sie mindestens fünf Möglichkeiten, wie oder womit Nutzerinnen und Nutzer für Online-Journalismus zahlen könnten.

9 Stellen Sie sich vor, alle journalistischen Inhalte wären nur nach Bezahlung zugänglich. Diskutieren Sie, wie sich dies auf die Gesellschaft auswirken könnte. 4

Zum Weiterdenken

In Serien, Filmen und Videos wird häufig geschickt Werbung platziert.

a) Tauschen Sie sich darüber aus, welche Vorteile es für Unternehmen hat, innerhalb einer beliebten Serie, eines beliebten Films oder Videos platziert zu werden.

b) Nennen und erläutern Sie weitere Beispiele für Produktplatzierungen.

c) Beurteilen Sie, welche Arten von Produktplatzierungen Sie für akzeptabel halten und welche für bedenklich. Berücksichtigen Sie in Ihrem Urteil,

- welche Produkte
- in welchen Sendungen / Formaten
- in welchen Medien
- für welche Zielgruppe platziert werden und
- ob die Rezipientin / der Rezipient sofort erkennen kann, dass es sich um eine Produktplatzierung handelt.

Produktplatzierung / Product Placement
versteckte Werbung, Platzierung eines Produkts oder einer Dienstleistung z. B. in Serien oder Spielfilmen, für die die jeweils platzierte Marke Geld bezahlt

Rezipientin/ Rezipient
Mediennutzerin/ Mediennutzer wie z. B. Leser, Zuschauerinnen, Zuhörer

Wer schützt mich und wie schütze ich mich?

M1 Schutz vor ungeeigneten Inhalten

Um Kinder und Jugendliche im Internet zu schützen, gibt es in Deutschland verschiedene Prüfstellen wie die „Bundeszentrale für Kinder- und Jugendmedienschutz (BzKJ)“ und verschiedene Landesmedienanstalten in den einzelnen Bundesländern. In Bayern heißt die Landesmedienanstalt „Bayerische Landeszentrale für neue Medien“. Diese Prüfstellen dienen unter anderem als Kontrollinstrument des Jugendmedienschutzes. Die „Bundeszentrale für Kinder- und Jugendmedienschutz (BzKJ)“ ist beispielsweise für die Indizierung von Medien zuständig. Indizierung bedeutet dabei die Aufnahme in eine Liste von Medien, beispielsweise Filme, Bücher oder Websites, die Minderjährigen nicht zugänglich gemacht werden dürfen, weil sie als jugendgefährdend eingestuft werden. Eine Indizierung kann allerdings erst nach Veröffentlichung erfolgen. Als Folge einer Indizierung, die z. B. manche Filme und Sendungen als nicht für Kinder und Jugendliche geeignet einstuft, sind diese Filme erst ab bestimmten Uhrzeiten bzw. in Mediatheken nur nach Altersprüfung zu sehen.

1 Diskutieren Sie unter Berücksichtigung weiterer Schutzmaßnahmen, die Sie kennen, die Notwendigkeit des Jugendschutzes in den Medien. Berücksichtigen Sie dabei unterschiedliche Medienarten und unterschiedliche Altersgruppen. 4

2 Überlegen Sie, ob Sie schon einmal einen Film gesehen oder ein Online-Spiel gespielt haben, bei dem Sie sich über die Indizierung gewundert haben. Begründen Sie Ihre Meinung.

M2 Kinder- und Jugendliche gesucht

Die Bundeszentrale für Kinder- und Jugendmedienschutz sucht:

Kinder und Jugendliche zur Mitarbeit in einem Beirat

Von insgesamt 12 Plätzen im Beirat sollen zwei durch Kinder und Jugendliche selbst besetzt werden, außerdem soll es zwei weitere stellvertretende Beiratsmitglieder geben. Alle sollen zum Zeitpunkt ihrer Berufung höchstens 17 Jahre alt sein.

Der Beirat unterstützt die Bundeszentrale für Kinder- und Jugendmedienschutz (BzKJ) dabei, die Kinderrechte auf Schutz, Befähigung und Teilhabe bei der Nutzung digitaler Medien umzusetzen und zu stärken. Durch die Arbeit der BzKJ wird der Kinder- und Jugendmedienschutz verbessert und weiterentwickelt.

Gesucht werden Personen mit folgenden Eigenschaften und Fähigkeiten:

- Zwischen 12 und 17 Jahre alt (zum Zeitpunkt der Berufung in den Beirat)
- Digitale Medien (z. B. Soziale Medien, Online-Gaming usw.) sind fester Bestandteil des Alltags
- Aktives ehrenamtliches Engagement (mind. 1 Jahr) in der Kinder- und Jugendarbeit (Jugendverbandsarbeit, offene Jugendarbeit, Jugendsozialarbeit, Jugendberatung)

- Fähigkeit, mit den praktischen Erfahrungen aus der Kinder- und Jugendarbeit auf die Lebenswelt anderer Kinder und Jugendlicher zu schauen – mit einem reflektierenden Blick und der persönlichen Motivation, etwas verändern zu wollen
- Soziale Kompetenz & Kommunikationsfähigkeit: Bereitschaft und Mut, sich als junger Mensch in einer Gruppe mit überwiegend erwachsenen Teilnehmenden selbstbewusst einzubringen
- Kenntnisse und hohes Interesse an demokratischen Prozessen
- Bereitschaft zu Gremienarbeit

Bundeszentrale für Kinder- und Jugendmedienschutz

Kommunikation
> Glossar

Gremium
Gruppe von Expertinnen / Experten, die eine bestimmte Aufgabe erfüllen

3 Beurteilen Sie, inwieweit es sinnvoll ist, Kinder und Jugendliche in einen solchen Beirat miteinzubeziehen.

4 Bewerten Sie die geforderten Eigenschaften und Fähigkeiten und beantworten Sie dafür folgende Fragen:

- Würden Sie sich eine solche Mitarbeit vorstellen können und zutrauen?
- Inwieweit finden Sie die Auswahl der Eigenschaften und Fähigkeiten sinnvoll, um an der Verbesserung des Schutzes im Umgang mit digitalen Medien mitzuwirken? Begründen Sie Ihre Meinung.

M3 Ist das nur ein bisschen viel oder schon Sucht?

Bei einer Onlinesucht hat die betroffene Person Schwierigkeiten, offline zu gehen (Kontrollverlust). Die Gedanken drehen sich nur noch um die Online-Aktivität und der Lebensmittelpunkt verschiebt sich vom realen Leben hin zum Leben in der Onlinewelt. So gibt es Jugendliche, die sich in ihr Zimmer zurückziehen, um Online-Games zu spielen, während ihre Freunde draußen spielen. Es gibt Jugendliche, die gemeinsame Mahlzeiten oder Ferienaktivitäten mit der Familie verweigern, weil sie online verbunden bleiben möchten. Die übermäßige Nutzungsdauer allein ist allerdings noch kein Indikator für eine Onlinesucht. Die Motivation für den Konsum bestimmter Medieninhalte spielt eine Rolle.

Längerfristig kann sich die exzessive Mediennutzung negativ auf alle Lebensbereiche wie das private Sozialleben, Hobbys, die Ausbildung oder den Beruf auswirken. […]

Nebst den sozialen Folgen kann stundenlange Bewegungslosigkeit vor dem Bildschirm aber auch körperliche Probleme wie Muskelverkrümmung und daraus entstehende Fehlhaltungen mit sich bringen. Auch Übergewicht, Kopfschmerzen, Seh- und Schlafstörungen können die Folge sein.

Jugend und Medien – Nationale Plattform zur Förderung von Medienkompetenzen, Schweiz

5 Erläutern Sie einer Drittklässlerin, was Onlinesucht bedeutet.

6 Diskutieren Sie darüber, wie schwer oder einfach es ist, Onlinesucht als tatsächliche Sucht zu erkennen. 4

7 Recherchieren Sie in Gruppen Tipps, wie man sich gegen Onlinesucht schützen kann. Stellen Sie eine Liste von sieben realistischen Ratschlägen zusammen und vergleichen Sie Ihre Tipp-Sammlungen. 6

8 Führen Sie eine Woche lang ein Medientagebuch, in dem Sie (analog oder digital) notieren, wann Sie wie viel Zeit mit welchen Medien und zu welchem Zweck verbringen. Reflektieren Sie Ihre Beobachtungen täglich und nach Abschluss der Woche und versuchen Sie, sich ehrlich einzuschätzen.

Gut mit Medien leben und umgehen – gar nicht so einfach

M1 Nur nichts verpassen

Sofort nach dem Aufstehen alle Posts und Storys auf Instagram checken, im Minutentakt auf Whatsapps antworten und abends im Bett noch schnell die neuesten Nachrichten lesen: Unsere Angst, etwas zu verpassen, heißt FOMO, kurz für „Fear of missing out" und wird, wie britische Forschende bereits 2013 herausfanden, durch soziale Medien verstärkt. [...] 2015 untersuchten Forschende in Neuseeland den Zusammenhang zwischen FOMO und dem Alkoholkonsum von Studierenden. Sie fanden heraus: Je größer die Angst ist, etwas zu verpassen, desto mehr Alkohol konsumierten die Befragten. *Deutschlandfunk Nova*

1 Tauschen Sie sich darüber aus, wann und wie sich bei Ihnen FOMO bemerkbar macht und wie Sie damit umgehen.

2 Erläutern Sie, welche Unterschiede Sie zwischen FOMO innerhalb und außerhalb Sozialer Netzwerke sehen.

3 JOMO – „Joy of missing out" – ist das Gegenteil von FOMO. Schreiben Sie eine Definition für JOMO mit drei Beispielen.

M2 Digitale Gewalt

Anna-Lena von Hodenberg erzählt von ihrer Arbeit bei „HateAid". Die Organisation berät Menschen, die von Hass und Hetze im Internet betroffen sind.

Viele reden von Hatespeech oder Hass im Netz, aber digitale Gewalt, also das, was wir in der Beratung bei HateAid erleben, ist mehr. Wir fassen darunter alle Formen von Gewalt zusammen, die auf digitalen Geräten wie Smartphones, Laptops, Tablets oder auf dem Computer stattfinden können. Viele denken vor allem an Beleidigungen, Bedrohung, Verleumdung. Wir verstehen darunter aber auch Vergewaltigungsandrohungen oder [...] wenn [die Adresse von Frauen] plötzlich im Internet veröffentlicht wird und darunter steht: „Da wohnt übrigens Journalistin XY, die das und das geschrieben hat. Könnte man ja mal vorbeigehen und sie besuchen." Es ist auch digitale Gewalt, wenn ein Ex-Partner seiner ehemaligen Partnerin eine Spyware aufs Handy spielt und sie ausforscht. *Jana Hauschild*

4 Erläutern Sie anhand von Beispielen, wie sich digitale Gewalt von nicht-digitaler Gewalt unterscheidet.

Aktion

Informationen zu digitaler Gewalt zusammentragen

a) Recherchieren Sie zunächst gemeinsam, welche Hilfsangebote es für Betroffene von digitaler Gewalt gibt. 6

b) Erarbeiten Sie in Gruppen zu diesen Angeboten Plakate, die im Schulhaus aufgehängt werden. Es soll deutlich werden, was digitale Gewalt ist und wo man Hilfe bekommt. Die Plakate sollen ansprechend, informativ und hilfreich sein (z. B. mit QR-Codes und Telefonnummern), zudem sollen sie Ihre Mitschülerinnen und Mitschüler für das Thema digitale Gewalt sensibilisieren und sie ermutigen, Hilfe zu holen, wenn sie betroffen sind. 10

M3 Sollten wir im Netz anonym sein?

Immer häufiger wird gefordert, dass Plattformen Klarnamen kennen müssen. Wäre es das Ende von Hatespeech oder ein Angriff auf die Rückzugsräume des Netzes?

1

*Anonymität und Pseudonymität sind ein Schutz. Auch wenn es manchmal wehtut: Eine demokratische Gesellschaft muss das aushalten. Viele demokratische Prozesse laufen aus gutem Grund anonym ab. Wir wählen geheim und können demonstrieren, ohne unsere Identität preiszugeben. Dasselbe gilt im Netz: Nicht nur Whistleblower*innen […] genießen den Schutz der Anonymität. Auch Menschen, die sich in Foren über ihre Zweifel austauschen, über sexuelle Vorlieben, ihre Lieblingsband oder das Weltgeschehen, können ihren Klarnamen für sich behalten.*

Eicke Kühl

2

Kommunikation lebt von persönlicher Verantwortung, das habe ich schon als Jugendlicher gelernt. […] Ob der Klarname im Profil sichtbar ist, sollte jeder Nutzer für sich selbst entscheiden können. Die Betreiber der Plattform aber sollten ihn kennen. […] Nur mit einem klaren Regelwerk und Kontrollen können wir die Digitalisierung zur Stärkung unserer Demokratie nutzen. Sonst tritt das Gegenteil ein.

Daniel Mack

5 Begründen Sie, welchen der beiden Standpunkte Sie eher vertreten würden.

6 Finden Sie weitere Argumente sowohl für als auch gegen eine Klarnamenpflicht und notieren Sie Ihre Ergebnisse in einer Tabelle.

M4 Erweiterungen und Verkümmerungen

Je ganzheitlicher die Lebenserfahrungen sind, umso mehr Gehirnareale werden gleichzeitig angesprochen und umso differenzierter wird die Gehirnstruktur des Erwachsenen sein und damit seine organische Grundlage für Intelligenz, Kreativität, Empathie, Sozialkompetenz und alle anderen Schlüsselqualifikationen. Wenn wir Erfahrungen in der realen Welt machen, handelt es sich immer um ganzheitliche Erlebnisse, da alle Sinnesbereiche im passenden Kontext angesprochen werden. Wenn wir ein Tier im Wald beobachten, haben wir nicht nur einen optischen Eindruck, sondern wir riechen und schmecken die gleiche Luft, wir erleben die gleiche Temperatur, wir hören die gleichen Geräusche, die auch das Tier wahrnimmt. Schauen wir uns dagegen einen Tierfilm an, ist dies zwangsläufig nicht gegeben. Wir sehen zwar das Tier, und wenn wir Glück haben, hören wir auch die Geräusche seiner Umgebung, aber hinzu kommen die Geräusche unserer realen Umgebung und eventuell auch noch eine musikalische Untermalung. Wir spüren die Wärme in unserem Zimmer, nehmen unseren gewohnten Geruch war. […] An dieser Stelle sei bereits festgehalten, dass mediale bzw. virtuelle Erfahrungen im Verhältnis zu realen Erfahrungen immer „ärmer“ sind; dementsprechend werden weniger Bereiche im Gehirn stimuliert. […] Dies führt zu einem wichtigen Grundgesetz der Medien: Wann immer die Medien eine Ergänzung darstellen, gehen sie mit einer Erweiterung der menschlichen Erlebnisräume und Fähigkeiten einher; wann immer sie zum Ersatz werden, führen sie zu einer Verkümmerung derselben. Dies gilt umso mehr dann, wenn es sich um Kinder und Jugendliche handelt.

Uwe Buermann

7 Legen Sie zu zweit eine Tabelle an und finden Sie Beispiele für Erweiterungen und Verkrümmungen von Erlebnisräumen und Fähigkeiten.

8 Diskutieren Sie, welche Auswirkungen eine häufige Flucht in virtuelle Welten für Kinder und Jugendliche haben kann. 4

Kommunikation
> Glossar

Klarname
richtiger Name (im Gegensatz zum Decknamen)

Pseudonym
Deckname

Whistleblower
> Glossar

*** Gendersternchen/ Genderstern**
(Gender-Star) will die Vielfalt der Geschlechter sprachlich sichtbar machen, d. h. es drückt die Gleichstellung aller Menschen, unabhängig von ihrem Geschlecht und ihrer Geschlechteridentität aus und bezieht nicht nur die traditionellen Geschlechterrollen als Frau und Mann, sondern alle Geschlechtsidentitäten ein. Auch zu finden sind der Gender-Doppelpunkt (Käufer:in) und der Gender-Unterstrich (Gender-Gap, Käufer_in).

Was ist echt? Wer oder was beeinflusst mich?

M1 Ohne Filter?

Maria Scrivan

1 Analysieren Sie die Karikatur. 7

2 Erläutern Sie, welchen Einfluss Soziale Netzwerke auf das Schönheitsideal von Menschen haben können.

3 Stellen Sie sich vor, der Spiegel antwortet: „Du bist die letzte ohne Filter – du bist raus." Schreiben Sie einen Tagebucheintrag der Angesprochenen, in dem auch ihre Gefühle deutlich werden.

visuell über das Sehen vermittelt

Desinformation falsche Information, um zu täuschen

M2 Visuelle Desinformation: der perfekte digitale Schwindel

Immer mehr verschwinden die technischen Barrieren, um gefälschte Bilder oder Videos herzustellen. Der „Vorteil" von visueller Desinformation ist, dass sie sich viel schneller konsumieren und teilen lässt und auch nicht unbedingt übersetzt werden muss. Auch hinsichtlich ihrer Wirkung ist das problematisch, da gerade Fotos und Videos die Aufnahme objektiver Realität wiederzugeben scheinen und so für viele Menschen am glaubwürdigsten erscheinen.

Inzwischen gibt es auf künstlicher Intelligenz basierende Computerprogramme, die Videos herstellen können, in denen Szenen zu sehen sind, die so in der Realität nicht stattgefunden haben. Diese Programme ermöglichen es, Gesichter zu tauschen oder Personen Worte in den Mund zu legen, die sie so nie gesagt haben, und sie Handlungen vornehmen zu lassen, die sie so nie vollzogen haben – der perfekte digitale Schwindel. Man nennt sie Deep Fakes. *klicksafe*

4 Erklären Sie die Begriffe „visuelle Desinformation" und „Deep Fakes" und erläutern Sie, worin der Vorteil dieser Täuschungen gegenüber Täuschungen in Textform besteht.

5 Immer häufiger werden echte Filmaufnahmen – besonders in den sogenannten Sozialen Medien – als Deep Fakes bezeichnet. Erklären Sie, was damit erreicht werden soll.

6 Recherchieren Sie in Gruppen, welche Möglichkeiten es gibt, Deep Fakes zu erkennen. Erstellen Sie gemeinsam Info-Plakate für Ihr Schulhaus. 6, 10

M3 Beeinflusst von Influencern?

1 *Auf Snapchat folge ich dem Berliner Blogger Riccardo Simonetti. Der setzt sich sehr für die Rechte von Homosexuellen ein und hat am Internationalen Tag gegen Homophobie eine Aktion von Ben & Jerry's unterstützt. Die hatten eine Seite eingerichtet, über die man eine vorformulierte E-Mail an Bundestagsabgeordnete schicken konnte, damit die sich für die Ehe für alle einsetzen. [...] Also habe ich auf den Link geklickt, den Riccardo eingebettet hatte. Vielleicht nützt es was.*

Karin Öhler, 22

2 *Im Prinzip finde ich Influencer-Marketing gut, weil es eine persönliche Vermittlung von Produkten ist. Nur weil die Leute bezahlt werden, heißt das ja nicht, dass die Produkte schlecht sind. Aber wenn ich Bibis Beauty Palace sehe, löst das in mir sofort Ablehnung aus. [...] Mädchen zwischen 12 und 15, die nicht das Budget haben, sich Duschgel für fünf Euro zu kaufen. Denen das Geld aus der Tasche zu ziehen, finde ich dreist. Die Modebloggerin Lina Mallon ist da wesentlich verantwortungsbewusster. Die markiert auch alles, wofür sie bezahlt wird, und sagt es, wenn die Zusammenarbeit mit einem Unternehmen nicht gut lief. Da fühle ich mich ehrlicher informiert.*

aura Inzenhofer, 21

Josef Wirnshofer

Influencer-Marketing
gezielter Einsatz von Social-Media-Meinungsführern, die durch ihre Bekanntheit dafür sorgen sollen, dass ein Produkt oder eine Botschaft verbreitet und letztlich verkauft wird

7 Arbeiten Sie aus den Aussagen heraus, welche Argumente von Karin und Laura für Influencer-Marketing sprechen.

8 Vergleichen Sie, wie sich Werbung über Influencerinnen und Influencer von Werbung im Fernsehen oder in Prospekten unterscheidet. Berücksichtigen Sie auch Produktinformationen, Rabattaktionen und Gewinnspiele und ziehen Sie Ihre eigenen Erfahrungen hinzu.

Aktion

Informationen aus Sozialen Netzwerken prüfen

a) Recherchieren Sie, wie Sie Informationen aus Sozialen Netzwerken auf ihre Seriosität und Glaubwürdigkeit überprüfen können. 6

Entwickeln Sie je eine Checkliste für das Überprüfen von
- Bildern.
- Informationen.
- Personen, die beispielsweise als Expertinnen oder Experten zu bestimmten Themen auftreten.

b) Stellen Sie sich die Ergebnisse gegenseitig vor und überlegen Sie gemeinsam, welche der Angebote für Ihre Altersgruppe hilfreich sind und inwiefern Sie die Tipps für Ihre Eltern oder Großeltern anpassen müssten. Erstellen Sie für diese drei Zielgruppe je eine kleine Info-Karte.

Komplett vernetzt oder auch mal ohne?

Digitalisierung
> Glossar

autonom
unabhängig

Autonomie
> Glossar

M1 Das weltgrößte Soziale Netzwerk

Der Roman „QualityLand“ spielt in einer Zukunfts-Welt, in der die Digitalisierung schon weit fortgeschritten ist. Hier übernehmen Roboter alle möglichen Aufgaben, es wird bargeldlos via „TouchKiss“ mit einem Lippenabdruck auf einen Screen gezahlt, die Menschen tragen als Nachnamen immer den Beruf eines Elternteils und leben in Leveln eingeteilt, die ihnen Möglichkeiten im Alltag verwehren oder eröffnen können. Stellen Sie sich vor, Ihnen wird diese Werbeanzeige aus QualityLand angezeigt:

Die ganze Menschheit bei Everybody

– von Sandra Admin

Das weltgrößte soziale Netzwerk **Everybody** – ich, du und everybody – hat damit begonnen, automatisch **Everybody**-Profile für alle Menschen zu erstellen, die es bisher versäumt haben, ein eigenes **Everybody**-Profil anzulegen. „Unser Name ist ja eine Ansage“, erklärte **Everybody**-Gründer Erik Dentist dazu. „Wir heißen schließlich nicht **Almost Everybody**.“ Um den neuen Slogan „Everybody is on Everybody“ gerecht zu werden, durchleuchten die Bots des Konzerns das ganze Netz konstant nach Informationen über bislang nicht registrierte Menschen. Jede Information, die die Crawler finden, wird in das automatisch generierte Profil integriert. Wenn einer der Unregistrierten zum Beispiel einen Kaffee Latte bei **Starbucks** per **TouchKiss** bezahlt, postet das System autonom und augenblicklich ein passendes Status-Update auf dessen Profil: „Trinke gerade bei **Starbucks** einen Kaffee. Superlecker. **Starbucks** ist wirklich meine Lieblingskaffeehauskette. Ihr solltet alle auch mal zu **Starbucks** gehen.“ Durch Gesichtserkennung und ein eigenes Drohnennetz ist es **Everybody** sogar möglich, neue Fotos vormals unregistrierter Menschen zu posten. Diese werden natürlich gleich mit passenden Kommentaren versehen. Zum Beispiel: „Bin auf dem Weg zur Arbeit! Yeah! Ich liebe meine Arbeit bei Industrieschlachtung QC Nord.“ Sogar Chatbots, die auf soziale Kontakte jeglicher Art im Sinne des vormals Unregistrierten antworten, gibt es schon. Diese Bots will **Everybody** übrigens bald auch allen regulären Nutzern anbieten. „Chatbots sind ein hervorragender Weg, um in Kontakt zu bleiben“, sagt Erik Dentist. „Man erspart sich die Mühe, selbst mit seinen Freunden zu kommunizieren. Im Idealfall sitzen an beiden Enden der Freundschaft Chatbots und halten den Kontakt autonom aufrecht.“ **Everybody** rechnet mit 10,24 Stunden pro Nutzer pro Woche, die dadurch für produktivere Arbeit frei werden könnten.

Marc-Uwe Kling

Bots
> Glossar

Crawler
Computerprogramme, die automatisch das Internet durchsuchen und analysieren

Kommunikation
> Glossar

1 Begründen Sie, ob Sie die neue Funktion der Chatbots von „Everybody“ nutzen würden.

2 Beurteilen Sie,
- wie der Bot Ihren eigenen Social Media-Auftritt verändern würde.
- womit er Ihnen das Leben und die Kommunikation erleichtern könnte.
- was Ihnen fehlen könnte.

3 Diskutieren Sie, wie frei Menschen heute darin sind, ob und wie viele Informationen von ihnen und über sie im Internet zu finden sind. 4

M2 Geht's auch ohne? Digitale Entgiftung

Die Soziologin Luise Stoltenberg hat an einem sogenannten „Digital-Detox-Camp" in den USA teilgenommen. Im Interview berichtet sie, wie sie die Zeit ohne Internetzugang erlebt hat und diese Erfahrung einschätzt.

Wie läuft der Alltag in so einem Digital-Detox-Camp ab?

Jeden Tag gibt es wahnsinnig viel Programm mit Seminaren und kreativen Workshops. Das ist gleichzeitig auch mein größter Kritikpunkt an den Camps: Das tatsächliche Innehalten kommt zu kurz. Es fehlt die Zeit, darüber nachzudenken, ob der Umgang mit dem eigenen Smartphone problematisch ist – und wenn ja, was man dagegen tun kann. Der Entzug wird einfach durch ein wahnsinnig vielfältiges Programm kompensiert. Das Programm als solches ist aber sehr schön und unterhaltsam.

Wie nachhaltig hilft so ein Digital-Detox-Urlaub, die Verhaltensmuster im Alltag zu ändern?

Die Teilnehmer und Teilnehmerinnen haben gesagt, dass es nicht die große Veränderung im Alltag gibt, sondern ganz viele kleine Praktiken. Eine Teilnehmerin hat mir berichtet, dass sie seit dem Camp eine Regel für Essensverabredungen etabliert hat: Wenn sie mit Freunden essen geht, müssen alle ihr Handy auf den Tisch legen, sodass man das Display nicht sehen kann, und die Person, die zuerst ihr Handy in die Hand nimmt, muss die Rechnung für alle bezahlen. Viele versuchen auch, ihr Smartphone nicht mehr mit ins Schlafzimmer zu nehmen. Ich selbst habe nach dem Camp sehr bewusst darauf geachtet, wann und in welchen Situationen ich mein Handy in die Hand nehme. Das hat aber leider nicht lange angehalten. Dabei habe ich sogar festgestellt, dass ich öfter ein Phantom-Vibrieren spüre, bei dem man denkt, man habe eine Nachricht erhalten, obwohl eigentlich gar nichts passiert ist. Das hat mich sehr erschreckt.

Könnte man nicht genauso gut Urlaub an der Nordsee machen und sein Smartphone dort einfach ausschalten?

Auf jeden Fall. Dieser professionelle Digital-Detox-Tourismus ist nicht etwas total Innovatives. Man denke zum Beispiel an ein Schweigekloster oder auch Pilgerreisen. Generell bietet ein Urlaub eine gute Gelegenheit für einen temporären Verzicht. Jeder und jede kann das in Eigenregie ausprobieren. Für manche ist es aber leichter, wenn es eine vorgegebene Struktur und eine Anleitung gibt.

Luise Stoltenberg im Interview mit Nicolas Rose

Soziologin/Soziologe Wissenschaftlerin/Wissenschaftler, die/der das Zusammenleben der Menschen und ihr Verhalten in der Gemeinschaft erforscht

Soziologie > Glossar

Digital Detox (engl. *digital:* digital, *detox:* Entgiftung, Fasten) bewusster, zeitlich begrenzter Verzicht auf Smartphones, Internet u. Ä.

innovativ (hier) neu

temporär zeitweilig, für eine gewisse Zeit

4 Beschreiben Sie, wie Luise Stoltenberg den Erfolg dieser Digital-Entgiftungs-Erfahrung für sich einordnet.

5 Reflektieren Sie Ihre Mediennutzung und erläutern Sie, ob Digital Detox auch für Sie eine interessante Erfahrung sein könnte.

6 Entwickeln Sie in Gruppen Anleitungen, die Ihre Mitschülerinnen und Mitschüler auf eine Woche Digital-Entgiftung vorbereiten. Halten Sie Ihre Ergebnisse auf einem Plakat fest.
10

7 Tauschen Sie sich in Kleingruppen darüber aus, welche „kleinen Praktiken" im Alltag hilfreich sein können, mit den Medien – insbesondere mit den über das Smartphone genutzten sogenannten Sozialen Medien – gut und vernünftig zu leben. Geben Sie sich selbst drei Ratschläge für eine gesunde Mediennutzung. Speichern Sie diese Ratschläge auf Ihrem Smartphone.

tabloid
Boulevardzeitung

Tabloids: Let me entertain you!

M1 Headlines – Get my attention!

In a newspaper usually every article has a title. This title, which is normally above the article, is called headline.

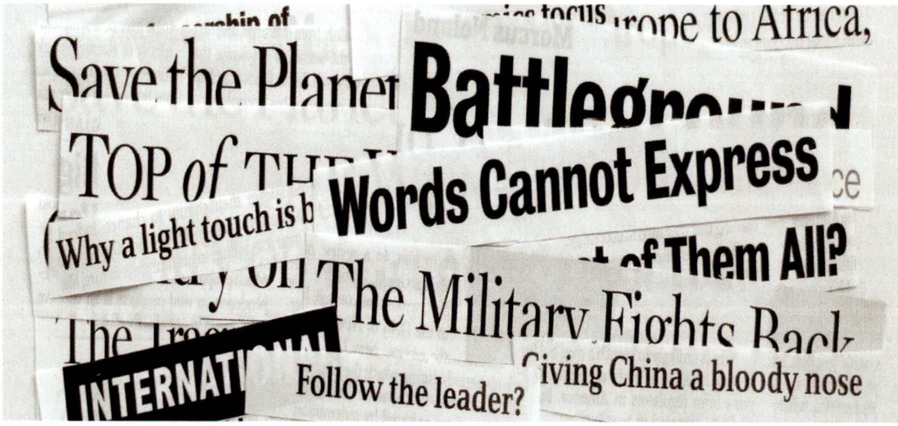

journalism
Journalismus
> glossary / Glossar

broadsheet
großformatige Zeitung, (hier) seröse Zeitung im Gegensatz zur Boulevardpresse

1 Talk to your partner about the headlines. Some headlines you cannot read. Imagine what those could be. Tell each other which articles you would read and why.

2 Create three exciting headlines for your favourite topic(s).

3 Name at least three newspapers you know and compare them.

M2 Origins of Tabloids

distinct
verschieden, unterschiedlich

to contain something
etwas enthalten

condensed
komprimiert, kurzgefasst

decade
Jahrzehnt

irreverent
respektlos

column inch
Spaltenlänge

to zero in on something
sich auf etwas konzentrieren

suitable
geeignet

In the world of print journalism, the two main formats for newspapers are broadsheet and tabloid. Strictly speaking, these terms refer to the page sizes of such papers, but the different formats have distinct histories and associations. [...]

Tabloids date to the early 1900s when they were referred to as "small newspapers" containing condensed stories easily consumed by everyday readers. Tabloid readers traditionally came from the lower working classes, but that has changed somewhat in the past few decades. [...]

One of the first tabloids in the U.S. was *The New York Sun*, started in 1833. It cost only a penny and was easy to carry, and its crime reporting and illustrations proved popular with working-class readers.

Tabloids still tend to be more irreverent in their writing style than their broadsheet brothers. In a crime story, a broadsheet will refer to a *police officer*, while a tabloid will use the term *cop*. And while a broadsheet might spend dozens of column inches on "serious" news – say, a major bill in Congress – a tabloid is more likely to zero in on a sensational crime story or celebrity gossip.

Tony Rogers

4 Explain the difference between a broadsheet paper and a tabloid.

5 Take a look at your results from tasks 2 and 3.
   a) First, decide whether your headlines are more suitable for a tabloid or a broadsheet newspaper.
   b) Then decide whether the newspapers you know are tabloids or broadsheet newspapers.

M3 Impact on society

These lines are part of Michael Jackson's song "Tabloid Junkie".

It's slander
With the words you use
You're a parasite in black and white
Do anything for news
If you don't go and buy it
Then they won't glorify it
To read it sanctifies it
Then why do we keep foolin' ourselves

Just because you read it in a magazine
Or see it on the TV screen
Don't make it factual
Everybody wants to read all about it
Just because you read it in a magazine
Or see it on the TV screen
Don't make it factual
See, but everybody wants to believe all
about it

Michael Jackson: Tabloid Junkie (1995)

slander Verleumdung

to glorify something etwas verherrlichen

to sanctifiy something etwas heiligen

factual auf Tatsachen beruhend

6 Listen to the song "Tabloid Junkie" and sum up the lyrics.

7 Explain Michael Jackson's accusations.

8 Discuss whether tabloids are more boon or bane for a society. 4

accusation Anschuldigung, Vorwurf

to accuse somebody of something > Wortschatzkasten

boon or bane Fluch oder Segen

M4 A critical view

duncan1890

9 Analyse the cartoon. and explain the criticism of the cartoonist. 7

10 Comment on the cartoonist's criticism.

pedantry Pedanterie, Pingeligkeit

twaddle Geschwätz

cesspool Jauchegrube

prerogative Vorrecht

WORTSCHATZ

to accuse somebody of something: *jemandem etwas vorwerfen*

If you are accused of something, someone believes that you did something wrong.

Example: Your teacher accuses you of cheating on a test and therefore you fail the test.

Ich wiederhole mein Wissen

Medien und ihre Nutzung

Was sind Medien und was mache ich mit ihnen? > S. 92/93

Wozu Medien? > S. 94/95

Medien (von lat. *medium* = das Mittlere) sind **Vermittler von Informationen**, sie ermöglichen es Menschen, Informationen auszutauschen. Man unterscheidet sogenannte **alte Medien** oder **Druckmedien** (wie z. B. Bücher, Zeitung und Zeitschriften) von sogenannten **neuen Medien** oder **elektronischen Medien** (wie z. B. Internet, Fernsehen, Smartphone), die die Möglichkeiten der modernen Technik nutzen.

In den meisten Fällen dienen Medien der **Information** und der **Unterhaltung**. Jede und jeder ist frei in der Entscheidung, wo und wie sie / er sich informiert.

Medien als vierte Gewalt

Medien als vierte Gewalt > S. 96/97

Medien werden häufig als „vierte Gewalt" bezeichnet, da sie die staatliche Gewaltenteilung (Gesetzgebung, Rechtssprechung, Regierung/ Verwaltung) ergänzen können, indem sie mit ihren Informationen öffentliche Diskussionen anregen und begleiten. Damit haben sie eine wichtige Funktion für die **Demokratie**. Besonders deutlich wird dies beim **investigativen Journalismus**, der Missstände aufzudecken bemüht ist.

Die Freiheit, die Meinung zu äußern

Grenzenlose Meinungsfreiheit? > S. 98/99

Das geht gegen meine Ehre > S. 100/101

Eine Dilemmadiskussion führen > Methodenkompetenz S. 102/103

Die **Meinungsfreiheit** ist durch das Grundgesetz geschützt. Das bedeutet nicht, dass sich jede öffentliche Äußerung oder Berichterstattung damit rechtfertigen lässt. So sind z. B. die **Persönlichkeitsrechte** jener, über die berichtet wird, zu wahren.

Auch Beleidigung, üble Nachrede und Verleumdung sind nicht von der Meinungsfreiheit gedeckt, sie gelten als **Ehrverletzung** und sind **strafbar**. Auch eine Social-Media-Plattform kann Beiträge löschen und Konten sperren, die sie für unangemessen hält.

Wenn jemand eine scharfe Meinung vertritt, ist das sein / ihr gutes Recht, solange die Ehre eines / einer anderen nicht verletzt wird. **Unwahre Tatsachenbehauptungen** genießen diesen Schutz jedoch nicht, d. h. die **Wahrheit** eines behaupteten Inhalts muss bewiesen werden können.

Was berichtet wird und wie die Berichterstattung bewertet wird (z. B. ob sie bereits den Tatbestand der Ehrverletzung erfüllt oder ‚nur' unhöflich ist), ist oft schwer zu beurteilen und bedarf der **gründlichen Abwägung**.

Einsatz für die Meinungsfreiheit

Mutig für die Meinungsfreiheit > S. 104/105

Die in Deutschland im Grundgesetz verankerte Meinungsfreiheit ist in zahlreichen Ländern nicht oder zu wenig gesetzlich geschützt und immer wieder bedroht. Dort arbeiten Journalistinnen und Journalisten unter schwierigen Bedingungen, teils unter **Lebensgefahr**. Sie leisten einen umso wichtigeren Beitrag zur Information der Öffentlichkeit, im **Kampf gegen Missstände** und zum **Frieden**.

Freiheit der Presse und der Berichterstattung

Die im Grundgesetz verankerte **Pressefreiheit** wird nicht nur von den Gesetzen zum Schutz der persönlichen Ehre beschränkt, sondern auch von den gesetzlichen Bestimmungen des **Jugendschutzes**.
Der **Pressekodex** (Grundsätze, die der deutsche Presserat aufgestellt hat) enthält **berufsethische Regeln** für Journalistinnen und Journalisten:

Schutz vor Medien, Schutz der Medien
> S. 106/107
Wer schützt mich und wie schütze ich mich?
> S. 112/113

Medien und Kommerz

Medienkonzerne haben das Ziel, Geld zu verdienen – und sie tun viel dafür, dass die Quote stimmt. Oft wird mit reißerischen Inhalten und Darstellungsarten **Aufmerksamkeit** erzeugt, berufsethische Grundsätze rücken häufig in den Hintergrund.

Mit offensichtlicher und versteckter **Werbung** wird viel verdient; besonders kritisch zu bewerten sind **Produktplatzierungen** in Unterhaltungssendungen, da dem Publikum hier nicht ständig bewusst ist, dass es sich um Werbung handelt.

Die Quote macht's
> S. 110/111

Die Arbeit des deutschen Presserats

Jede und jeder kann sich beim Presserat **über unangemessene Berichterstattung beschweren**. Die Texte und Beiträge werden daraufhin geprüft, ob sie den Anforderungen des Pressekodex entsprechen. Ist dies nicht der Fall, kann der Presserat Sanktionen erteilen: einen **Hinweis**, eine **Missbilligung** oder eine **Rüge**. Eine öffentliche Rüge muss abgedruckt werden.

Aus der Arbeit des Presserats
> S. 108/109

Reflektierte Mediennutzung

Die Verführungen der Medienwelt sind durch Smartphones und fast überall verfügbares Internet allgegenwärtig, umso wichtiger ist der gesunde und reflektierte Umgang damit.
Die Angst, etwas zu verpassen (**FOMO**: **Fear of missing out**), Gefahren **digitaler Gewalt** oder die Probleme, die sich aus der Internet-Kommunikation ergeben, bei der man oft nicht (sicher) weiß, mit wem man es zu tun hat – dies sind nur einige Beispiele, die im Alltag mit Medien zur Herausforderung werden können.

Um Medien kritisch zu nutzen, ist es unverzichtbar, sich bewusst zu machen, **wer oder was einen beeinflusst** und wie man – nicht zuletzt mithilfe technischer Möglichkeiten – getäuscht werden kann (z. B. durch **visuelle Desinformation**). Auch die **Überprüfung der Glaubwürdigkeit von Informationen** gehört zur kritischen Mediennutzung.
Bei aller Begeisterung für Medien und die Welten, die sie uns eröffnen, sollten **medienfreie Zeiten** eingeplant und eingehalten werden, um die richtige Welt nicht aus dem Blick zu verlieren.

Gut mit Medien leben und umgehen – gar nicht so einfach
> S. 114/115
Was ist echt? Wer oder was beeinflusst mich?
> S. 116/117
Komplett vernetzt oder auch mal ohne?
> S. 118/119

Ich wende mein Wissen an

Wer Medien nutzt, sollte wissen, wie sie funktionieren und welche Bedeutung sie haben. Sie sollten erkennen und verstehen, …

- welche Funktionen ernstzunehmende Medien haben.
- wie Sie Meinungen von Tatsachen unterscheiden können.

M1 Meinung oder Tatsachenbehauptung?

1 *Jenna hat Sommersprossen!*

2 *Ich finde Jenna doof!*

3 *Jenna klaut!*

1 Beurteilen Sie, ob es sich bei den Aussagen um Tatsachenbehauptungen handelt bzw. handeln könnte oder ob es Meinungen sind.

2 Erklären Sie einer Siebtklässlerin, weshalb es wichtig ist, Tatsachenbehauptungen von Meinungsäußerungen zu unterscheiden.

In Ihrer Mediennutzung begegnen Ihnen täglich Inhalte, die nicht auf gründlicher Recherche und Kenntnis basieren. Daher sollten Sie stets überlegen und urteilen, …

- wie zuverlässig die Inhalte sind, die Sie über Medien erhalten.
- welche Inhalte vom Recht auf Meinungsfreiheit geschützt sind und welche darüber hinausgehen.

M2 Nüscht!

Schwarwel

1 Analysieren Sie die Karikatur. 7

2 Diskutieren Sie Beispiele, in denen Sie eine Einschränkung der Meinungsfreiheit für angemessen halten. 4

Um den Medienkonsum im Griff zu behalten und sich von den Angeboten der Medienwelt nicht dauernd verführen zu lassen, ist es wichtig, ethisch zu handeln und zu kommunizieren, indem Sie ...

- sich mit Ihrer eigenen Mediennutzung immer wieder kritisch auseinandersetzen.
- bei sich selbst und anderen aufmerksam sind, ob sich das Verhalten in Richtung Abhängigkeit entwickelt.

M3 Glücksgefühle

Wissenschaftler*innen der Freien Universität Berlin haben herausgefunden, dass [...] [das Gehirn] besonders stark durchblutet wird, wenn wir viel Bestätigung und Anerkennung in den sozialen Medien erhalten. Wir spüren also eine Form von Glück, wenn wir Likes und positive Kommentare auf unsere Postings bekommen. Digitale Abhängigkeit kann daraus erwachsen, wenn keine Maßnahmen zur Kontrolle getroffen werden.

klicksafe

1 Erläutern Sie mithilfe von Beispielen aus Ihrer Nutzungserfahrung, ob und wie Sie in den sogenannten Sozialen Medien Bestätigung und Anerkennung erfahren.

2 Nehmen Sie Stellung zu dieser Aussage: „Die einen haben eben Glücksgefühle beim Fußballspielen, ich bei Social Media – wo soll da das Problem sein?"

Sowohl sich selbst als auch anderen gegenüber bringt es nichts, Medien zu verteufeln – gefragt ist ein besonnener Umgang damit. Dafür ist es wichtig, sich einzufühlen und Anteil zu nehmen, in dem man ...

- versucht zu verstehen, warum man so viel Zeit mit Medien verbringt.
- realistische Möglichkeiten sucht, besser mit Medien zu leben.

M4 Genuss der handyfreien Zeit

Für die JIM-Studie 2021 wurden 1.200 Jugendliche im Alter zwischen 12 und 19 Jahren zu ihrer Mediennutzung befragt. 53 % von ihnen stimmten der Aussage zu „Ich genieße es, wenn ich Zeit ohne Handy und Internet verbringen kann", und 72 % teilen die Erfahrung „Es kommt oft vor, dass ich mich vergesse und viel mehr Zeit am Handy verbringe, als ich geplant habe".

1 Begründen Sie, ob und inwieweit Sie den genannten Aussagen zustimmen.

2 Stellen Sie sich vor, sie wären Mutter oder Vater eines 16-jährigen Jugendlichen, der beiden Aussagen zustimmt. Machen Sie einen Vorschlag, wie er die Mediennutzung besser gestalten könnte.

Ein guter Arzt braucht keine Ethik.

Ist doch klar, was ein Mensch ist und dass er Würde hat – warum soll man darüber nachdenken?

Angenommen, zwei gleich kranke Menschen brauchen die gleiche Herzoperation, einer ist 30, der andere ist 70 Jahre alt – wer sollte Ihrer Meinung nach zuerst operiert werden?

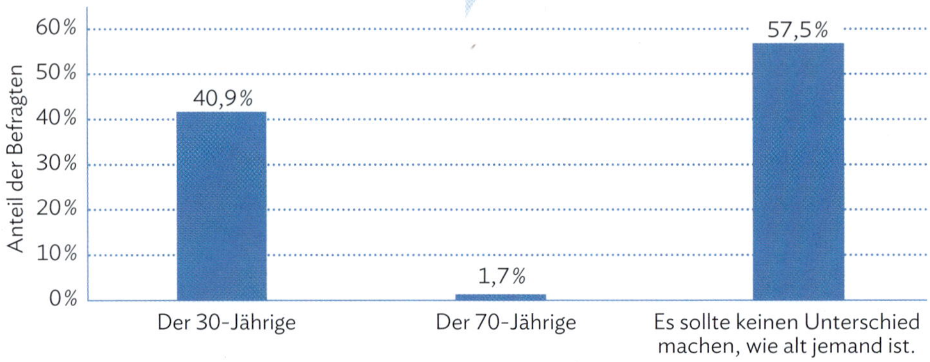

Deutschland; TNS Infratest; April bis September 2012; 1.539 Befragte; ab 18 Jahre; computergestützte persönliche Interviews

GESIS / © Statista 2020

Wie entscheide ich mich, wenn jede Entscheidungsmöglichkeit negative Folgen hat?

Über meine medizinische Behandlung möchte ich selbst entscheiden.

Medizinethik ist nur was für Kranke.

Wie wird entschieden, was für eine Patientin/einen Patienten das Beste ist?

Angewandte Ethik: Medizinethik

Mir ist es lieber, wenn Ärztinnen und Ärzte schnell handeln und nicht lange überlegen.

stimme nicht zu ⟷ stimme zu

Vertrauen zur eigenen Ärztin/ zum eigenen Arzt ist entscheidend.

stimme nicht zu ⟷ stimme zu

Fortschritt in der Medizin ist immer gut.

stimme nicht zu ⟷ stimme zu

Entscheidungen über medizinische Behandlungen sollen Expertinnen und Experten treffen – und das sind nun mal Ärztinnen und Ärzte.

stimme nicht zu ⟷ stimme zu

Es sollte immer alles getan werden, um jemanden am Leben zu erhalten.

stimme nicht zu ⟷ stimme zu

Braucht Medizin Ethik?

M1 Krankheit – ja oder nein?

Einsamkeit
Geburt
große Ohren
Arbeit
Altern
Hässlichkeit
graue Haare
Jetlag
Glatze
Langeweile
Schwangerschaft
Sommersprossen
Augenringe
Traurigkeit
Cellulite
Kater

nach Richard Smith

Adipositas Fettleibigkeit, Form des Übergewichts, bei der eine starke Vermehrung des Körperfetts vorliegt

Down-Syndrom besondere genetische Veranlagung, bei der die Zellen das Chromosom 21 dreifach (statt zweifach) aufweisen. Dies führt zu körperlichen und geistigen Besonderheiten, z. B. verläuft die körperliche Entwicklung oft verzögert und die Intelligenz ist leicht bis schwerer beeinträchtigt.

1 Prüfen und diskutieren Sie die Begriffe: 4
a) Handelt es sich um eine Krankheit oder nicht?
b) Nach welchen Kriterien beurteilen Sie das?

2 Prüfen Sie Ihre Kriterien auch an folgenden Begriffen: Gehörlosigkeit, Adipositas, Kinderlosigkeit, Down-Syndrom.

3 Diskutieren Sie, warum ein Kapitel zur Medizinethik mit der Frage beginnt, was eine Krankheit ist. 4

M2 Handeln am Menschen

Dass jedes Handeln in der Medizin mehr voraussetzt als ein rein naturwissenschaftliches Wissen, sei an einem alltäglichen klinischen Beispiel verdeutlicht, etwa der Frage nach der Behandlung einer Lungenentzündung. Natürlich lernt man im Medizinstudium, wie Lungenentzündungen effektiv behandelt werden können, dazu gibt es verschiedene medizinisch-naturwissenschaftliche Disziplinen. Nun kann man alle Lehrinhalte dieser Disziplinen perfekt beherrschen, doch von dem Moment an, da wir es mit einem konkreten Patienten zu tun haben, können wir aus diesem Wissen nicht automatisch ableiten, was wir tun sollen. Zwar läge es nahe, eine Lungenentzündung nach all dem Gelernten mit diesem oder jenem Antibiotikum zu behandeln. Doch die Antwort auf die Frage, ob diese Behandlung tatsächlich sinnvoll ist, lässt sich nicht aus der Mikrobiologie oder der Pharmakologie ableiten, weil diese Frage letzten Endes ein moralisches Urteil erfordert. Sie lässt sich allein mit Bezug auf den konkreten Patienten beantworten: seine lebensgeschichtlich gewachsenen Bezüge, seinen sozialen Kontext und sein individuelles Selbstverständnis auch und gerade bezüglich des Krankwerdens, Alterns und je eigenen Sterbens. […]

Ein Handeln am Menschen durch einen anderen Menschen, in unserem Fall den Arzt, setzt moralische Urteile voraus, und zwar aus einem einfachen Grund, weil Arzt und Patient nicht im wissenschaftlichen Schema von (beobachtendem) Subjekt und (beobachtetem) Objekt aufgehen, sondern sich als Menschen mit einer eigenen Geschichte, einer eigenen Konzeption des guten Lebens und [unter den gleichen Bedingungen des Menschseins] […] gegenüberstehen.

Giovanni Maio

Pharmakologie Arzneimittellehre, Wissenschaft von den Wirkungen von Stoffen auf den Menschen

4 Erklären Sie, warum medizinisches Fachwissen allein nicht genügt, um eine Patientin oder einen Patienten angemessen zu behandeln.

M3 Im Dienst der Menschlichkeit

Der sogenannte Hippokratische Eid stammt aus dem vierten Jahrhundert vor unserer Zeitrechnung und gilt als erste bindende Formulierung der ärztlichen Ethik. In seiner ursprünglichen Form ist er nicht mehr üblich, er bildet aber die Grundlage für das Genfer Gelöbnis von 1948. Dieses wurde mehrfach überarbeitet, die aktuelle Fassung stammt aus dem Jahr 2017. Jede Ärztin und jeder Arzt gelobt:

Als Mitglied der ärztlichen Profession gelobe ich feierlich, mein Leben in den Dienst der Menschlichkeit zu stellen. Die Gesundheit und das Wohlergehen meiner Patientin oder meines Patienten werden mein oberstes Anliegen sein. Ich werde die Autonomie und die Würde meiner Patientin oder meines Patienten respektieren. Ich werde den höchsten Respekt vor menschlichem Leben wahren. Ich werde nicht zulassen, dass Erwägungen von Alter, Krankheit oder Behinderung, Glaube, ethnischer Herkunft, Geschlecht, Staatsangehörigkeit, politischer Zugehörigkeit, Rasse, sexueller Orientierung, sozialer Stellung oder jeglicher anderer Faktoren zwischen meine Pflichten und meine Patientin oder meinen Patienten treten. Ich werde die mir anvertrauten Geheimnisse auch über den Tod der Patientin oder des Patienten hinaus wahren. Ich werde meinen Beruf nach bestem Wissen und Gewissen, mit Würde und im Einklang mit guter medizinischer Praxis ausüben. Ich werde die Ehre und die edlen Traditionen des ärztlichen Berufes fördern. Ich werde meinen Lehrerinnen und Lehrern, meinen Kolleginnen und Kollegen und meinen Schülerinnen und Schülern die ihnen gebührende Achtung und Dankbarkeit erweisen. Ich werde mein medizinisches Wissen zum Wohle der Patientin oder des Patienten und zur Verbesserung der Gesundheitsversorgung teilen. Ich werde auf meine eigene Gesundheit, mein Wohlergehen und meine Fähigkeiten achten, um eine Behandlung auf höchstem Niveau leisten zu können. Ich werde, selbst unter Bedrohung, mein medizinisches Wissen nicht zur Verletzung von Menschenrechten und bürgerlichen Freiheiten anwenden. Ich gelobe dies feierlich, aus freien Stücken und bei meiner Ehre.

Offizielle deutsche Übersetzung der Deklaration von Genf, autorisiert durch den Weltärztebund

5 Erläutern Sie anschaulich, was Ärztinnen und Ärzte geloben.

6 Überlegen Sie zu zweit, vor welche Herausforderungen und Probleme Ärztinnen und Ärzte mit diesem Gelöbnis in ihrem Berufsalltag gestellt sein können.

7 Recherchieren Sie den Hippokratischen Eid in seiner ursprünglichen Form. Vergleichen Sie den Eid mit dem modernen Gelöbnis. 6

Hippokrates
> Glossar

Tradition
> Glossar

Autonomie
> Glossar

Rasse
Begriff, der die Spezies Mensch einteilen sollte, der jedoch wissenschaftlich überholt ist und inzwischen vor allem für eine lange Geschichte von Gewalt und Diskriminierung steht

M4 Fragen über Fragen

Mit der Entschlüsselung des Genoms, des genetischen „Bauplans“ des Menschen, begann Anfang des 21. Jahrhunderts ein neuer Abschnitt in der Nutzungsdimension biologischer Daten. Eine DNA-Analyse bringt mitunter umfangreiche Informationen zu Tage, z. B. über die Identität von Personen oder Krankheitsrisiken – mit unmittelbaren gesellschaftlichen, politischen, rechtlichen und wirtschaftlichen Folgen. Darf man beispielsweise genetische Informationen zentral sammeln? Und wenn ja, welche und zu welchem Zweck? Die Möglichkeit zur genetischen Analyse stellt uns aber auch vor individuelle Herausforderungen: Ist jede Information ein Gewinn für unsere Selbstbestimmung? Welche Chancen und Risiken birgt der Blick in unseren eigenen Bauplan?

Bundeszentrale für politische Bildung

8 Erläutern Sie, inwiefern die im Text genannten Fragen sowohl mit Medizin als auch mit Ethik zu tun haben könnten.

9 Diskutieren Sie, welche Herausforderungen mit dem Begriff „Medizinethik“ verbunden sein können. 4

Genom
> Glossar

Über diese Codes kann die digitale Methodenbibliothek abgerufen werden.

20070-01

Der Begriff der Person

M1 Verlust der Person?

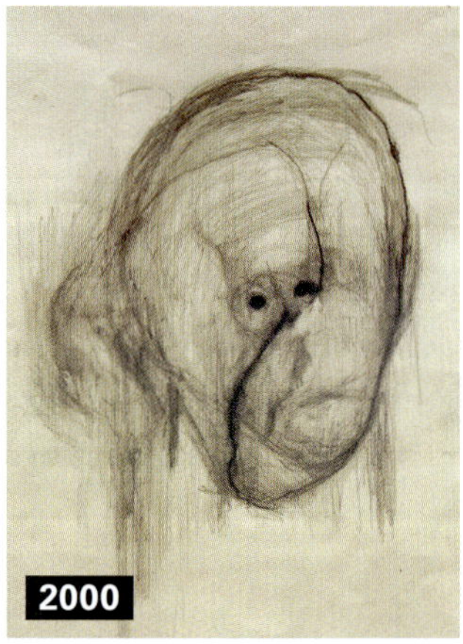

Selbstporträts des Malers William Utermohlen (1933-2007)

1995 wurde bei dem Künstler eine Alzheimer-Erkrankung festgestellt. Der Abbau von Nervenzellen und Nervenzellkontakten im Gehirn führt bei dieser Krankheit zur Einschränkung der geistigen und sozialen Fähigkeiten.

1 Beschreiben Sie die beiden Bilder und die Unterschiede der Porträts. 1

2 Diskutieren Sie, was bei einem Menschen mit einer Krankheit oder im Alter verloren gehen kann und was ihm auf jeden Fall bleibt. 4

Menschenwürde
> Glossar

3 Überlegen Sie zu zweit, ob es Krankheiten oder Zustände gibt, in denen Menschen ihr Menschsein verlieren. Beurteilen Sie, ob damit auch der Verlust der Menschenwürde einherginge.

M2 Wer ist eine Person?

Meiner Meinung nach bezeichnet dieses Wort ein denkendes, verständiges Wesen, das Vernunft und Überlegung besitzt und sich selbst als sich selbst betrachten kann. Das heißt, es erfasst sich als dasselbe Ding, das zu verschiedenen Zeiten und an verschiedenen Orten denkt. Das geschieht lediglich durch das Bewusstsein, das vom Denken untrennbar ist und, wie mir scheint, zu dessen Wesen gehört. Denn unmöglich kann jemand wahrnehmen, ohne *wahrzunehmen*, dass er es tut. Wenn wir etwas sehen, hören, riechen, schmecken, fühlen, überlegen oder wollen, so wissen wir, dass wir das tun. Das gilt jederzeit hinsichtlich unserer gegenwärtigen Sensationen und Wahrnehmungen; jeder wird dadurch für sich selbst zu dem, was er *sein eigenes Ich* nennt. Hierbei kommt es in diesem Falle nicht darauf an, ob dasselbe Selbst in derselben oder in verschiedenen Substanzen weiterbesteht. Denn da das Bewusstsein das Denken stets begleitet und jeden zu dem macht, was er sein Selbst nennt und wodurch er sich von allen anderen denkenden Wesen unterscheidet, so besteht hierin allein die Identität der Person, das heißt das Sichselbst-gleich-Bleibende eines vernünftigen Wesens. Soweit nun dieses Bewusstsein rückwärts auf vergangene Taten oder Gedanken ausgedehnt werden kann, soweit reicht die Identität dieser Person. Sie ist jetzt dasselbe Selbst wie damals; jene Handlung wurde von demselben Selbst ausgeführt, das jetzt über sie nachdenkt.

John Locke

John Locke
> Glossar

4 Erstellen Sie mithilfe des Textes und eigener Überlegungen eine Liste von Merkmalen, die Ihrer Meinung nach für den Begriff „Person" zentral sind.

M3 Der Mensch als Zweck an sich selbst

„Handle so, dass du die Menschheit sowohl in deiner Person als in der Person eines jeden andern jederzeit zugleich als Zweck, niemals bloß als Mittel brauchst."

Immanuel Kant

Kant begreift die Menschenwürde als einen Wert, der autonomen Wesen *(Personen)* aufgrund ihrer Autonomie, das heißt ihrer *Fähigkeit zu vernünftigem und moralischem Handeln* zukommt. Diese Autonomiefähigkeit hat Kant zufolge einen unvergleichlichen Wert […]. Die Unvergleichlichkeit des Wertes der Autonomie von Personen beinhaltet, dass dieser sich nicht gegen andere Werte wie etwa den der sozialen Wohlfahrt abwägen lässt. Eine Verletzung der Autonomie und damit der Würde von Personen, kann insofern nicht durch die Realisierung anderer Werte aufgewogen werden. Die Autonomie einer Person und mit ihr deren Würde ist vielmehr unantastbar. Kants Vorschlag zur Bestimmung des Menschenwürdebegriffs besteht also verkürzt formuliert darin, Menschenwürde als unantastbare Autonomie zu verstehen.

Peter Schaber

Immanuel Kant
> Glossar

Wert
> Glossar

autonom
unabhängig

Autonomie
> Glossar

5 Erläutern Sie mithilfe des Textes den Begriff „Autonomie" und erklären Sie den Zusammenhang des Begriffs mit der Überschrift des Textes.

6 Diskutieren Sie, ob ein Mensch seine Autonomie verlieren kann und was das in Bezug auf seine Würde als Mensch bedeutet. 4

M4 Der Streit um den Personbegriff

Der Begriff der Person und die mit ihm verbundene „Familie" von Eigenschaften, Fähigkeiten und Wertvorstellungen ist in unserer Kultur fest verankert und umfasst ein großes Spektrum von Phänomenen. Dennoch, oder vielleicht auch: gerade deswegen, gibt es in der biomedizinischen Ethik sowohl einen Streit um den Begriff der Person selbst, als auch heftige Auseinandersetzungen, die unter Verwendung des Personbegriffs ausgefochten werden. […]

In der Abtreibungsdebatte beispielsweise wird der Schutz des ungeborenen Lebens genauso mit dem Begriff der Person und der mit Personalität einhergehenden Menschenwürde verteidigt, wie das Recht auf Selbstbestimmung der schwangeren Frau, in deren personale Autonomie und individuelle Lebensplanung man nicht mittels ethischer Reglementierung oder gar juristischer Verfolgung eingreifen solle.

Michael Quante

Kultur
> Glossar

Reglementierung
(strenge) Vorschrift

7 Erläutern Sie, wie man das Thema Schwangerschaftsabbruch mithilfe des Personbegriffs auf gegensätzliche Weise beurteilen kann. Erstellen Sie zu jeder der beiden Argumentationen eine Strukturskizze.

8 Diskutieren Sie, inwieweit die Auseinandersetzung damit, was den Menschen ausmacht, für die Medizinethik hilfreich sein kann – auch wenn sich der Begriff der Person nicht völlig klären und nicht problemlos anwenden lässt. 4

Eine Strukturskizze erstellen
> Methodenkompetenz S. 22/23

Würde man das mit Menschen machen?

M1 Diskussionsbedarf

Jan Tomaschoff

Menschenwürde
> Glossar

1 Analysieren Sie die Karikatur und erklären Sie, auf welches Problem angespielt wird. 7

2 Diskutieren Sie in der Gruppe, ob Sterbehilfe gegen die Menschenwürde verstößt oder ob sie für ein menschenwürdiges Sterben wichtig sein kann. 4

Sterbehilfe
> Glossar

M2 Moralische Argumente für und gegen aktive Sterbehilfe

Zahlreiche Stellungnahmen zur Sterbehilfe argumentieren mit der menschlichen **Würde**. Doch das Resultat ist keineswegs eindeutig: Einerseits weisen Stellungnahmen, die der aktiven Sterbehilfe ablehnend gegenüberstehen, dem Argument der menschlichen Würde eine prominente Rolle zu. Solche Argumente zielen häufig auf ein Verbot, menschliches Leben differenziell zu bewerten, oder sie behaupten, dies zu tun sei unmöglich, zumindest aber moralisch unzulässig. Andererseits wird mit dem Verweis auf die Menschenwürde gefordert, der Tod müsse mit dem Selbstbild der Betroffenen vereinbar sein; dies müsse auch die selbstbestimmte Entscheidung über den Modus des eigenen Sterbens einschließen, ggf. auch die aktive Sterbehilfe. Es sei menschenunwürdig, Patienten in qualvollen Situationen ohne Hoffnung auf Besserung gegen ihren Willen am Leben zu erhalten, auch wenn dies technisch möglich sei. Als weiteren Grund gegen die Zulässigkeit der aktiven Sterbehilfe führen insbesondere standesethische Publikationen an, dass ein **Vertrauensverlust** in die Ärzte drohe, wenn es diesen erlaubt wäre, ihre Patienten unter bestimmten Bedingungen

differenziell
einen Unterschied begründend/ darstellend

„aktiv" zu töten. Tötungshandlungen seien mit dem ärztlichen Selbstverständnis grundsätzlich nicht vereinbar. […]

Viele Patienten empfinden es hingegen als Vertrauensgewinn, mit ihrem Arzt über aktive Sterbehilfe sprechen zu können und die Sicherheit zu haben, auch über die Gestaltung ihrer letzten Lebensphase selbst bestimmen zu können.

Das Argument des drohenden Vertrauensverlustes verliert an Überzeugungskraft, wenn viele Patienten aktive Sterbehilfe für sich erwägen. Im Gegenteil: Das Vertrauen in die Ärzteschaft kann auch gefährdet sein, wenn Ärzte nicht bereit sind, den wohlüberlegten Wünschen ihrer Patienten an deren Lebensende zu folgen. […]

Die Diskussion um die Sterbehilfe in der Bundesrepublik Deutschland ist zu einem großen Teil von Verweisen auf die jüngere deutsche Vergangenheit geprägt, insbesondere auf die unter dem Deckmantel „Euthanasie" oder „Gnadentod" verharmlosten Verbrechen in der Zeit des Nationalsozialismus. Zwar gibt es einen weitgehenden Konsens über die Verurteilung des nationalsozialistischen „Euthanasie"-Programms. Welche Schlussfolgerungen sich daraus für die aktuelle Sterbehilfe-Debatte ergeben, bleibt jedoch umstritten.

Kritiker der gegenwärtig geführten Diskussion lehnen eine Freigabe der aktiven Sterbehilfe häufig mit dem Hinweis auf die Verbrechen im Nationalsozialismus ab. Die Befürworter einer bedingten Freigabe der aktiven Euthanasie verweisen demgegenüber auf die Differenz zwischen der nationalsozialistischen „Vernichtung lebensunwerten Lebens" und ihrer eigenen Forderungen: […] Während […] das Prinzip der Selbstbestimmung im Nationalsozialismus in eklatanter und nicht zu rechtfertigender Weise missachtet worden sei, sei dieses Prinzip gerade der entscheidende Rechtfertigungsgrund für die heute erhobene Forderung nach einer Legalisierung der aktiven Sterbehilfe. Jede Form der Gleichsetzung der aktiven Euthanasie mit NS-„Euthanasie" sei angesichts dieses Umstandes unzulässig.

In moralischer Perspektive kann die Diskussion über die Zulässigkeit der verschiedenen Formen der aktiven, passiven und indirekten Sterbehilfe als Auseinandersetzung darüber verstanden werden, wie man zugleich das Fremdtötungsverbot wahren und das Recht auf Selbstbestimmung von Patienten respektieren kann.

Johann S. Ach / Urban Wiesing / Georg Marckmann

Euthanasie
> Glossar

3 Erklären Sie die Aussage, dass aktive Tötungshandlungen mit dem Selbstverständnis der Ärztin / des Arztes nicht vereinbar seien.
4 Erläutern Sie den Begriff „Selbstbestimmung".
5 Arbeiten Sie Argumente für und gegen die aktive Sterbehilfe heraus und erstellen Sie eine Tabelle.
6 Nehmen Sie Stellung zu der Frage, ob aktive Sterbehilfe zulässig sein sollte.
7 Recherchieren Sie, ob aktive Sterbehilfe in Deutschland und anderen Ländern Europas zulässig ist oder nicht. 6

Zum Weiterdenken

Nach jahrelangen Qualen bat Sigmund Freud im Endstadium eines unheilbaren Gaumenkrebses seinen Arzt, ihm wie schon lange verabredet das erlösende Gift zu verabreichen. Als wieder schreckliche Schmerzen aufkamen, gab er Freud zweimal eine Morphium-Injektion, woraufhin er in ein Koma fiel und nach zwei Tagen verstarb.

Erörtern Sie, ob der Arzt im Fall von Sigmund Freud richtig gehandelt hat.

Sigmund Freud
> Glossar

Entscheidung über Leben und Tod

M1 Die Triage

In Notaufnahmen und Arztpraxen weicht die Reihenfolge der Behandlung von jener des Eintreffens der Patientinnen und Patienten oftmals ab. Einige müssen warten, andere werden sofort behandelt. Dies führt zu ärgerlichen Wartezeiten, ist aber notwendig. Die Dringlichkeit orientiert sich nicht an der Wartezeit, sondern an der medizinischen Dringlichkeit. Die Reihung erfolgt nach dem sogenannten „Manchester Triage System“; der Begriff Triage kommt aus dem Französischen und bedeutet Auswahl oder Sichtung.

Das „Manchester Triage System“ wird zum Beispiel im Klinikum St. Elisabeth in Straubing angewendet:

Sehr geehrte Patientinnen und Patienten!

Wir behandeln Sie so schnell wie möglich. Allerdings müssen wir als Notfallzentrum sicherstellen, dass die Behandlungsreihenfolge der medizinischen Dringlichkeit entspricht.
Deshalb führen wir bei Ihnen eine Ersteinschätzung durch. Diese erfolgt nach anerkannten internationalen Richtlinien durch speziell geschulte Mitarbeiter.
Wir bitten um Ihr Verständnis, wenn wir deshalb Patienten mit höherer Dringlichkeit vor Ihnen behandeln müssen!

Ihr Team der Notaufnahme
Barmherzige Brüder
Klinikum St. Elisabeth
Straubing

ERSTEINSCHÄTZUNG

Sofort
(unmittelbare Lebensgefahr)

Sehr dringend
(akute Veränderung wichtiger Lebensfunktionen)

Dringend
(keine Lebensgefahr)

Normal

Nicht dringend

1 Erklären Sie Sinn und Zweck des „Manchester Triage Systems“.
2 Tauschen Sie sich über Ihre persönlichen Erfahrungen mit dem „Manchester Triage System“ aus – sofern Sie oder Angehörige schon einmal damit zu tun hatten.
3 Recherchieren Sie im Internet über das „Manchester Triage System“ und erstellen Sie in Partnerarbeit eine anschauliche Übersicht über die fünf Stufen. 6
4 Ordnen Sie jeder Stufe mindestens zwei Krankheitsbilder zu.
5 Nehmen Sie Stellung zu der Frage, ob das „Manchester Triage System“ für Gerechtigkeit sorgt.

M2 Entscheidung unter Druck

Die COVID-Pandemie stellte Ärztinnen und Ärzte im Frühjahr 2020 in Italien, Frankreich und Spanien vor schwierige Entscheidungen: Zahlreiche lebensbedrohlich erkrankte Patientinnen und Patienten brauchten dringend Atemgeräte, doch in vielen Krankenhäuser gab es zu wenige von diesen Geräten. Die behandelnden Ärztinnen und Ärzte mussten also entscheiden, wer wann und warum ein Atemgerät erhält. Wie verhält man sich nun, wenn mehrere Patientinnen und Patienten in der Stufe „Sofort" (vgl. M1) eingestuft sind und nicht alle die Behandlung bekommen können, die sie zum Überleben brauchen?

Drei Grundformen […] lassen sich unterscheiden. Die ersten beiden heißen […] „Ex-ante-" und „Ex-post-Triage". Als einfachen Modellfall des Ex-ante-Typus stelle man sich fünf präsente Patienten vor, für die es nur ein Beatmungsgerät gibt. Als den des Ex-post-Typus dagegen die Situation, dass alle Plätze belegt sind, aber einer davon mit jemandem, dessen Lebenserwartung auch nach der Intensivbehandlung viel schlechter wäre als die eines soeben neu eingelieferten Patienten. Die dritte Grundform liegt […] zwischen den beiden anderen. In ihr wird ex ante verhindert, dass der Ex-post-Fall eintritt: Man schließt den soeben Eingelieferten mit der schlechten Prognose gar nicht an, wiewohl ein Platz verfügbar wäre. Denn dass der nächste Patient mit besserer Prognose nicht lange auf sich wird warten lassen, weiß man mit Sicherheit.

Reinhard Merkel

Reinhard Merkel (*1950) ehemaliger Professor für Strafrecht und Mitglied des Deutschen Ethikrates

6 Erstellen Sie eine Tabelle zu den drei Grundformen und erläutern Sie ihren Unterschied.

7 Eine 30-jährige Mutter, Akademikerin im gehobenen öffentlichen Dienst ohne bekannte Vorerkrankungen, wird eingeliefert und benötigt sofort ein Atemgerät. Erklären Sie, was dies gemäß den drei Grundformen für den 80-jährigen Witwer bedeutet, der eine Mindestrente bezieht und starker Raucher ist, wenn er
   a) gleichzeitig mit der Mutter eingeliefert wird.
   b) bereits an einem Atemgerät hängt.
   c) mit schlechten Überlebensaussichten am Tag zuvor eingeliefert wurde.

8 Diskutieren Sie, ob es sich bei Entscheidungen wie der in Aufgabe 7 um medizinische oder ethische Fachfragen handelt. 4

ex ante (lat.) im Vorhinein

ex post (lat.) im Nachhinein

Aktion

Rollenspiel zu einer Triage-Situation entwerfen

Entwerfen Sie in Gruppen je ein Rollenspiel zu einer möglichen Triage-Situation im Krankenhaus. Es sollen mindestens drei Patientinnen und Patienten, zwei medizinische Fachkräfte sowie Angehörige beteiligt sein. Es muss deutlich werden,

- wer die Patientinnen / Patienten sind und welche medizinischen Probleme sie haben.
- wie und mit welchen Gründen die medizinischen Fachkräfte entscheiden (möglicherweise sind sie sich nicht einig).
- wie die Patientinnen / Patienten und ihre Angehörigen auf die Entscheidung reagieren.

Nach der Vorführung der Rollenspiele erzählen alle Beteiligten, wie sie sich in ihrer Rolle gefühlt haben und wie sie das Triage-System beurteilen. 12

Verfassen Sie abschließend eine anschauliche Beurteilung des Triage-Systems.

Prinzipien medizinethischer Entscheidungen

M1 Die vier Prinzipien der Medizinethik

Zur Entscheidung von ethischen Konflikten in der Medizin haben die amerikanischen Bioethiker Tom L. Beauchamp und James F. Childress 1979 eine Medizinethik entwickelt, die auf vier ethischen Prinzipien beruht:

1

Das Prinzip des Wohltuns (oder Nutzens) verpflichtet dazu, dem Patienten bestmöglich zu nützen und sein Wohlergehen [zu] befördern. Dies umfasst die Verpflichtung, Krankheiten zu behandeln oder präventiv zu vermeiden und die Beschwerden des Patienten zu lindern. Auch die traditionelle ärztliche Ethik forderte in ähnlicher Form die Sorge um das Wohl des Patienten [...]. Diese Maxime ist heute aber nicht mehr oberstes Gebot ärztlichen Handelns, sondern steht zunächst gleichberechtigt neben den anderen Prinzipien.

Tradition
> Glossar

2

Das Prinzip des Nichtschadens greift den traditionellen ärztlichen Grundsatz des *„primum nil nocere"* auf: Dem Patienten ist kein Schaden zuzufügen. Während das Prinzip des Wohltuns die Verhinderung oder Beseitigung von gesundheitlichen Schäden sowie die aktive Förderung des Patientenwohls fordert, bezieht sich das Prinzip des Nichtschadens auf die Unterlassung möglicherweise schädigender Handlungen, d. h. auf das Schadenspotenzial medizinischer und pflegerischer Maßnahmen. Oft können Ärzte dem Patienten jedoch nur nützen, d. h. eine effektive Versorgung anbieten, wenn sie gleichzeitig ein Schadensrisiko in Form unerwünschter Wirkungen in Kauf nehmen.

3

Das Prinzip Respekt der Autonomie richtet sich gegen die wohlwollende Bevormundung des Patienten und fordert die Berücksichtigung der Wünsche, Ziele und Wertvorstellungen des Patienten. Dabei verlangt das Autonomie-Prinzip nicht nur negativ die Freiheit von äußerem Zwang und manipulativer Einflussnahme, sondern auch positiv die Förderung der Entscheidungsfähigkeit und die Hilfe bei der Entscheidungsfindung. Folglich hat der Arzt nicht nur die Verpflichtung, die Entscheidungen des Patienten zu respektieren, sondern auch die Verpflichtung, den Entscheidungsprozess selbst durch eine sorgfältige, auf die Bedürfnisse des Patienten abgestimmte Aufklärung zu unterstützen. [...] Ein informiertes Einverständnis liegt vor, wenn der Patient ausreichend aufgeklärt worden ist, die Aufklärung verstanden hat, freiwillig entscheidet, dabei entscheidungskompetent ist und schließlich seine Zustimmung gibt.

Autonomie
> Glossar
Wert
> Glossar

4

Das Prinzip der Gerechtigkeit
weist über den einzelnen Patienten hinaus und erfordert bei der Anwendung einer weiteren Interpretation und Konkretisierung. Denn trotz weitgehenden Konsenses darüber, dass Gerechtigkeitserwägungen eine bedeutende Rolle spielen, hängt die Beantwortung der Frage, wie eine gerechte Gesundheitsversorgung konkret zu gestalten ist, wesentlich von ethischen Grundüberzeugungen ab. Vergleichsweise unkontrovers dürfte noch die Berücksichtigung des folgenden formalen Gerechtigkeitsprinzips sein: „Gleiche Fälle sollten gleich behandelt werden, und ungleiche Fälle sollten nur insofern ungleich behandelt werden, als sie moralisch relevante Unterschiede aufweisen." Interpretationsschwierigkeiten bereitet hier die Frage, was im Einzelfall moralisch relevante Unterschiede sind. Angesichts der zunehmenden Diskrepanz zwischen medizinisch Möglichem und öffentlich Finanzierbarem werden sich in Zukunft vor allem Fragen der Verteilungsgerechtigkeit weiter verschärfen.

Georg Marckmann

unkontrovers wird von niemandem bestritten

Diskrepanz Uneinigkeit, Nichtübereinstimmung

1 Erläutern Sie die vier Prinzipien anhand eigener Beispiele.
2 Erklären Sie, was mit der „zunehmenden Diskrepanz zwischen medizinisch Möglichem und öffentlich Finanzierbarem" gemeint ist und welche Folgen dies für die Patientinnen und Patienten haben könnte.
3 Finden Sie entsprechende Beispiele, in denen diese Prinzipien in Konflikt miteinander geraten. Beurteilen Sie, ob mit den Prinzipien in diesen Beispielfällen Lösungen gefunden werden können.
4 Bringen Sie die vier Prinzipien in eine Rangfolge und begründen Sie, welches Sie als besonders wichtig erachten.

M2 Stärken und Schwächen

Die Anwendung der vier Prinzipien auf ethische Konfliktfälle erfolgt sinnvoller Weise in zwei Schritten. Zunächst wird jedes Prinzip im Hinblick auf die spezifische Situation des Falles interpretiert (Interpretation). Anschließend wird überprüft, ob die aus den einzelnen Prinzipien resultierenden Verpflichtungen übereinstimmen oder in Konflikt zueinander stehen. Wie schon erwähnt, haben die Prinzipien keine absolute Geltung, sondern müssen im Konfliktfall gegeneinander abgewogen werden (Gewichtung). So kann beispielsweise eine begrenzte Schädigung des Patienten geboten sein, um einen größeren Schaden zu verhindern. Auch das Selbstbestimmungsrecht des Patienten wird durch die Prinzipien des Nichtschadens und der Fürsorge eingeschränkt. […]

Eine Rangordnung der Prinzipien wird von Beauchamp und Childress bewusst nicht vorgegeben. Die Abwägung der Prinzipien bleibt vielmehr der Entscheidung im Einzelfall überlassen.

Georg Marckmann

5 Erläutern Sie die beiden Anwendungsschritte der medizinethischen Prinzipien an einem selbstgewählten Beispiel.
6 Erklären Sie, welche Probleme bei der Anwendung der vier Prinzipien auftreten können, und erläutern Sie mithilfe von Beispielen, wo der Autor Stärken und Schwächen des Ansatzes sieht.
7 Erstellen Sie eine Tabelle, aus der die Vor- und die Nachteile des Verfahrens hervorgehen.

Eine Dilemmadiskussion führen

GEWUSST WIE

Die Dilemmadiskussion

Eine Situation, in der zwei ethische Grundsätze einander widersprechen und in der trotzdem entschieden werden muss, nennt man ein Dilemma. Bei solchen Entscheidungen kann es nicht um recht haben oder gewinnen gehen. Man kann nur den Versuch unternehmen, das Problem in einer Diskussion möglichst genau zu verstehen, sich möglichst viele Perspektiven klarzumachen und dann zu einer begründeten, möglichst guten Entscheidung zu kommen.

Dazu haben sich die folgenden Schritte bewährt:

1. Problem klären

Klären Sie zunächst im Plenum, ob es sich bei dem vorliegenden Fall um ein Dilemma handelt:

- Stehen Grundsätze / Prinzipien unvereinbar miteinander in Konflikt?
- Welche sind das?

sondieren etwas untersuchen, auswerten

2. Meinungen sondieren und sich auf ein Prinzip einigen

Als Nächstes teilen Sie sich in vier Gruppen A-D auf. Erörtern Sie, wie sich Ihre Gruppe zu den verschiedenen Grundsätzen / Prinzipien verhält:

- Wer hält welchen Grundsatz / welches Prinzip in diesem Fall für das Wichtigste und warum?
- Welches Meinungsbild ergibt ggf. eine Probeabstimmung?

Einigen Sie sich anschließend auf ein Prinzip.

3. Argumente für das eigene Prinzip finden

Nun können Sie in der Gruppe überlegen, wie sich Ihr Prinzip begründen lässt.

- Welche Argumente können angeführt werden?

Schreiben Sie die Argumente für Ihr Prinzip auf eine Karte.

4. Überprüfung des besten Arguments einer anderen Gruppe

Gruppieren Sie sich in folgende Gruppen: A + B und C + D und tauschen Sie Ihre Karten aus Schritt 3 gegenseitig. Überlegen Sie:

- Was ist das beste Argument der anderen Gruppe und warum?
- Wie lässt sich gegen dieses Argument der anderen Gruppe argumentieren?

Halten Sie Ihre Ergebnisse für das beste Argument der anderen Gruppe in Stichpunkten fest.

5. Vorstellen der besten Argumente

Benennen Sie eine Gruppensprecherin / einen Gruppensprecher. Die Gruppensprecher stellen jeweils das beste Argument der anderen Gruppe aus Schritt 4 im Plenum vor. Dabei sollen Vor- und Nachteile des Arguments genannt werden.

6. Diskussion über die Reihenfolge der Argumente

Diskutieren Sie im Plenum darüber, ob bzw. wie sich alle Argumente in eine Reihenfolge bringen lassen.

M1 Medizinethische Konfliktfälle

Fall 1
Ein 55-jähriger Koch kommt zur Hausärztin mit Schnupfen („Nase zu"), starken Kopfschmerzen und Geschmacksverlust. Er bittet um ein Rezept für ein Antibiotikum, damit es schneller vorbeigeht.
Sie diagnostiziert […] eine akute Entzündung der Nasenschleimhaut und empfiehlt ein abschwellendes Nasenspray und eine Inhalationstherapie und fragt ihn, ob er ein Schmerzmittel brauche. Sie erklärt ihm, dass es sich höchstwahrscheinlich um eine Virusinfektion handele und darum ein Antibiotikum nicht indiziert sei. Der Patient ist ungehalten und fordert ein Rezept für ein Antibiotikum, denn deswegen sei er schließlich extra in die Praxis gekommen. Es sei ja bekannt, dass hier ein Antibiotikum schneller wirke und für Nasenspray bräuchte er nicht in die Praxis zu kommen.

indiziert
ratsam, angezeigt

Fall 2
Eine 65-jährige Patientin mit einem fortgeschrittenen Tumorleiden wird stationär wegen einer schweren Lungenentzündung aufgenommen. […] Da die Gefahr besteht, dass die Patientin beatmungspflichtig wird, muss eine Entscheidung für oder gegen eine Beatmungstherapie auf Intensivstation jetzt im Vorfeld schon besprochen werden. Aufgrund der begrenzten Lebenserwartung der Patientin von wahrscheinlich 4-6 Wochen und dem Risiko, dass die Patientin von der Beatmungsmaschine nicht mehr entwöhnt werden kann, empfiehlt der Stationsarzt, gegebenenfalls auf eine Intensivtherapie zu verzichten und die Atemnot symptomatisch zu lindern. Die Patientin wünscht jedoch nach Rücksprache mit ihrer Familie, dass alles gemacht werde, weil sie noch nicht sterben möchte.

symptomatisch
(hier) nur die Symptome der Krankheit werden behandelt, nicht die Ursachen

nach Eva Winkler

1 Überlegen Sie zunächst alleine, welche ethischen Prinzipien sich in den beiden Fällen jeweils widersprechen. Berücksichtigen Sie dabei vor allem die vier Prinzipien der Medizinethik nach Beauchamp und Childress der vorherigen Doppelseite.
2 Wenden Sie die Schritte der Dilemmadiskussion auf die Beispielfälle an.
3 Erarbeiten Sie in Zweiergruppen weitere möglichst realistische Fälle, in denen sich medizinethische Prinzipien widersprechen. Wählen Sie gemeinsam mindestens zwei dieser Fälle aus und wenden Sie die Schritte der Dilemmadiskussion an.
4 Erstellen Sie eine Methodenkarte zum Thema „Eine Dilemmadiskussion führen". 8

Über diese Codes kann eine Vorlage und ein Beispiel für die Methodenkarte abgerufen werden.
20070-02

Medizinischer Fortschritt – Fluch oder Segen?

M1 Technischer Fortschritt

Gastritis
Entzündung der Magenschleimhaut

Christian Möller

1 Analysieren Sie die Karikatur und tauschen Sie sich darüber aus, was an der Karikatur lustig ist. 7

2 a) Finden Sie gemeinsam Beispiele für technische Entwicklungen in der Medizin und überlegen Sie, welche Folgen diese Entwicklungen für den Menschen haben können.

b) Diskutieren Sie, welche Entwicklungen Sie eher positiv und welche Sie eher negativ beurteilen würden. 4

M2 Schwein gehabt

Auf seiner Internetseite schreibt der Bundesverband der Pharmazeutischen Industrie e. V. über die Entwicklung der Insulinproduktion:

Ein Diabetiker „verbraucht" etwa ein Schwein pro Woche. So lautete die Faustregel der Versorgung für Diabetiker noch bis vor dreißig Jahren.
Das blutzuckersenkende Insulin konnte nämlich bis dahin nur aus tierischen Bauchspeicheldrüsen gewonnen werden. Man verwendete hauptsächlich Schweineinsulin, weil es sich lediglich durch eine einzige Aminosäure vom menschlichen, dem Humaninsulin, unterscheidet. Zuckerkranke waren also darauf angewiesen, dass immer genügend Schlachttiere vorhanden waren, damit ihre Versorgung gewährleistet werden konnte. Heute gibt es fast 300 Millionen insulinpflichtige Diabetiker weltweit. Für die Produktion des nötigen Insulins bräuchte man die Bauchspeicheldrüsen von rund 1,5 Milliarden Schweinen pro Jahr. Bei schätzungsweise knapp einer Milliarde Schweinen auf der Welt wäre ein Lieferengpass wahrscheinlich programmiert. Der pharmazeutischen Forschung ist es zu verdanken, dass es eine bessere Alternative gibt: Diabetiker können heute Insuline nutzen, die exakt dem Insulin des menschlichen Körpers entsprechen. Mithilfe der damals noch neuen Gentechnik wurde das menschliche Gen für Insulin in Mikroorganismen übertragen. Diese waren dann selbst im Stande, Insulin in großen Mengen zu produzieren. 1982 wurde Humaninsulin als erstes gentechnisch verändertes Produkt in Deutschland zugelassen.

Bundesverband der Pharmazeutischen Industrie e. V. / Julia Richter

human
menschlich

3 Erklären Sie, wie sich die Therapiemöglichkeiten für Diabetikerinnen und Diabetiker durch technische Entwicklungen verändert haben.

4 Beurteilen Sie, wie der Text die Entwicklung der Insulinproduktion darstellt.

M3 Hoffnung auf neue Therapien, Angst vor unbekannten Folgen

Rote Gentechnik gewinnt in der Medizin zunehmend an Bedeutung. Viele neue Medikamente, aber auch Insulin oder das durch Doping bekannt gewordene Mittel EPO basieren darauf. Die Diskussion über diese Technologie bewegt sich dabei zwischen der Hoffnung auf neue Therapien, der Angst vor unbekannten Folgen und sehr hohen Therapiekosten.

Unter „roter" Gentechnologie wird die Entschlüsselung und / oder Veränderung von Erbmaterial in der Medizin und der biomedizinischen Forschung verstanden. Dazu gehören vor allem

- gentechnisch hergestellte Medikamente oder Impfstoffe,
- Gentests, um Krankheiten zu entdecken,
- Versuche, Menschen mit Hilfe von Gentheraphie oder Genscheren zu heilen.

Sie ist ein Teilbereich der roten Biotechnologie, zu der unter anderem die Stammzellforschung oder auch das Klonen gezählt werden. Verknüpfungen gibt es auch mit der Fortpflanzungsmedizin – etwa bei der Anwendung von vorgeburtlichen Gen-Tests. [...]

Der erste gentechnisch hergestellte Impfstoff auf dem Markt war 1986 einer gegen das Hepatitis-B-Virus. Weit verbreitet sind auch gentechnisch hergestellte Impfstoffe gegen bestimmte Arten des humanen Papillomavirus (HPV; kann zur Entstehung von Gebärmutterhalskrebs führen) und gegen Cholera. In der Veterinärmedizin werden auch gentechnisch veränderte Lebendimpfstoffe eingesetzt. Diese sind ähnlich umstritten wie die grüne Gentechnologie: So gab es Proteste und Klagen gegen eine in Mecklenburg-Vorpommern 2013/2014 durchgeführte Impfung von Pferden mit einem lebenden, gentechnisch veränderten Bakterium, bei der gegen Sicherheitsbestimmungen verstoßen wurde [...].

Im Rahmen der Humangenomforschung werden immer mehr Veränderungen des Erbguts identifiziert, die mit der Entstehung von Krankheiten in Verbindung gebracht werden können. Diese Erkenntnisse bilden die Grundlage für die Entwicklung von Gentests. [...]

Die Ergebnisse von Gentests bergen auch die Gefahr einer möglichen Diskriminierung durch Arbeitgeber oder Versicherungen. Daher wurden im Gendiagnostikgesetz (GenDG) konkrete Vorgaben zur medizinischen Anwendung, dem Schutz der Daten, zum Recht auf Nichtwissen, dem Schutz vor Diskriminierung durch Versicherungen oder Arbeitgeber etc. getroffen. Ein großes Manko ist jedoch das Fehlen von Regelungen für die Forschung – ob im GenDG oder in einem Biobankengesetz.

Annette Rausch

Genom
> Glossar

Hepatitis
Leberentzündung

Biobank
> Glossar

5 Legen Sie eine Tabelle an und notieren Sie, wo die „rote Medizintechnik" positive Folgen und wo sie Probleme mit sich gebracht hat.

6 Erläutern Sie anschaulich, was im Zusammenhang mit Gentests gemeint ist mit
- Schutz der Daten
- Recht auf Nichtwissen
- Schutz vor Diskriminierung durch Versicherungen oder Arbeitgeberinnen/ Arbeitgeber.

7 Überlegen Sie gemeinsam, welche Gruppen von Personen von den im Text genannten Entwicklungen profitieren und wer möglicherweise Nachteile davon haben könnte.

Auf der schiefen Ebene: Dammbruch-Argumente

M1 Unaufhaltsam

Winterstein: Deichbruch, 1661 (Kupferstich)

1 Beschreiben Sie das Bild und erläutern Sie, was bei einem Dammbruch passiert.

GRUNDWISSEN

Dammbruch-Argument

Das **Dammbruch-Argument**, auch Slippery-Slope-Argument (engl. *slippery*: rutschig, *slope*: Hang, Abhang) oder Argument der schiefen Ebene genannt, spielt sowohl im Alltag als auch in der Medizinethik eine Rolle. Das Dammbruch-Argument geht davon aus, dass eine bestimmte Handlung nach und nach zu einer **Ausweitung** oder **Gewöhnung** und damit zu weiteren Handlungen führen könnte, die negative Folgen haben oder katastrophal enden. Dieser Vorgang wird auch Dominoeffekt genannt: Wenn A passiert, folgt zwangsläufig B, was unweigerlich zu C – und schließlich zu einem **zerstörerischen Endpunkt** führt. Denn ist der Damm erst einmal gebrochen, gibt es kein Zurück mehr, das Wasser drängt unaufhaltsam voran.

Das Dammbruch-Argument kann nur überzeugen, wenn die Handlungen oder Schritte, die nach dem Brechen des Damms erfolgen, plausibel erklärt werden, und wenn der Endpunkt als vermeidenswert, zerstörerisch oder gar katastrophal angesehen werden kann, in jedem Fall moralisch abzulehnen ist. Dammbruchargumente sind in ihrer **Gültigkeit umstritten**.

2 Erläutern Sie, wie das Dammbruch-Argument funktioniert und welche Schwächen es aufweist.

M2 Ein Tabubruch?

Der letzte Tabubruch hatte sich angekündigt. Forscherinnen, Ethiker und Genetikerinnen versuchen die Welt seit Jahren darauf vorzubereiten, dass eines Tages Kinder zur Welt kommen werden, in deren Erbgut Menschen absichtlich und gezielt herumgeschrieben haben: Babys, bei denen im Embryonalstadium Gene gezielt entfernt, geschädigt oder hinzugefügt wurden. Die Genschere Crispr/Cas9, kurz Crispr, macht es möglich [...].

He Jiankui heißt der Mann, der das Tabu nun gebrochen haben will. Der Privatdozent von der Southern University of Science erzählte [...], er habe sieben Paaren für eine künstliche Befruchtung Spermien und Eizellen entnommen, um bei den Embryonen mit Crispr ein bestimmtes Gen zu entfernen. [...] Die Folge: eine Zwillingsschwangerschaft und schließlich die Geburt der Mädchen Lulu und Nana. [...]

Die Reaktionen auf Hes Geschichte sind trotz aller Unsicherheit gewaltig. [...]

Auch der Vorsitzende des Deutschen Ethikrats, Peter Dabrock, hat ernste ethische Bedenken [...]: „Sollte es sich bewahrheiten, dass ein mithilfe von Crispr genmanipuliertes Baby erzeugt worden ist, wäre dies für die Wissenschaft ein Super-GAU." Das Experiment könne nur als „Affront gegenüber dem Ansinnen verantwortlicher Wissenschaft" gewertet werden. Dabrock forderte eine breite gesellschaftliche Debatte über die Manipulation der biologischen Grundlage des Menschen. [...]

Experimente an Embryonen werfen nicht nur die ethische Frage auf, ob der Mensch sich in Zukunft nach seiner Vorstellung selbst erschaffen sollte. Es gehe zudem um die Sicherheit, betont wiederum Christiane Woopen, Vorsitzende des Europäischen Ethikrates: „Noch viel zu unklar sind die damit verbundenen Risiken für das geborene Kind und die nachfolgenden Generationen", sagte sie [...]. Damit sind unter anderem unerwünschte Genveränderungen an anderer Stelle des Genoms gemeint. Und diese könnten Langzeitschäden verursachen.

ZEIT ONLINE / *Jakob Simmank*

Affront
(hier) Angriff

Genschere Crispr/Cas9
Technik, die mit einer „Hochpräzisions-Schere" verglichen wird und durch die einzelne Gene oder kleinste DNA-Bausteine mithilfe zelleigener Enzyme eingefügt, verändert oder ausgeschaltet werden können

Genom
> Glossar

GAU
größter anzunehmender Unfall

3 Erklären Sie, warum die Forschungen von He Jiankui ein „Tabubruch" sein sollen.

4 Recherchieren Sie zu der im Text erwähnten Genschere Crispr und finden Sie heraus, welche Therapien für welche Krankheiten durch diese Technik möglich werden. 6

M3 Das Dammbruch-Argument in der Anwendung

Gegen Eingriffe in die menschliche Keimbahn, wie sie etwa durch die Technik der Genschere Crispr möglich werden, bringen Kritikerinnen und Kritiker beispielsweise folgendes Argument vor:

Verfahren zu zielgerichteten Veränderungen im Erbgut können nicht nur Krankheiten verhindern, sie könnten auch geeignet sein, gewünschte genetische Eigenschaften der Kinder auszuwählen oder sogar gezielt herzustellen. Daher warnen manche vor der Gefahr eines ‚Dammbruchs': Wenn man das Verfahren zur Erkennung und Vorbeugung schwerer genetisch bedingter Erkrankungen zulasse, sei es nur ein kurzer Weg, mit diesen Verfahren die Kinder nach eigenen Wünschen zusammenzustellen oder sich selbst zu optimieren. Dies könne dazu führen, dass man sich an diesen optimierten Menschen orientiere und damit der Druck wachse, die Nachkommen mit diesen Mitteln zu verbessern.

Keimbahn
Abfolge von Zellen in der Entwicklung eines Embryos. Von der Keimbahn zweigen sich die Körperzellen ab und bilden den Körper.

5 Erklären Sie mithilfe des „Grundwissens", warum bei zielgerichteten Veränderungen im Erbgut ein Dammbruch-Argument befürchtet werden kann.

6 Diskutieren Sie, wie das Dammbruch-Argument seine Gültigkeit verlieren könnte. 4

7 Finden Sie weitere (bio-)technische Entwicklungen, bei denen ähnliche Probleme auftreten und bei denen Dammbruch-Argumente greifen könnten.

Argumente gegen den Fortschritt?

M1 Eingriff ins Erbgut? Argumente dagegen

Neben dem Dammbruch-Argument (S. 142/143) bringen Kritikerinnen und Kritiker auch die folgenden Argumente gegen Eingriffe in die menschliche Keimbahn vor, wie sie etwa durch die Technik der „Genschere" Crispr möglich werden.

Keimbahn
Abfolge von Zellen in der Entwicklung eines Embryos. Von der Keimbahn zweigen sich die Körperzellen ab und bilden den Körper.

Selektion
Auswahl

Wert
> Glossar

Genom
> Glossar

Der Wert der menschlichen Natur

Manche Kritiker argumentieren mit dem Wert der „menschlichen Natur": Es sei eine grundsätzlich unzulässige Grenzüberschreitung, wenn man in die Natur des Menschen – hier: in seine naturbelassene Keimbahn – eingreife und sie manipuliere.

Ein weiterer Kritikpunkt besteht darin, dass man die Veränderungen, die durch Genom-Editierung entstehen, nicht rückgängig machen kann.

Argument der unzulässigen Selektion

Eingriffe in die menschliche Keimbahn können das Ziel haben, unerwünschte genetische Eigenschaften der Nachkommen auszuschalten, damit sind sie eine Form der genetischen Selektion. Hier stellt sich die Frage, wer bestimmt, welche Eigenschaften wünschenswert sind – aus ethischer Sicht ist das eine Bewertung des menschlichen Lebens, die nicht zu rechtfertigen ist. Und wenn ein Mensch genetische Merkmale trägt, die man durch Genom-Editierung hätte verhindern können, könnte er sich diskriminiert fühlen.

Risikoargumente

Um die Eingriffe in das Erbgut zu bewerten, müsste man präzise und verlässlich beurteilen können, wie sicher und wirksam diese Verfahren sind und welche gesundheitlichen Risiken für diejenigen bestehen, deren Erbgut verändert wird.

Diese Verfahren gelten zwar als sehr zielgenau, allerdings sind sie mit deutlichen Risiken und Nebenwirkungen für den Menschen verbunden.

Man wird in absehbarer Zeit nicht alle Faktoren erforschen, die es für eine sichere Bewertung braucht; so ist zum Beispiel unklar, wie sich Genom und Umwelt beeinflussen. Solange so vieles unklar ist, kann man Nutzen und Risiken der gentechnischen Eingriffe in die menschliche Keimbahn nicht zuverlässig einschätzen und gegeneinander abwägen.

1 Erklären Sie jeweils, warum es sich um ein Argument gegen Eingriffe in die menschliche Keimbahn handelt.

2 Diskutieren Sie, welche Argumente Sie mehr überzeugen und welche weniger. 4

3 Erstellen Sie ein Lernplakat, auf dem Sie die drei hier aufgeführten Argumente und das Dammbruch-Argument der vorigen Doppelseite für uninformierte Betrachterinnen und Betrachter zugänglich machen. Sie können dazu auch auf (Bild-)Material aus Ihrer Recherche zu Crispr / Cas 9 (Aufgabe 4, S. 143) zurückgreifen. 10

4 Finden Sie gemeinsam weitere (bio-)technische Entwicklungen, bei denen ähnliche Probleme auftreten und bei denen die drei hier aufgeführten Argumente greifen könnten.

M2 Auf Knopfdruck

Bill Watterson

5 Erläutern Sie den Zusammenhang zwischen dem Geschehen im Comic und M1.

6 Wenden Sie das Risikoargument (M1) und das Dammbruch-Argument (S. 142/143) auf das im Comic dargestellte Verfahren an.

7 Nehmen Sie schriftlich Stellung zu folgender Frage: Ist medizinischer Fortschritt in ethisch vertretbaren Richtlinien überhaupt möglich?

M3 Eine praktische Lösung?

Als „Retter-Geschwister" [...] werden Kinder bezeichnet, die einem kranken älteren Geschwisterkind für die Behandlung notwendiges Blut oder Gewebe liefern sollen. Da die Eltern selbst [...] nicht als Spender geeignet sind, wird eine künstliche Befruchtung durchgeführt und mittels PID der Embryo mit der größten genetischen Übereinstimmung mit dem erkrankten Kind ausgewählt und der Frau eingepflanzt. Nach der Geburt soll dann beispielsweise mit den Stammzellen aus dem Nabelschnurblut oder dem Knochenmark des Neugeborenen dem kranken Geschwisterkind geholfen werden.

Im März 2003 ist in Großbritannien das erste Retter-Geschwisterkind geboren worden. Es sollte seinem zu diesem Zeitpunkt vierjährigen kranken Bruder das Leben retten, der dringend Blutstammzellen benötigte. [...] In Spanien ist im Oktober 2008 das erste Retter-Geschwisterkind zur Welt gekommen. Der Bruder dieses Kindes leidet an einer genetisch bedingten Bluterkrankung. Bereits sieben Wochen, nachdem das erkrankte Kind Stammzellen aus dem Nabelschnurblut des Neugeborenen erhielt, konnten erste Erfolge der Therapie beobachtet werden. Der siebenjährige Junge habe seine Krankheit so gut wie überwunden, berichten die Ärzte.

Die Erzeugung so genannter Retter-Geschwister ist starker Kritik ausgesetzt und wird von vielen Seiten als erster Schritt auf dem Wege zu so genannten „Designer-Babys" gesehen.

Deutsches Referenzzentrum für Ethik in den Biowissenschaften

Präimplantationsdiagnostik (PID)
> Glossar

8 Erklären Sie, welches Argument im letzten Satz vorgebracht wird, und beurteilen Sie, ob es gegen die Zeugung von „Retter-Geschwistern" spricht.

9 Wenden Sie die drei Argumente aus M1 auf das Beispiel an.

10 Diskutieren Sie, wie sich die Vorstellung Immanuel Kants, der Mensch sei stets Zweck an sich und dürfe niemals bloß Mittel sein, auf die Bewertung dieses Beispiels auswirken könnte. 4

Immanuel Kant
> Glossar

11 Begründen Sie in einem anschaulichen Text, ob Sie das beschriebene Verfahren zur Rettung schwerstkranker Kinder für zulässig halten. Berücksichtigen Sie die Perspektiven aller Beteiligten.

Der Arzt meines Vertrauens?

M1 Gut aufgehoben?

Thomas Plaßmann

1 Analysieren Sie die Karikatur und erläutern Sie das medizinethische Problem, das die Karikatur darstellt. 7
2 Diskutieren Sie darüber, welche Umgangsweisen sich schwerkranke Patientinnen und Patienten vermutlich von ihren Ärztinnen und Ärzten wünschen. 4
3 Finden Sie zu zweit Beispiele für Verhaltensweisen (sowohl die Sprache als auch das Auftreten betreffend), die Sie bei Ärztinnen und Ärzten für völlig unangemessen halten.
4 Erstellen Sie eine Liste von Regeln, die Ärztinnen und Ärzte im Umgang mit ihren Patientinnen und Patienten befolgen sollten.

M2 Vier Modelle der Arzt-Patient-Beziehung

Hippokrates > Glossar

Benefizienz Wohltun

Autonomie > Glossar

Interaktion Handeln zweier oder mehrerer Personen, Kommunikation

Paternalistische Entscheidungsfindung: Ziel der paternalistischen Entscheidungsfindung, die in der Literatur auch ‚hippokratisches Modell' bzw. ‚priesterliches Modell' genannt wird, ist eine Entscheidung, die das gesundheitliche Wohl des Patienten bestmöglich fördert. Aufgabe des Arztes ist eine entsprechende Therapieempfehlung, basierend auf den zur Verfügung stehenden Fachkenntnissen und der eigenen klinischen Expertise. Das Wohl des Patienten ist nach den Vorstellungen des Modells objektiv. Die Rolle des Patienten ist verknüpft mit der Einhaltung gesundheitsförderlicher Verhaltensweisen, die den Erfolg der vorgesehenen Behandlung unterstützen sollen. Das ethische Prinzip der Benefizienz [...] hat Vorrang vor dem ethischen Prinzip der Autonomie des Patienten.

Informative Entscheidungsfindung: Ziel der Arzt-Patient-Interaktion ist die informierte Entscheidung des Patienten auf Basis einer möglichst umfassenden Kenntnis über die zur Verfügung stehenden medizinischen Optionen und entsprechend seiner Wertvorstellungen. [...] Aufgabe des Arztes ist die Darlegung der für die Entscheidungsfindung relevanten Informationen. Aufgabe des Patienten ist die Abwägung der erhaltenen Informationen sowie die Entscheidung über die medizinische Prozedur. Die Präferenzen bezüglich gesundheitsbezogener Entscheidungen sind nach Vorstellung dieses Modells dem Patienten bekannt, konstant und individuell verschieden. Die Wertvorstellungen des Arztes sollen die Entscheidung nicht beeinflussen. Das ethische Prinzip der Autonomie des Patienten ist der zentrale Wert dieses Modells der Entscheidungsfindung und steht über dem ärztlich definierten Wohl des Patienten.

Interpretative Entscheidungsfindung: Ziel der Arzt-Patient-Interaktion ist eine Entscheidung, die den Präferenzen des Patienten entspricht. Aufgabe des Arztes ist die Unterstützung des Patienten bei der Identifikation seiner Wertvorstellung. Die Wertvorstellungen des Patienten sind nach dieser Modellvorstellung nicht fix und dem Patienten nur teilweise bewusst. Demnach ist es Aufgabe des Patienten, sich mit Hilfe des Arztes seiner Werthaltungen bewusst zu werden, um eine Entscheidung zu treffen, die seinen Präferenzen am ehesten entspricht. Hinsichtlich des Verhältnisses von Autonomie und Benefizienz steht Ersteres im Vordergrund. Der Arzt steht dem Patienten bei der Suche nach einer Entscheidung, die seinen Präferenzen am ehesten entspricht, beratend zur Seite und setzt dessen Entscheidung um.

Deliberative Entscheidungsfindung: Ziel der Arzt-Patient-Interaktion ist eine Entscheidung, die sowohl persönliche Werthaltungen des Patienten als auch gesundheitsbezogene, ärztlich definierte Werte berücksichtigt. Aufgabe des Arztes ist nach Übermittlung der für die Therapieentscheidungsfindung relevanten Informationen die Partizipation am Diskurs mit dem Patienten. Im Verlauf des Diskussionsprozesses sollen gesundheitsbezogene sowie andere, vom Patienten eingebrachte Wertvorstellungen benannt und abgewogen werden. Der Arzt soll den Patienten von gesundheitsrelevanten Werten überzeugen, wobei jegliche Form der Manipulation oder Zwang vermieden werden muss. In Bezug auf das Verhältnis zwischen Autonomie und Benefizienz wird dem Arzt die Rolle eines Freundes oder Lehrers zugestanden, der eigene Werthaltungen in den Entscheidungsprozess einbringt. Die Kontrolle über die Entscheidung liegt beim Patienten.

Jan Schildmann / Jochen Vollmann

Wert
> Glossar

Präferenz
Vorliebe

Partizipation
Beteiligung, Einbeziehung, Mitwirkung

5 Recherchieren Sie die Bedeutung der Begriffe paternalistisch, informativ, interpretativ und deliberativ und erklären Sie mit eigenen Worten, wie sich die verschiedenen Formen des Arzt-Patienten-Verhältnisses voneinander unterscheiden. 6

6 **a)** Erarbeiten Sie ein Rollenspiel, in dem an einer Beispielsituation verschiedene der genannten Formen des Umgangs zwischen Arzt und Patient zum Ausdruck kommen. 12

b) Führen Sie die Szenen vor der Klasse auf. Die Mitschülerinnen und Mitschüler sollen erkennen, um welche Form es sich handelt.

7 Diskutieren Sie über Vor- und Nachteile der unterschiedlichen Formen und begründen Sie, welche Umgangsweise Sie sich von Ärztinnen oder Ärzten wünschen würden. 4

Herausfordernd und erfüllend: Ethikberatung in der Klinik

M1 Ein Experte berichtet

Dr. med. Andreas Sarropoulos ist leitender Oberarzt und stellvertretender Direktor der Klinik für Kinder- und Jugendchirurgie am Klinikum Ingolstadt, zudem Leiter der klinischen Ethikberatung. Im Interview mit „Abenteuer Ethik" erzählt er von seiner Arbeit.

Dr. Andreas Sarropoulos, MBA, M.A.

Was ist Ihre Hauptaufgabe?

Meine Hauptaufgabe besteht darin, Kinder und Jugendliche je nach Krankheitsbild zu behandeln bzw. zu operieren.

Wie wurden Sie zum Mitglied des Ethikkomitees und was hat Sie dazu bewegt, diese Aufgabe zu übernehmen?

Im Laufe meiner Berufsjahre habe ich gemerkt, dass wir technisch an einen Punkt gelangt sind, vieles zu können, aber vielleicht nicht alles tun zu sollen. Das ist eine besondere Herausforderung, denn das ärztliche Ethos ‚verlangt', dem Patienten alle mögliche Hilfe zukommen zu lassen. Dieses Fürsorgeprinzip des ärztlichen Dienstes stellt den Nutzen des Patienten schon seit Jahrtausenden in den Fokus. Gleichzeitig aber darf durch die Tätigkeit dem Patienten nicht geschadet werden (Nicht-Schadens-Prinzip). Diesen beiden Prinzipien folgend, denken manche Ärzte auch, besser wissen zu können, was gut für den Patienten ist, und behandeln ihn auf eine paternalistische Weise, ohne möglicherweise ausreichend auf die individuellen Wünsche der Person einzugehen.
Diese Überlegungen, aber auch Allgemeines wie die zunehmende Ökonomisierung der Medizin veranlassten mich, mich intensiver mit medizinethischen Themen auseinanderzusetzen und letztlich Medizinethik berufsbegleitend zu studieren. Mit dem Studium und der Hoffnung, durch die Mitarbeit im Ethikkomitee die ethische Meinungsbildung innerhalb unserer Institution zu fördern, kam eins zum anderen und so wurde ich in das klinische Ethikkomitee berufen und Leiter der klinischen Ethikberatung.

Ethos
> Glossar

Institution
öffentliche oder staatliche Einrichtung

Was macht ein klinisches Ethikkomitee?

Klinische Ethikkomitees beschäftigen sich mit grundsätzlichen und strukturellen medizinethischen Fragen, die eine medizinische Einrichtung betreffen. Neben der wichtigen Aufgabe der Organisation ethischer Fallbesprechungen können sie z. B. ethische Leitlinien für die Einrichtung erarbeiten, zu ethischen Fragen, die die Einrichtung betreffen, Stellung nehmen und das Personal für solche Themen sensibilisieren sowie Fortbildungen zu ethischen Themen organisieren.

Worum geht es bei der klinischen Ethikberatung?

In der Ethik geht es um die Frage nach einer gut begründeten Handlung. Sie versucht, aus verschiedenen Alternativen, in der Medizin beispielsweise Therapieoptionen, diejenige zu finden, welche individuell die moralisch am besten zu begründende ist. Manchmal gibt es Situationen, in denen nicht klar ist, welches Ziel ein Patient noch erreichen kann oder auch will.

Wird ihn eine bestimmte Therapie heilen oder würden ihn die Nebenwirkungen kränker machen, sodass die Behandlung seine Lebensqualität oder auch Lebensfreude stärker einschränkt als ohne Behandlung?

Hier ist ein Abwägen des Fürsorge- und Nicht-Schadens-Prinzips nötig. Andererseits ist heute vieles machbar. Unbeantwortet bleibt dabei, ob das Machbare auch das individuell Richtige ist. Die Antwort ist leichter, wenn sich der Patient selbst äußern kann, denn die Patientenautonomie, also der Wunsch des Patienten und die gemeinsame Entscheidungsfindung, sollte für viele Therapieentscheidungen maßgeblich sein.

Allerdings kann nicht immer alles gemacht werden, was sich ein Mensch wünscht. Dann entsteht ein ethischer Konflikt zwischen dem medizinisch Sinnvollen und dem Wunsch des Patienten.

Der Kern der klinischen Ethikberatung besteht also im Versuch, unter Abwägung medizinethischer Kriterien eine ethisch möglichst gut begründete Therapieoption für den einzelnen Patienten zu finden.

Was finden Sie an Ihrer Tätigkeit in der klinischen Ethikberatung belastend?

Wenn eine Ethikberatung einberufen wird, handelt es sich meist um komplexe medizinische und moralische Fallkonstellationen bei schwer erkrankten Menschen. Das Schicksal dieser Menschen, die manchmal auch sehr jung schwer erkrankt sind, kann durchaus belastend sein. Dennoch müssen zur ehrlichen Klärung aller offenen Fragen auch die aussichtslosen Therapieoptionen offen diskutiert werden. Sind dabei Angehörige oder der Patient selbst anwesend, kann dies zu einer starken emotionalen Reaktion führen und damit auch für das Team zur Belastung werden.

Was macht Ihnen Freude in der klinischen Ethikberatung?

Wenn man einem Patienten oder auch Angehörigen in einer verzweifelten Situation helfen kann, indem man sich ausgiebig interdisziplinär Zeit nimmt, dann ist das für mich besonders wertvoll. Es beweist einen wertschätzenden Umgang und bewahrt nicht nur die Würde des Patienten, sondern stützt Angehörige, wenn sie schwierige Entscheidungen stellvertretend mitverantworten müssen.

René Torkler im Interview mit Dr. med. Andreas Sarropoulos vom Klinikum Ingolstadt (November 2021)

Autonomie
> Glossar

interdisziplinär
mehrere Disziplinen umfassend, (hier) unterschiedliche Berufsgruppen und Betroffene umfassend

1 Erläutern und bewerten Sie die Gründe, die Dr. Sarropoulos dazu bewegt haben, sich mit Medizinethik zu befassen.

2 **a)** Nennen und erläutern Sie in Partnerarbeit zwei Beispiele für Konflikte „zwischen dem medizinisch Sinnvollen und dem Wunsch des Patienten".

b) Wählen Sie das schwierigere der beiden Beispiele aus und erläutern Sie, was Sie aus der Perspektiven einer / eines Angehörigen empfehlen würden.

3 Erstellen Sie ein Stellenprofil einer Leiterin/eines Leiters eines klinischen Ethikkomitees, in dem die Aufgaben sowie die beruflichen und persönlichen Anforderungen aufgeführt sind.

4 Diskutieren Sie, ob Sie die Aufgaben und Erfahrungen von Dr. Sarropoulos eher als belastend oder eher als erfüllend einschätzen.
4

Wenn Experten entscheiden

M1 Politikberatung

Auf seiner Website beschreibt der Deutsche Ethikrat die eigene Tätigkeit folgendermaßen:

Präimplantationsdiagnostik (PID) > Glossar

Der Deutsche Ethikrat beschäftigt sich mit den großen Fragen des Lebens. Mit seinen Stellungnahmen und Empfehlungen gibt er Orientierung für die Gesellschaft und die Politik. Die Mitglieder werden vom Präsidenten des Deutschen Bundestages ernannt.

Der Deutsche Ethikrat hat sich am 11. April 2008 auf der Grundlage des Ethikratgesetzes konstituiert und die Nachfolge des im Jahr 2001 von der Bundesregierung eingerichteten Nationalen Ethikrates angetreten. Bislang hat der Deutsche Ethikrat 20 umfangreiche Stellungnahmen erarbeitet, unter anderem zu den Themen Anonyme Kindesabgabe, Intersexualität, Präimplantationsdiagnostik, Gendiagnostik, Patientenwohl und Big Data. Er hat sich damit als Impulsgeber für die Beratung der Politik aber auch der breiten Öffentlichkeit etabliert. *Deutscher Ethikrat*

1 Erklären Sie Sinn und Aufgaben des Deutschen Ethikrats.

2 Recherchieren Sie im Internet, über welche Fragen gegenwärtig im Deutschen Ethikrat diskutiert wird. 6

3 Recherchieren Sie über den Bayerischen Ethikrat und dessen Aufgaben. Suchen Sie sich ein Mitglied aus und erstellen Sie einen Steckbrief (Name, Alter, Fachgebiet, Aufgabe im Ethikrat etc.). Präsentieren Sie sich die Mitglieder des Ethikrats gegenseitig. 6, 11

M2 Keine Kompromisse

Felix Zwinzscher von der „ZEIT" hat zum zehnjährigen Bestehen des Deutschen Ethikrats 2011 das Gründungsmitglied Volker Gerhardt interviewt:

Biobank > Glossar

Norm > Glossar

Genom > Glossar

ZEITONLINE: Welche Hoffnungen hatten Sie, als Sie 2001 in den Ethikrat berufen wurden?

Volker Gerhardt: Die Entwicklungen in Technik, Wissenschaft und medizinischer Praxis erfordern neue ethische Normen, die nicht mehr in Jahrhunderten wachsen können, sondern unter Mitwirkung von Experten begründet und vergewissert werden müssen. Dabei kommt den Ethik-Kommissionen eine eminente Beratungsaufgabe zu. Daran an exponierter Stelle mitwirken zu können, begreife ich als große Aufgabe, obgleich ich nicht zu den Bioethikern im engeren Sinn gehöre.

ZEITONLINE: Was waren die ersten Themen?

Gerhardt: Beim Nationalen Ethikrat war es die Stammzellenforschung. Der Ethikrat hat sich erstmals auch mit der Frage der Biobanken befasst: Welche genetischen Daten sollen wie lange und zu welchen Zwecken gespeichert werden? Wer darf Zugang haben und wer entscheidet über die Nutzung und die Weitergabe? Das sind Fragen, die es vor der Kartierung des Genoms noch gar nicht gab. […]

ZEITONLINE: Würden Sie an der Zusammensetzung des Rates etwas ändern?

Gerhardt: An der Zusammensetzung des Deutschen Ethikrats haben alle im Bundestag vertretenen Parteien und die Bundesregierung mitgewirkt. Insofern kann er als „politischer" gelten als der Nationale Ethikrat. Das muss kein Nachteil sein. Ich selbst würde mir in der Kommission ein paar mehr Philosophinnen und Philosophen wünschen. […]

ZEITONLINE: Bei welchem Thema ist Ihnen die Entscheidung am schwersten gefallen?

Gerhardt: Die Fragen nach dem Beginn und dem Ende des menschlichen Lebens begreife ich nach wie vor als die schwersten Fragen der Bioethik. […] Ein werdendes Kind hat einen hohen Wert für die Gesellschaft, die unter allen Bedingungen auf die Generationen angewiesen ist, die unter ihrer Obhut heranwachsen. Im Keim zu neuem menschlichen Leben lediglich einen „Zellhaufen" zu sehen, mit dem man nach Willkür verfahren kann, ist daher so dumm wie unmenschlich. Ob aber der Embryo bereits, wie der geborene Mensch, einen unbedingten Wert hat, ist eine andere Frage. Dabei kommt es zwar nicht nur, aber eben doch auch auf den Wunsch der Eltern, insbesondere auf den der werdenden Mutter, an. Hier zu einer die verschiedenen legitimen Ansprüche berücksichtigenden Lösung zu finden, ist eine große Herausforderung. […]

ZEITONLINE: Viele Themen, über die Sie entscheiden, behandeln technische und medizinische Probleme. Wie verläuft eine Entscheidungsfindung innerhalb des Rates?

Gerhardt: Wir haben exzellente Fachleute im Ethikrat: Juristen, Mediziner, Biologen, Soziologen und Theologen. Wir holen uns regelmäßig und ausgiebig Rat von Experten auf den Feldern, zu denen wir Empfehlungen vorbereiten. Wir sprechen auch mit Betroffenen und Betreuern. Und wir suchen das Gespräch mit der Bevölkerung, um Ansichten und Stimmungen einschätzen zu können. Zwischen dem Beginn einer Beratung und einer Empfehlung können mehrere Monate bis hin zu zwei Jahren liegen.

ZEITONLINE: Ist eine Erklärung oder Empfehlung des Rates Ergebnis eines Kompromisses?

Gerhardt: Es ist selten so, dass sich eine Meinung einfach durchsetzt. Wir versuchen, Empfehlungen zu geben, die sich möglichst alle zu Eigen machen können. Aber die Erfahrung lehrt, dass grundsätzliche Meinungsverschiedenheiten bleiben. Die werden in unseren Stellungnahmen zusammen mit den oft kontroversen Begründungen aufgeführt. Eine Ethikkommission kann nicht einfach mit Mehrheitsbeschlüssen aufwarten. Ihre wichtigste Aufgabe besteht darin, Sachverhalte zu klären und Gründe zu geben.

ZEITONLINE: Kann man in der Ethik überhaupt Kompromisse eingehen?

Gerhardt: Streng genommen kann es in der Ethik keine Kompromisse geben. Denn man muss nach der Einsicht handeln, für die man vernünftige Gründe hat und die man vor seinem Gewissen rechtfertigen kann. Die Politik hingegen ist der Raum der Verhandlungen und der Kompromisse. Hier geht es darum, Lösungen zu suchen, die Mehrheiten finden können. Und ein Deutscher Ethikrat darf nicht verkennen, dass er eine Einrichtung ist, die sich die Politik geschaffen hat.

ZEIT ONLINE / Volker Gerhardt im Interview mit Felix Zwinzscher

Wert
> Glossar

Soziologin/ Soziologe
Wissenschaftlerin/ Wissenschaftler, die/ der das Zusammenleben der Menschen und ihr Verhalten in der Gemeinschaft erforscht

Soziologie
> Glossar

4 Arbeiten Sie heraus, wo Volker Gerhardt die Arbeit des Ethikrats als positiv beschreibt und wo er Verbesserungsvorschläge sieht.

5 Wählen Sie eines der aktuellen Themen des Ethikrats aus, das Sie in Aufgabe 2 recherchiert haben, und gestalten Sie eine Beratung als Rollenspiel. Dabei sollten folgende Rollen vorkommen: Politikerinnen und Politiker, die Fragen stellen, sowie Expertinnen und Experten, die unterschiedliche Positionen vertreten. 12

Ein ethisches Urteil finden

GEWUSST WIE

Schritte einer ethischen Urteilsfindung

Viele Sachverhalte, die ethische Urteile erfordern, sind an sich schon komplex, und wenn dann noch die ethische Perspektive hinzukommt, kann es sehr herausfordernd werden. Um sich zu einem schwierigen Fall ein ethisches Urteil zu bilden, ist es unverzichtbar, strukturiert vorzugehen. Dabei können die folgenden Schritte hilfreich sein:

1. Situationsanalyse

Zunächst einmal muss das ethische Problem genau erfasst, also verstanden werden. Dazu muss der Fall gründlich betrachtet werden. Folgende Fragen können zum Verständnis beitragen:

- Worum geht es in dem Fall?
- Was genau ist das ethische Problem?
- Wer sind die Beteiligten / Betroffenen?
- Wie positioniere ich mich?

Eine erste Positionierung dient dazu, sich seiner eigenen Überzeugungen bewusst zu werden. Diese Positionierung kann sich im Laufe der Analyse festigen oder auch ändern. Am Ende der Analyse kann so die eigene Urteilsbildung reflektiert werden, indem das erste Urteil noch einmal betrachtet und bewertet wird.

Tipp zu 1. und 2.
Handelt es sich bei der Situation, die beurteilt werden soll, um ein Dilemma, kann die Methodenkompetenz **Eine Dilemmadiskussion führen** auf S. 138/139 eingesetzt werden, um die Schritte 1 und 2 zu unterstützen.

2. Interessenanalyse

In der Interessensanalyse sollen die Interessen der Beteiligten und Betroffenen und die diesen Interessen zugrunde liegenden Werte formuliert werden. Dies dient dazu, die Interessens- und Wertekonflikte, die sich aus dem Fall ergeben, deutlich zu machen und für die Urteilsbildung zu nutzen. Bei der Interessensanalyse sollten folgende Fragen berücksichtigt werden:

- Welche Interessen haben die Beteiligten / Betroffenen?
- Welche Werte liegen dem jeweiligen Interesse zugrunde?
- Welche Konflikte ergeben sich aus den unterschiedlichen Interessen?

Wert
> Glossar

3. Normenanalyse

Normen dienen der Erfüllung von Werten. In diesem Schritt sollen ethische Handlungsnormen (Positionen und Prinzipien) auf den Fall angewendet werden: Aus den Interessen und deren Werten aus Schritt 2 werden Handlungsnormen abgeleitet und diese mit ethischen Kriterien bewertet und vertiefend beurteilt. Fragen für diesen Schritt können sein:

- Welche Handlungsnormen / Positionen / Prinzipien stehen in diesem Fall zur Verfügung?
- Welche Norm soll den Vorrang erhalten und warum?

Tipp zu 3.
Für Schritt 3 können die vier Prinzipien der Medizinethik nach Beauchamp und Childress von S. 136/137 verwendet werden.

Norm
> Glossar

4. Güterabwägung

Im letzten Schritt werden die Güter abgewogen: Der Fall wird unter Einbezug der ethischen Normen aus Schritt 3 beurteilt und es wird versucht, sich für eine Handlungsmöglichkeit zu entscheiden – man bildet sich also ein Urteil über den vorliegenden Fall. Dabei sollten auch weiterhin bestehende Probleme beschrieben werden. So sollte z. B. deutlich gemacht werden, dass zugunsten einer Lösung bestimmte Interessen / Werte verletzt werden, sich dies aber nicht immer vermeiden lässt. Am Ende dieses Schrittes sollte das erste Urteil aus Schritt 1 noch einmal betrachtet werden, um die eigene Urteilsbildung zu reflektieren. Dabei können folgende Fragen helfen:

- Welche Interessen / Werte / Normen haben mich überzeugt und warum?
- Zu welchem Urteil komme ich in diesem Fall abschließend?
- Hat sich mein erstes Urteil als überzeugend herausgestellt und warum (nicht)?

M1 Manni ohne Mantel

Manni B. hat eine bipolare Störung. Eigentlich lebt der 21-Jährige in einer betreuten Wohngruppe und war schon kurz davor, seine Lehre zum Zimmerer, die er krankheitsbedingt unterbrochen hatte, wieder aufzunehmen. Aber seit elf Tagen ist er nach § 1906 BGB in einer geschlossenen Einrichtung untergebracht. Zuvor hatte er seinen Schrank mit all seiner Kleidung aus dem Fenster geworfen, wodurch ein Rentner beim Ausführen seines Hundes fast erschlagen worden wäre.

Während seines Klinikaufenthalts hat sich Manni (Name geändert) bisher kooperativ gezeigt. Er beteiligt sich an den Gruppentherapiesitzungen und nimmt die verschriebenen Medikamente ein. Allerdings weigert er sich seit ein paar Tagen strikt, beim Spaziergang im Klinikpark einen Mantel zu tragen. Die Außentemperatur beträgt derzeit -3° Celsius. Darf Manni trotzdem raus? Muss er auf Station bleiben? Das Behandlungsteam ist unsicher. Manni nur im T-Shirt mitzunehmen, gefährdet seine Gesundheit, ihn gegen seinen Willen auf Station zu lassen, ist aber nichts weniger als eine Zwangsmaßnahme. Und Zwangsmaßnahmen sind auch innerhalb einer gerichtlich angeordneten Einweisung nur „zur Abwendung eines drohenden erheblichen gesundheitlichen Schadens" (§ 1906, [1] 2 BGB) zulässig. Droht Manni bei einem Winterspaziergang im T-Shirt wirklich ein erheblicher Schaden? Juristisch lässt sich darüber nicht befinden. Aber auch der Arzt dürfte sich schwertun mit dieser Frage.

Entscheidungsunsicherheiten, die sich nicht allein fachspezifisch klären lassen (ob nun medizinisch oder juristisch), wecken in klinischen Behandlungsteams häufig einen Bedarf an ethischen Fallberatungen. Ist die Hoffnung auf Klärung durch einen ethischen Blick gerechtfertigt? Wie sollte man vorgehen in einer solchen klinischen Fallbesprechung? Welche Fragen stellen? [...]

Eine ethische Fallbesprechung kann definiert werden als moderiertes Gespräch im multidisziplinären Behandlungsteam. Es strukturiert alle medizinischen, pflegerischen, lebensweltlichen und ggf. auch rechtlichen und ökonomischen Aspekte einer im Raum stehenden Therapieentscheidung, bewertet diese unter bestimmten ethischen Aspekten und endet mit einer Entscheidungsempfehlung.

Rupert M. Scheule

bipolare Störung schwere psychische Krankheit. Die Patientinnen und Patienten leiden unter extremen Stimmungs- und Antriebsschwankungen.

§ 1906 BGB Paragraf des Bürgerlichen Gesetzbuches (BGB): In besonderen Fällen kann man Menschen auch gegen ihren Willen in eine geschlossene Einrichtung einweisen.

multidisziplinär viele Disziplinen umfassend, (hier) Zusammenarbeit von Expertinnen und Experten unterschiedlicher Arbeitsfelder

1 Wenden Sie die Schritte aus „Gewusst wie" auf den Text an. Zur Bearbeitung der Aufgabe können Sie folgende Tipps beachten:
- Für Schritt 1: Diskutieren Sie, wer zum multidisziplinären Behandlungsteam gehören müsste, das sich mit dem Fall Manni beschäftigt. 4
- Für Schritt 2: Erläutern Sie mithilfe von Beispielen, was unter den in Z. 43-44 genannten Aspekten zu verstehen ist und warum es wichtig ist, sie in einer ethischen Fallbesprechung zu berücksichtigen.
- Für Schritt 3: Wenden Sie in Partnerarbeit die vier Prinzipien der Medizinethik von S. 136/137 auf den Fall an.
- Für Schritt 4: Formulieren Sie nach der Güterabwägung eine begründete Handlungsempfehlung.

2 Erstellen Sie eine Methodenkarte zum Thema „Ein ethisches Urteil finden". 8

Über diese Codes kann eine Vorlage und ein Beispiel für die Methodenkarte abgerufen werden.

20070-02

Das Beste für die Patienten: ethische Fallbesprechungen

M1 Ethische Fallbesprechungen – wie und warum

Nicht nur in Krankenhäusern, auch in vielen Pflegeeinrichtungen und Hospizen wird mit ethischen Fallbesprechungen gearbeitet. Die folgenden Grundsätze und möglichen Anlässe stammen von einem Hospiz:

Grundsätze

- Das Gespräch wird ergebnisoffen geführt.
- Die Moderation wird immer von zwei Moderator*innen durchgeführt.
- Im Vordergrund stehen der gleichberechtigte Diskurs und der gemeinsame Entscheidungsfindungsprozess.
- Alle Beteiligten unterliegen der Schweigepflicht gegenüber Dritten.
- Am Ende der Besprechung wird eine Empfehlung formuliert für das weitere Vorgehen.
- Es wird ein Protokoll erstellt.
- Alle beteiligten Berufsgruppen behalten die Verantwortung für ihr Handeln.

Mögliche Anlässe

- Fragen zum Patient*innenwohl
- Unterschiedliche Perspektiven sowohl der Betroffenen als auch der Mitarbeiter*innen, Ärzt*innen, Angehörigen, Bevollmächtigten, gesetzlichen Betreuer*innen u. a.
- Selbst- und fremdgefährdendes Verhalten
- Ermittlung des mutmaßlichen Patientenwillens [bei] Schmerz, Angst, Unruhe etc.
- Diagnostik und Behandlung
- Essen und Trinken, künstliche Ernährung
- Fragen zum Leben und zum Sterben

Urheberrechte bei Hospiz Horn e.V. und der Bremer Heimstiftung

* **Gendersternchen/ Genderstern** (Gender-Star) will die Vielfalt der Geschlechter sprachlich sichtbar machen, d. h. es drückt die Gleichstellung aller Menschen, unabhängig von ihrem Geschlecht und ihrer Geschlechteridentität aus und bezieht nicht nur die traditionellen Geschlechterrollen als Frau und Mann, sondern alle Geschlechtsidentitäten ein. Auch zu finden sind der Gender-Doppelpunkt (Käufer:in) und der Gender-Unterstrich (Gender-Gap, Käufer_in).

Dritte / Dritter Person, die nicht direkt beteiligt ist

Ein ethisches Urteil finden
> Methodenkompetenz S. 152/153

1 Erläutern Sie jeden der genannten Grundsätze und den dahinterstehenden Sinn.

2 Finden Sie zu jedem der genannten Anlässe ein möglichst anschauliches und realistisches Beispiel.

3 Ordnen Sie die Grundsätze und Anlässe den Schritten der Methode „Ein ethisches Urteil fällen" auf der vorigen Doppelseite zu und beurteilen Sie, inwieweit sich die beiden Ansätze überschneiden.

4 a) Recherchieren Sie, in welchen Kliniken in Ihrer Region ethische Fallbesprechungen angeboten werden. 6

b) Wählen Sie einige solcher Angebote aus und gestalten Sie auf Grundlage Ihrer Recherchen in Gruppen Werbeplakate für diese Fallbesprechungen. 10

c) Stellen Sie sich Ihre Plakate gegenseitig vor und beurteilen Sie, wie Sie als Angehörige oder Angehöriger eines schwerkranken Menschen darauf reagieren könnten und was Sie von einer ethischen Fallbesprechung erwarten könnten.

M2 Alles nur noch komplizierter?

Bill Watterson

5 Erläutern Sie die Aussage des Comics und diskutieren Sie mögliche Bezüge zur Medizinethik. 4

6 **a)** Finden Sie ausgehend von der Aussage des Comics möglichst überzeugende Gründe, die man gegen die Medizinethik anführen könnte.

b) Beurteilen Sie, inwieweit diese Gründe gegen die Medizinethik sprechen und was ohne Medizinethik fehlen könnte.

7 Sie haben in diesem Kapitel unter anderem die vier Prinzipien der Medizinethik (S. 136/137), die Dilemmadiskussion (S. 138/139) und die ethische Urteilsbildung (S. 152/153) kennengelernt. Zudem haben Sie über die Bedeutung der Ethik für die Medizin nachgedacht. Nehmen Sie schriftlich Stellung dazu, ob die Anwendung ethischer Prinzipien die Medizin nur komplizierter macht, ob sie in manchen Fällen hilfreich sein kann oder ob sie zwingend notwendig ist.

M3 Der feste Platz der Ethik

Wird Manni [aus dem Fallbeispiel der vorigen Doppelseite] nun ohne Mantel beim Spaziergang dabei sein oder nicht? Das ist keine leichte Frage. Sie ist daher gut aufgehoben in einer ethischen Fallberatung. […] [Zu welchem Ergebnis eine solche Fallberatung führt, hängt nicht zuletzt davon ab, für welche Prinzipien und Arten der Besprechung man sich entscheidet.] So wichtig diese Entscheidung sein mag, wichtiger ist eine andere: der Ethik überhaupt einen festen Platz zu geben im klinischen Alltag. Ethik hilft der modernen Medizin, einige ihrer blinden Flecken aufzuhellen. Darauf sollte sie nicht verzichten.

Rupert M. Scheule

8 Erläutern Sie die Aussage „Ethik hilft der modernen Medizin, einige ihrer blinden Flecken aufzuhellen" mithilfe von Beispielen und nehmen Sie Stellung dazu.

Medical Ethics: An obligation to live or the right to die?

obligation Pflicht

euthanasia Euthanasie, Sterbehilfe > glossary / Glossar

inception Beginn

hastening Beschleunigung

suffering Leiden

physician Arzt / Ärztin

deliberate bewusst

lethal drug tödliches Medikament

to withhold something etwas zurückhalten

to withdraw something etwas zurückziehen

to maintain something etwas erhalten

voluntary freiwillig

to give consent > Wortschatzkasten

guillotine Guillotine, Fallbeil

to contradict something etwas widersprechen

human dignity Menschenwürde > glossary / Glossar

autonomy Autonomie, Unabhängigkeit > glossary / Glossar

M1 Euthanasia – the right to die?

The concept of Euthanasia has been a controversial topic since its inception. The word 'Euthanasia' is derived from Greek, 'Eu' meaning 'good' and 'thanatos' meaning 'death', put together it means 'good death'. Euthanasia is defined as the hastening of death of a patient to prevent further sufferings. Active euthanasia refers to the physician deliberate act, usually the administration of lethal drugs, to end an incurably or terminally ill patient's life. Passive euthanasia refers to withholding or withdrawing treatment which is necessary for maintaining life. There are three types of active euthanasia, in relation to giving consent for euthanasia, namely voluntary euthanasia – at patient request, nonvoluntary – without patient consent, involuntary euthanasia – patient is not in a position to give consent.

Journal of Family Medicine and Primary Care

1 Explain why euthanasia can be described as 'good death'.
2 Formulate hypotheses why "Euthanasia has been a controversial topic since its inception".
3 Form a group of four and research the current euthanasia situation in Germany, Belgium, the UK and the USA. 6

M2 Euthanasia – the right to die?

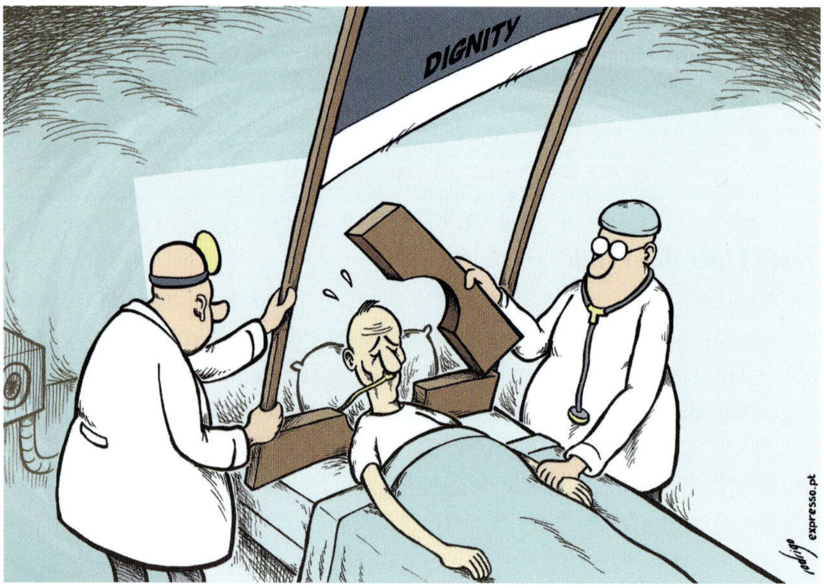

Rodrigo

4 Analyse the cartoon and explain the implied message of the cartoon. 7

5 State your opinion with regard to euthanasia. Include whether euthanasia contradicts or supports human dignity and autonomy.

M3 American physicians are not to engage in euthanasia

It is understandable, though tragic, that some patients in extreme duress – such as those suffering from a terminal, painful, debilitating illness – may come to decide that death is preferable to life. However, permitting physicians to engage in euthanasia would ultimately cause more harm than good.

Euthanasia is fundamentally incompatible with the physician's role as healer, would be difficult or impossible to control, and would pose serious societal risks. Euthanasia could readily be extended to incompetent patients and other vulnerable populations.

The involvement of physicians in euthanasia heightens the significance of its ethical prohibition. The physician who performs euthanasia assumes unique responsibility for the act of ending the patient's life.

Instead of engaging in euthanasia, physicians must aggressively respond to the needs of patients at the end of life. Physicians:

1. Should not abandon a patient once it is determined that a cure is impossible.
2. Must respect patient autonomy.
3. Must provide good communication and emotional support.
4. Must provide appropriate comfort care and adequate pain control.

American Medical Association

6 Outline why the American Medical Association discourages physicians to engage in euthanasia.

7 Imagine you were a physician and were asked to perform assisted suicide. Write an inner monologue in which you explain your moral.

M4 A recommendation

KES

8 Analyse the cartoon. 7

9 Research the health system in the UK and the USA. Is this cartoon especially relevant in one of the two? 6

10 The American Medical Association argues that the permission of physicians to engage in euthanasia might lead to serious societal risks such as the extension of euthanasia to other patients, who are not suffering a terminal illness. Connect the idea with the message of the cartoon.

11 State your opinion: Should physicians engage in euthanasia?

WORTSCHATZ

to give consent: *Zustimmung geben, einwilligen*

If one says yes to something, one gives consent.

Example: The dying person gave his / her consent to an organ transplantation.

duress Not

to suffer from something an / unter etwas leiden

debilitating lähmend, schwächend

preferable to vorzuziehen

to permit something etwas erlauben

to engage in something sich an etwas beteiligen

incompatible unvereinbar

readily einfach, ohne Weiteres

to heighten something etwas verstärken, steigern

prohibition Verbot

to assume responsibility for something Verantwortung für etwas übernehmen

to abandon someone jemanden verlassen

to provide something etwas zur Verfügung stellen

adequate ausreichend, angemessen

to discourage someone jemanden entmutigen

recommendation Empfehlung

to recommend something etwas empfehlen

Ich wiederhole mein Wissen

Medizin und Ethik

Braucht Medizin Ethik? > S. 128/129

Im Umgang mit kranken und pflegebedürftigen Menschen, aber auch in der medizinischen Forschung ist mehr gefragt als rein naturwissenschaftliches Wissen. Viele Fragen haben auch einen ethischen Hintergrund, beispielsweise wann ein Leben beginnt, wann es endet, wer darüber entscheiden darf / soll, ob alles, was machbar ist auch sinnvoll ist etc. Mit dem **Gelöbnis**, das Ärztinnen und Ärzte ablegen, verpflichten sie sich u. a. der „Gewissenhaftigkeit und Würde" sowie den „Geboten der Menschlichkeit", damit ist eine Art berufsethischer Rahmen vorgegeben.

Personbegriff und Menschenwürde

Der Begriff der Person > S. 130/131

Um Menschen angemessen zu behandeln, ist es hilfreich, sich klarzumachen, dass sie eine **unveräußerliche Menschenwürde** haben. Es gibt zahlreiche Theorien darüber, was eine **Person** ausmacht, dennoch gibt es keinen allgemeingültigen Begriff, der in medizinethischen Fragen alle Probleme lösen könnte. Die **Frage, was einen Menschen ausmacht**, bleibt eine unverzichtbare Grundlage für die Medizinethik.

Ethische Fragen zum Ende des Lebens

Würde man das mit Menschen machen? > S. 132/133

In der Diskussion um **Sterbehilfe** wird häufig mit der Würde argumentiert, was allerdings zu sehr unterschiedlichen Ergebnissen führen kann: Entweder schützt diese Würde die Person davor, dass sie getötet wird, oder diese Würde zeigt sich in ihrem Recht auf Selbstbestimmung, auch in der Frage, wann und wie sie sterben möchte.

Triage

Entscheidung über Leben und Tod > S. 134/135

Wenn in Notfallsituationen unter Zeitdruck nach medizinischer Dringlichkeit entschieden werden muss, wer (zuerst) behandelt wird, wird u. a. auf das **„Manchester Triage Modell"** zurückgegriffen, um diese schwierigen Entscheidungen etwas zu erleichtern und transparent zu machen.

Prinzipien der Medizinethik

Prinzipien medizinethischer Entscheidungen > S. 136/137

Eine Dilemmadiskussion führen/ Ein ethisches Urteil finden > Methodenkompetenzen S. 138/139 und S. 152/153

In schwierigen medizinethischen Entscheidungen kann es hilfreich sein, sich die vier Prinzipien der Medizinethik von Childress und Beauchamp zu vergegenwärtigen und sie gegeneinander abzuwägen, beispielsweise in einer **Dilemmadiskussion** oder bei den **Schritten einer ethischen Urteilsfindung**:

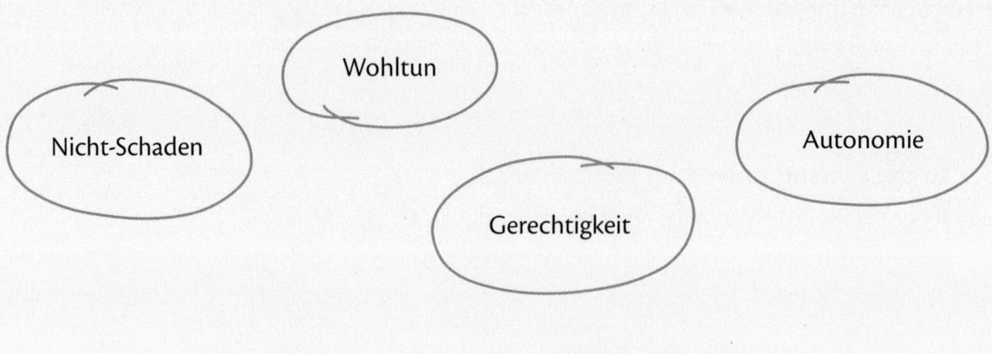

Medizinische Fortschritte beurteilen

Zahlreiche Errungenschaften der modernen Medizin(technik) bringen **Vorteile** für die Patientinnen und Patienten, jedoch ist stets zu bedenken, welche **negativen oder unvorhergesehenen Folgen** eine neue Behandlungsmethode haben könnte.

Eine Reihe von Argumenten wird immer wieder angeführt, um solche medizinischen Maßnahmen zu beurteilen. Das **Dammbruch-Argument** (auch Argument der schiefen Ebene) soll zeigen, dass etwas zu einer Ausweitung oder Gewöhnung führt, was letztlich zu einem katastrophalen oder zumindest negativen Ergebnis führt.

Risikoargumente beziehen sich auf die Sicherheit und die nicht abschätzbaren Folgen, die eine Abwägung von Nutzen und Risiken unmöglich machen.

Auch der **Wert der menschlichen Natur** wird immer wieder angeführt, z. B. wenn es um Eingriffe in die menschliche Keimbahn geht.

Werden Verfahren zum Ausschluss von Krankheiten bewertet, liegt das **Argument der unzulässigen Selektion** nahe; damit wird darauf aufmerksam gemacht, dass eine Bewertung menschlichen Lebens nicht zulässig ist.

Medizinischer Fortschritt – Fluch oder Segen?
> S. 140/141

Auf der schiefen Ebene: Dammbruch-Argumente
> S. 142/143

Argumente gegen den Fortschritt?
> S. 144/145

Das Verhältnis von Arzt / Ärztin und Patient / Patientin

Ein **vertrauensvolles Verhältnis** zwischen Arzt/Ärztin und Patient / Patientin ist eine wichtige Voraussetzung für eine gelingende Behandlung. Man unterscheidet vier Arten der Entscheidungsfindung:

- paternalistisch
- informativ
- interpretativ
- deliberativ

Der Arzt meines Vertrauens?
> S. 146/147

Medizinethik im Klinikalltag

In vielen Kliniken gibt es **Ethikkommitees**, die sich mit medizinethischen Fragen beschäftigen, darüber informieren und dafür sensibilisieren. Sie beraten – häufig mit Anwendung der Prinzipien der Medizinethik – beispielsweise darüber, welche Therapiemöglichkeit für eine Patientin oder einen Patienten die beste ist.

An ethischen **Fallbesprechungen** sind neben den behandelnden Ärztinnen und Ärzten auch Pflegekräfte und Angehörige beteiligt; das Gespräch folgt einer vorgegebenen Struktur und wird von einem Moderator oder einer Moderatorin geleitet.

Herausfordernd und erfüllend: Ethikberatung in der Klinik
> S. 148/149

Das Beste für den Patienten: ethische Fallbesprechungen
> S. 154/155

Der deutsche Ethikrat

Der deutsche Ethikrat befasst sich mit „den großen Fragen des Lebens" – dazu gehören zahlreiche medizinethische Fragen wie z. B. Sterbehilfe, Schwangerschaftsabbruch, Gerechtigkeit im Gesundheitswesen oder Gendiagnostik.

Der Ethikrat **berät die Politik**, will **Orientierung** geben und zu **gesellschaftlichen Debatten** über ethische Fragen anregen.

Wenn Experten entscheiden
> S. 150/151

Ich wende mein Wissen an

Von einer ärztlichen Behandlung erwartet man zunächst Heilung oder Linderung – aber es gibt auch eine Dimension, die über das rein Medizinische hinausreicht. Sie sollten erkennen und verstehen, ...

- in welchen Fällen und Situationen eine allein medizinische Sicht auf die Patientin/ den Patienten unvollständig wäre.
- wie die Ethik die Medizin bereichern kann.

M1 Medizin und Ethik

Die Medizin kann helfen, wenn es um Leben und Tod, um Gesundheit und Krankheit geht, aber soll sie das auch in jedem einzelnen Fall? Muss es nicht Grenzen diesseits dessen geben, was machbar ist? Und was kann demgegenüber die Ethik? Kann sie überhaupt in medizinischen Angelegenheiten helfen? *Wilhelm Vossenkuhl*

1 Beantworten Sie in Partnerarbeit die im Text gestellten Fragen.

2 Erläutern Sie, bei welchen Krankheiten und welchen Behandlungen Sie sich als Patient oder Patientin wünschen würden, dass der Arzt / die Ärztin sich auch mit ethischen Fragen befasst.

Nicht alles, was heute medizinisch machbar ist, ist auch angemessen und gut, daher sollten Sie stets überlegen und urteilen, ...

- ob das medizinisch Machbare auch das ethisch Angemessene und für die Patientin/ den Patienten das Beste ist.
- wie eine gute Entscheidung im Sinne der Patientin / des Patienten gefunden werden könnte.

M2 Echter Fortschritt?

GB

1 Analysieren Sie die Karikatur und beurteilen Sie die Aussage des Arztes. 7

2 Nennen und erläutern Sie Beispiele für medizinischen Fortschritt, der nicht in allen Fällen ein echter Fortschritt für die Patientinnen und Patienten ist.

Das Verhältnis von Arzt / Ärztin und Patient / Patientin hat auch Einfluss auf den Erfolg einer Behandlung. Für alle Beteiligten ist es wichtig, ethisch zu handeln und zu kommunizieren, indem Sie ...

- die teils schwierige und belastende Situation der Betroffenen ernst nehmen.
- sich als Patientin / Patient oder Angehörige / Angehöriger trauen, auch Fragen zu stellen, die über das rein Medizinische hinausgehen.

M3 Das heilsame Gespräch

Das Gespräch [zwischen Arzt und Patient] kann etwas sehr Heilsames haben, indem es eine entängstigende, vergewissernde Funktion entfalten kann. Zugleich besteht die Chance, dass durch das gemeinsame Sprechen eine Gemeinschaftserfahrung gemacht wird. Diese Erfahrung gibt dem kranken Menschen das Gefühl, in seiner Not, mit seinen Problemen nicht allein zu sein.

Giovanni Maio

1 Erläutern Sie mithilfe des Textes und ggf. eigener Erfahrungen die Vorteile eines gelungenen Gespräches zwischen Arzt/ Ärztin und Patient / Patientin.

2 Erstellen Sie in Partnerarbeit eine Liste mit mindestens fünf Gesprächsregeln, von denen Sie sich wünschen, dass sich Ihre Ärztin / Ihr Arzt daran hält.

Ethische Fallbesprechungen haben sich in Kliniken bewährt, um gute Lösungen für den Patienten oder die Patientin zu finden. Dabei ist es wichtig, sich einzufühlen und Anteil zu nehmen und sich zu fragen, ...

- welche Behandlung am meisten den Wünschen der Patientin / des Patienten entspricht.
- ob die Würde der Patientin / des Patienten gewahrt wird.

M4 Keine einfache Entscheidung

Meine Uroma kann nicht mehr richtig essen und nicht mehr sprechen, sie wird immer klappriger, jetzt soll sie vielleicht künstlich ernährt werden. Und diese blöde Ärztin entscheidet das nicht einfach, die will sich tatsächlich mit anderen Leuten aus der Klinik und auch mit Opi zusammensetzen – und der hat gar keine Ahnung von Medizin!

Lucia

1 Überlegen Sie gemeinsam, was „Opi", der Sohn der Patientin, auch ohne medizinisches Fachwissen dazu beitragen kann, dass für Lucias Uroma eine gute Lösung gefunden wird.

2 Erklären Sie Lucia die Vorzüge einer ethischen Fallbesprechung.

Glossar

Allgemeine Erklärung der Menschenrechte (kurz Menschenrechtserklärung) Resolution (Erklärung) der UN-Vollversammlung. Sie wurde am 10. Dezember 1948 in Paris verkündet, dieser Tag ist daher auch als Internationaler Tag der Menschenrechte bekannt. Sie ist im Zusammenhang mit dem Zweiten Weltkrieg und den Verbrechen des Nationalsozialismus entstanden und hält fest, dass jede Person unabhängig von bestimmten Eigenschaften wie Nationalität, Hautfarbe, Religion oder Sprache gleiche Rechte hat. Zu den Menschenrechten gehören z. B. das Recht auf Leben, die Glaubens-, Gewissens- und Bekenntnisfreiheit und das Recht der freien Meinungsäußerung. Damit richten sich die Menschenrechte direkt gegen Diskriminierung. Die Allgemeine Erklärung der Menschenrechte ist eine Resolution, d. h., sie ist rechtlich nicht verbindlich. Da sie aber den Status einer universellen, also allgemeingültigen Anerkennung erreicht hat, ist sie auch nicht vollkommen unverbindlich. Die Menschenrechte werden als gemeinsam zu erreichendes Ideal verstanden und als > Norm, an die sich alle Länder halten sollen. Jeder Mitgliedstaat ist zur Einhaltung der Erklärung verpflichtet, sobald er den Vereinten Nationen beitritt. Viele Nationen haben die Menschenrechte in ihre Verfassungen aufgenommen, so sind sie auch im > Grundgesetz (GG) der Bundesrepublik Deutschland enthalten.

Arendt, Hannah (1906-1975) amerikanische Philosophin deutscher Herkunft. Sie war Jüdin und musste in der Zeit des Nationalsozialismus 1933 nach Paris und später in die USA auswandern. Hannah Arendt schrieb viele Bücher zur politischen Theorie. Nach ihrer Auffassung ist jeder Mensch selbst für seine Taten verantwortlich und nicht von Grund auf gut oder böse. Unter dem Bösen versteht sie eine mangelnde Urteilsfähigkeit. Hannah Arendt erforschte u. a. den Totalitarismus, also politische Herrschaft, die absolut und uneingeschränkt über die von ihr Beherrschten verfügen will. In ihren Büchern dachte sie über staatliche Formen nach, in denen jeder Mensch die Chance hat, sich frei zu entwickeln und nach der Wahrheit zu suchen. Dafür sollten alle in einem unendlichen Gespräch frei und mutig darüber nachdenken, was die Wahrheit ist, und sich dabei in die Situation des anderen hineinversetzen. Das nannte Hannah Arendt *going visiting*: den anderen in seiner inneren Welt besuchen. Ihrer Meinung nach kann die Wahrheit nur in einem Raum gefunden werden, in dem es viele Stimmen gibt. Über die Philosophie hinaus bekannt ist ihr Bericht über den Eichmann-Prozess (1963, deutsch: „Eichmann in Jerusalem. Ein Bericht von der Banalität des Bösen").

Autonomie Selbständigkeit, Unabhängigkeit. In der Ethik die Selbstgesetzgebung oder Selbstbestimmung des freien Willens, zu der (nur) der Mensch als Wesen mit Vernunft fähig ist.

Autorität Person, die aufgrund ihrer Fähigkeiten und Leistungen und / oder ihres Ansehens Einfluss auf andere ausüben kann. Die beiden Begriffe „Autorität" und „autoritär" haben die gleiche Wurzel, weichen jedoch voneinander ab: Eine Autorität ist eher etwas Positives, wohingegen der Begriff „autoritär" für eine Handlungsweise steht, die weder Kritik noch Widerspruch zulässt und unbedingten Gehorsam erwartet, „autoritär" wird daher häufig in negativem Sinne verwendet.

Biobank Einrichtung, die dem menschlichen Körper entnommene Materialien wie Gewebe, Zellen, Blut und damit verbunden DNA sowie personenbezogene Daten einer Person wie Alter, Wohnort, Gesundheitszustand etc. speichert. Forscherinnen und Forscher erhoffen sich dadurch neue Informationen über die Ursachen von Krankheiten und eine Behandlung, die genauer auf die Patientin / den Patienten zugeschnitten ist. Kritikerinnen und Kritiker sehen

Gefahren in der Nutzung der personenbezogenen Daten und fordern eine strenge Anonymisierung der Daten.

Bots (Kurzform für das englische Wort *robot*: Roboter) Computerprogramme, die automatisiert vor allem sich wiederholende Aufgaben ohne menschliche Interaktion abarbeiten können. Das können auch Programme sein, die erlaubt oder unerlaubt Daten verarbeiten, sich mit anderen Computern vernetzen und Daten weitergeben. Meinungs-Bots in sogenannten Sozialen Netzwerken werden auch dazu verwendet, menschliche Identitäten in Fake-Accounts vorzutäuschen oder automatisierte Antworten auf Kundenfragen zu geben.

Care-Arbeit Sorgearbeit, Fürsorgearbeit; im weitesten Sinne alle Tätigkeiten, die mit der Betreuung, Pflege und Unterstützung hilfebedürftiger Menschen zu tun haben. Care-Arbeit umfasst die klassischen Erwerbsberufe u. a. aus den Bereichen Pflege oder Erziehung genauso wie ehrenamtliche oder nachbarschaftliche Hilfstätigkeiten oder die innerhalb der Familie geleistete Betreuungs- und Hausarbeit. Care-Arbeit gehört aufgrund der demografischen Entwicklung zu den am stärksten wachsenden Arbeitsbereichen, wird jedoch zu einem Großteil unentgeltlich im privaten Familienumfeld und hier meist von Frauen geleistet. In den Berufen der erwerbsförmigen Sorgearbeit (soziale Arbeit, Pflegedienste, Pflegeheime, Kindererziehung und -betreuung) stellen mit über 80 % ebenfalls Frauen die Mehrheit. In vielen Fällen nehmen Personen, die Care-Arbeit leisten, Nachteile in Kauf, da sie weniger oder gar kein Einkommen erhalten, in Folge eine schlechtere Rente zu erwarten haben und verminderte Karrierechancen besitzen. Die sozial- und gesellschaftspolitische Herausforderung besteht darin, eine Lösung für das Problem zu finden, dass unsere Gesellschaft zwar einerseits notwendig auf geleistete Care-Arbeit angewiesen ist, ihr andererseits aber nicht denjenigen Stellenwert zuerkennt, den sie tatsächlich einnimmt. Care-Berufe müssen daher durch ein qualifiziertes Aus- und Weiterbildungssystem, verbesserte Arbeitsbedingungen und bessere Bezahlung zu „Lebensberufen" weiterentwickelt und aufgewertet werden.

Civil Rights Movement Bürgerrechtsbewegung in Amerika, die zwischen Mitte der 1950er und Mitte der 1960er gegen soziale Ungerechtigkeit und Unterdrückung und für die Gleichberechtigung aller amerikanischen Bürgerinnen und Bürger kämpfte. Insbesondere setze sich das Civil Rights Movement gegen die Rassentrennung in den Südstaaten der USA ein, die die Schwarze Bevölkerung diskriminierte. Zu den bedeutendsten Vertretern des Civil Rights Movement gehört > Martin Luther King Jr. Das Civil Rights Movement kämpfte mit den ‚Waffen' des gewaltlosen Widerstands, es wurden gewaltfreie Aktionen wie Märsche, Sitzblockaden und Gebetskreise durchgeführt. Der Bewegung gelang es zusammen mit > Martin Luther King Jr. beispielsweise, dass die Schwarzen US-Bürgerinnen und -Bürger im Zuge des Civil Rights Act von 1964 uneingeschränkte Wahlrechte bekamen.

Ethos Grundhaltung des Einzelnen oder einer Gruppe, die von > Normen geprägt ist, beispielsweise Berufsethos von Ärztinnen und Ärzten. Ein Ethos in diesem Sinne entsteht durch Übung und Gewohnheit oder durch eine allgemeine Übereinstimmung, sich in einer bestimmen Art und Weise zu verhalten. Die > Normen, nach denen man sich in einem Ethos richtet, stützen sich auf > Traditionen.

Euthanasie aus dem Griechischen stammendes Wort mit der ursprünglichen Bedeutung „guter, schneller, schmerzloser Tod". Damit war in der Antike ein Tod „an der Zeit" gemeint, d. h. ein Tod, der nicht vorzeitig war und bei dem man nicht lange leiden musste. Es ging also um den Tod an sich und nicht um einen Eingriff in die Sterbedauer. Heute wird der Begriff international als Bezeichnung für aktive > Sterbehilfe verwendet. Wegen des Missbrauchs der Bezeichnung durch die Nationalsozialisten wird der Begriff in Deutschland aber möglichst vermieden. Euthanasie bezeichnet in Deutschland das Mordprogramm der Nationalsozialisten an Kindern und

Erwachsenen mit Behinderung, kranken und alten Menschen.

Freud, Sigmund (1856-1939) österreichischer Nervenarzt. Er entwickelte die sogenannte Psychoanalyse, ein Verfahren zur Untersuchung unbewusster seelischer Vorgänge. 1899, vordatiert auf 1900, erschien sein frühes Hauptwerk „Die Traumdeutung". Die Beschäftigung mit dem Thema Religion führte 1930 zur Schrift „Das Unbehagen in der Kultur". Nach dem Anschluss Österreichs an das nationalsozialistische Deutsche Reich 1938 floh Freud mit seiner Frau und seiner jüngsten Tochter Anna nach London ins Exil, wo er weiter schrieb und praktizierte.

Fromm, Erich (1900-1980) deutscher Psychoanalytiker, Philosoph und Sozialpsychologe. Vor allem seine Bücher „Die Kunst des Liebens" (1956) und „Haben oder Sein" (1976) wurden zu Bestsellern und seine Gedanken viel diskutiert.

Gender / gender (lateinisch *genus*: Geschlecht, englisch *gender*: Geschlecht) Begriff zur Bezeichnung des sozialen Geschlechts einer Person. Im Englischen gibt es im Gegensatz zum Deutschen zwei Bezeichnungen für das Wort Geschlecht: *gender* und *sex*. „Gender" meint das sogenannte soziale Geschlecht, welches aus dem gesellschaftlichen Verständnis von Geschlechterrollen entsteht. Hier sind Rollenvorstellungen, Rollenverhalten und Geschlechterrollen von Bedeutung. Der Begriff „Sex" meint das biologische Geschlecht, welches genetisch festgelegt ist. Der Begriff „Gender" soll zum einen deutlich machen, dass das soziale Geschlecht von gesellschaftlichen Faktoren abhängt und sozialen Zuschreibungen unterliegt. So kann sich das soziale Geschlecht in unterschiedlichen Gesellschaften auch unterscheiden. Zum anderen soll der Begriff die Unabhängigkeit des sozialen vom biologischen Geschlecht deutlich machen. Die Verwendung der beiden Begriffe „Sex" und „Gender" bietet die Möglichkeit, scheinbar geschlechtsspezifisches Rollenverhalten kritisch zu hinterfragen.

Genom Summe der Gene eines Lebewesens. Außer bei bestimmen Viren, ist das Genom deckungsgleich mit der gesamten DNA einer Zelle oder eines Virus. Kann man ein Genom vollständig bestimmen, können beispielsweise Erbkrankheiten analysiert werden. Die Forschung, die sich damit beschäftigt, nennt man Genomik.

Grundgesetz (GG) rechtliche und politische Grundordnung der Bundesrepublik Deutschland. Sie ist am 24. Mai 1949 in Kraft getreten. Das Grundgesetz verschafft der Bundesrepublik ein demokratisches Selbstverständnis und entspricht einer Verfassung. Es gliedert sich in 202 Artikel, in denen das Verhältnis des Staats zu seinen Bürgern geregelt wird.

Habermas, Jürgen (*1929) bekannter deutscher Philosoph und Soziologe (> Soziologie). Er entwickelte zusammen mit dem Philosophen Karl-Otto Apel die Diskursethik und ist auch in den Medien präsent, da er sich immer wieder zu politischen Debatten äußert.

Hippokrates (um 460 v. Chr.-370 v. Chr.) griechischer Arzt. Er gilt wegen seiner Beschreibungen und Beobachtungen von Krankheiten und deren Symptomen als Begründer der Medizin als Wissenschaft. Der „Hippokratische Eid", den Ärztinnen und Ärzte auch heute in Form eines abgewandelten Gelöbnisses ablegen, gilt als Erinnerung an die verantwortungsbewusste Haltung des Hippokrates.

investigativer Journalismus eine Form des > Journalismus, der eine umfassende und gründliche Recherche zu Themen anstellt. Der investigative Journalismus untersucht meist gesellschaftlich relevante Themen aus Wirtschaft, Gesellschaft und Politik, um Skandale und Missstände aufzudecken. Er spielt als unabhängiger investigativer Journalismus eine wichtige Rolle bei der öffentlichen Kontrolle von Politik und Wirtschaftskonzernen (Medien als vierte Gewalt). Dabei werden oft Quellen verwendet, die nicht öffentlich zugänglich sind, wie geheime Akten oder nichtöffentliche > Kommunikation.

Auch Insiderwissen durch > Whistleblower zählt zu den Informationsquellen. Diese Art des > Journalismus ist aufwändig und auch mit Risiken für Journalistinnen und Journalisten verbunden.

Jim-Crow-Gesetze / Jim Crow Laws (von *Jim Crow*: abwertende Bezeichnung für Schwarze Personen in den USA, auch verwendet für Rassentrennung und Rassendiskriminierung) von 1896 bis 1964 geltende Gesetze zur Rassentrennung in der Öffentlichkeit und im Bereich der Bildung in den USA. Die Jim-Crow-Gesetze trennten die Schwarze und weiße Bevölkerung in so gut wie jedem Bereich des Lebens und gingen mit einer Diskriminierung der Schwarzen Bevölkerung einher. Mit der Entscheidung des Obersten Gerichtshofs im Jahr 1896, die dem Slogan *„separate-but-equal"* (getrennt, aber gleich) folgte, wurde die Schwarze Bevölkerung beispielsweise gezwungen, in anderen Bereichen eines Restaurants zu sitzen, andere Toiletten zu benutzen, eigene Sitzplätze (im hinteren Teil) von Bussen zu nutzen oder getrennt von der weißen Bevölkerung zur Schule zu gehen. Die Jim-Crow-Gesetze galten von 1896 bis 1964, als sie durch die Bemühungen des > Civil Rights Movement unter > Martin Luther King Jr. aufgehoben wurden. 1964 wurde die Rassentrennung in den USA durch den Civil Rights Act per Gesetz aufgehoben.

Journalismus meint die Aufbereitung von aktuellen Informationen für die Öffentlichkeit. Im engeren Sinn steht die Bezeichnung für die Arbeit von Journalistinnen und Journalisten in unterschiedlichen (online) Medien wie Fernsehen, Presse, Hörfunk, Nachrichtenagenturen, Zeitungen und Zeitschriften. Journalistinnen und Journalisten wollen dabei die Öffentlichkeit mit politischen, gesellschaftlichen, kulturellen (> Kultur) und wirtschaftlichen Informationen versorgen und im Besonderen auf Missstände aufmerksam machen (> investigativer Journalismus). Journalismus hat eine meinungsbildende Wirkung und damit eine wesentliche gesellschaftliche Funktion, daher müssen sich Journalistinnen und Journalisten an Fakten orientieren und die Herkunft, den Inhalt und den Wahrheitsgehalt ihrer Informationen vor einer Veröffentlichung sorgfältig prüfen. Da Journalismus als ein Medium zur vierten Gewalt in Demokratien gehört, soll er zur Informationsvermittlung, Meinungsbildung und Kritik- und Kontrollfunktion beitragen: Er hat die Aufgabe, vollständig, sachlich und verständlich über öffentliche Ereignisse zu informieren.

Kant, Immanuel (1724-1804) bedeutendster Philosoph der deutschen Aufklärung, einer europäischen geistigen Bewegung im 17./18. Jahrhundert, deren Kennzeichen unter anderem die Hervorhebung der Bedeutung der Vernunft und des eigenständigen Denkens des Menschen sowie der Kampf gegen Vorurteile und die Hinwendung zu den Naturwissenschaften waren. Nach Immanuel Kant wird der Mensch durch Erziehung und Bildung zum Vernunftwesen, zum *animal rationale*. Erst als Vernunftwesen ist der Mensch in der Lage, moralisch zu handeln.

King Jr., Martin Luther (1929-1968) US-amerikanischer Bürgerrechtler und Pastor. Er gilt als einer der bedeutendsten Vertreter der amerikanischen Schwarzen Bürgerrechtsbewegung > Civil Rights Movement gegen soziale Ungerechtigkeit und Unterdrückung und für die Gleichberechtigung aller amerikanischen Bürgerinnen und Bürger. Für seinen Einsatz im Bereich der sozialen Gerechtigkeit erhielt er 1964 den Friedensnobelpreis. Er war inspiriert von > Mahatma Gandhi und dessen Konzept des gewaltfreien Widerstandes. Am 4. April 1968 wurde King bei einem Attentat erschossen.

Kommunikation (lateinisch *communicare*: teilen, mitteilen, gemeinsam machen, vereinigen) Austausch oder Übermittlung von Informationen entweder mittels sprachlicher Zeichen (z. B. geschriebener Text, gesprochene Sprache) oder nichtsprachlicher Zeichen (z. B. Lichtsignale). Dabei kann es sich im Bereich der Sozialhandlung um eine Kommunikation zwischen Menschen handeln. Kommunikation steht aber auch für einen Austausch von Informationen zwischen Endgeräten.

Kultur Gesamtheit dessen, was der Mensch hervorbringt, im Unterschied zu der von ihm nicht geschaffenen, unveränderten Natur. Kulturleistungen sind alle formenden Umgestaltungen eines gegebenen Materials (Technik, Handwerk) sowie alle Schöpfungen menschlichen Geistes (Sprache, Literatur, Philosophie, Religion, Kunst, Wissenschaft). Verschiedene Gruppen von Menschen haben dabei unterschiedliche Kulturen.

LGBTIQ / LSBTIQ Abkürzung, die im Englischen steht für LGBTIQ: Lesbians, Gays, Bisexuals, Transgender (> Gender), Intersex & Queers. Im Deutschen steht LSBTIQ für Lesben, Schwule, Bisexuelle, Trans*, Inter* und Queers. Bei der Schreibweise LSBTIQ* wird der Asterisk / das Sternchen* als Platzhalter für weitere, nicht benannte Identitäten hinzugefügt.

Locke, John (1632-1704) englischer Philosoph und Staatstheoretiker, der als Hauptvertreter des Empirismus gilt, einer philosophischen Lehre, nach der alle Erkenntnis nur auf Erfahrung (Beobachtung, Experiment) beruht (Gegenrichtung: Rationalismus). In seinem Hauptwerk „Über den menschlichen Verstand" (1960) vergleicht er das Bewusstsein eines Neugeborenen mit einer leeren Tafel. Diese wird im Verlauf des Lebens durch die Erfahrung beschrieben. John Locke prägte außerdem den sogenannten Liberalismus. Das ist eine Auffassung von Staat, Gesellschaft und Wirtschaft, in der die Freiheit des Einzelnen eine wesentliche Rolle spielt. Locke beeinflusste die Entwicklung moderner Staaten und Demokratien entscheidend und übertrug die freiheitlichen Ideen der Aufklärung auf Staat und Politik.

Menschenwürde der Begriff der Würde umfasst den geistigen > Wert eines Menschen, der grundsätzlich jeder und jedem, unabhängig von Geschlecht, Herkunft, Alter, Gesundheit, etc. zuerkannt wird. Die Menschenwürde gilt als zeitloses und über dem Staat stehendes Prinzip und ist daher im > Grundgesetz (GG) in Artikel 1 als wichtigstes Element verankert.

Norm Handlungsanweisung, Verhaltensregel bzw. Verhaltenserwartung, die sich nach bestimmten ethischen > Werten und Maßstäben richtet. Man kann sie nach ihrer Herkunft und Geltung in rechtliche und moralische Normen unterscheiden. Moralische Normen ergeben sich aus den Moralvorstellungen der Menschen. Ein Teil der moralischen Normen ist identisch mit den rechtlichen Normen (z. B. du sollst nicht töten), andere jedoch nicht (z. B. du sollst nicht lügen). Wer gegen moralische Normen verstößt, muss damit rechnen, dass er z. B. verachtet wird, dass niemand mehr mit ihm zu tun haben will, dass man ihm nicht mehr vertraut. Daneben gibt es noch Konventionen, das sind (oft nicht festgeschriebene) Regeln und Übereinkünfte von Gruppen, wie z. B. Anstands- und Benimmregeln.

Parks, Rosa Louise (1913-2005) amerikanische Bürgerrechtsaktivistin. Rosa Parks wurde am 01.12.1955 in einem Bus in Montgomery verhaftet, weil sie sich geweigert hatte, einem weißen Fahrgast ihren Sitzplatz zu überlassen. Sie verstieß damit gegen die damals gesetzlich geltende Rassentrennung (> Jim-Crow-Gesetze) in den USA. Durch ihre Weigerung wurde sie zur zentralen Figur des > Civil Rights Movement (Bürgerrechtsbewegung), dessen Widerstand zur Aufhebung der > Jim-Crow-Gesetze (1964) und der Rassentrennung in den Südstaaten der USA führte. Rosa Parks setzte sich ihr Leben lang für das > Civil Rights Movement und die Schwarze Bevölkerung in Amerika ein.

Paulus (Anfang des 1. Jahrhunderts-ca. 60/62, hebräischer Name: Saul, lateinischer Name: Saulus) Theologe und Missionar. Nach christlichem Verständnis ist Paulus einer der zwölf Apostel / Jünger Jesu, die direkt beauftragt waren, den christlichen Glauben zu verkündigen. Paulus gilt als Verfasser der ältesten Schrift des Neuen Testaments. Er stammte aus einer gläubigen jüdischen Familie und stand dem Christentum zunächst ablehnend gegenüber. Seine Bekehrung zum christlichen Glauben geschah durch das sogenannte „Damaskuserlebnis", bei dem ihm Jesus nach seinem Tod vor der Stadt Damaskus erschien. Nach seiner Bekehrung zum Christentum wurde Paulus zum Missionar für das Christentum und begab sich auf mehrere Missionsreisen. Er gilt als hauptverantwortlich für die Ausbreitung des christlichen Glaubens. Nach seiner dritten Missionsreise wurde er in Jerusalem verhaftet und starb als Märtyrer in Rom.

Persönlichkeitsrecht Recht jedes Einzelnen auf Achtung und Schutz seiner Persönlichkeit (allgemeines Persönlichkeitsrecht). Dieses Recht gibt es seit den 1950er Jahren, es ist abgeleitet aus Artikel 1 und 2 des > Grundgesetzes (GG) und aus der > Menschenwürde. Es umfasst auch die Selbstbestimmung des Einzelnen, d. h. es gibt jedem Menschen das Recht, zu entscheiden, wie viel Einblick er in sein persönliches Leben geben will. Das Persönlichkeitsrecht umfasst auch besondere Persönlichkeitsrechte, wie das Namensrecht, das Recht am eigenen Bild oder das Urheberrecht sowie viele weitere Rechte, die dem Schutz der Persönlichkeit, den individuellen Freiheitsrechten und der Unversehrtheit des eigenen Lebens dienen. In das Persönlichkeitsrecht des Einzelnen darf ohne dessen Einwilligung nur unter bestimmten Voraussetzungen eingegriffen werden, z. B. dürfen Medien Informationen nur verbreiten, wenn öffentliches Interesse an einer Information den Schutz des Einzelnen übersteigt.

Präimplantationsdiagnostik (PID) genetische Untersuchung eines Embryos, der durch In-vitro-Fertilisation (IVF, Befruchtung einer menschlichen Eizelle außerhalb des Körpers) entstanden ist, vor der Übertragung in die Gebärmutter. Die Untersuchung kann Gendefekte in den Embryonen erkennen, so können Embryonen mit Defekten aussortiert und nur Embryonen ohne Defekt verwendet werden. Es können Krankheiten wie Down-Syndrom erkannt werden, auch kann nach Geschlecht und Eignung für eine Organspende für ein Geschwisterkind sortiert werden.

Presserat gemeinsame Organisation der großen deutschen Verleger- und Journalistenverbände. Er tritt für die Pressefreiheit und die Wahrung des Ansehens der deutschen Presse ein. Die schärfsten Maßnahmen sind Rügen, die der Presserat dann ausspricht, wenn eine Zeitung, Zeitschrift oder ein journalistisches Online-Medium gegen den Pressekodex verstößt. Rügen werden vom Presserat öffentlich gemacht und müssen auch in dem jeweiligen Medium veröffentlicht werden. Dazu haben sich die Medien selbst verpflichtet. Nicht immer halten sich die Medien auch an diese Selbstverpflichtung.

Selbstwirksamkeit bezeichnet die Überzeugung einer Person, Herausforderungen oder schwierige Situationen aus eigener Kraft und mit den eigenen Fähig- und Fertigkeiten erfolgreich meistern zu können. Der Begriff wurde 1977 vom kanadischen Psychologen Albert Bandura eingeführt. Bandura stellt fest, dass es für Menschen, für deren soziale Beziehungen und für deren Lebenszufriedenheit entscheidend ist, dass man sich zutraut, Herausforderungen meistern zu können, Einfluss auf sie zu nehmen und planvoll etwas bewältigen können.

Shakespeare, William (vermutlich 1564–1616) weltbekannter englischer Dramatiker. Die von ihm verfassten Komödien und Tragödien gehören zu den bedeutendsten Bühnenstücken, er selbst gilt als einer der wichtigsten Dramatiker der Weltliteratur. Sein enormes Gesamtwerk umfasst unter anderem die Stücke „Romeo und Julia", „Macbeth", „Hamlet" und „Othello".

Soziologie Wissenschaft, die sich mit dem Ursprung, der Entwicklung und der Struktur der menschlichen Gesellschaft befasst. Die Soziologie beschäftigt sich mit dem gesamten sozialen – das heißt auf die menschliche Gemeinschaft bezogenen – Handeln. Dabei geht es unter anderem um soziale > Normen, also allgemein gültige Verhaltensrichtlinien, sowie um Einstellungen und Wertorientierungen (> Wert), die innerhalb einer Gesellschaft herrschen und weitergegeben werden.

Sterbehilfe Begriff für Handlungen, die von der Unterstützung und Hilfe im Sterbeprozess bis hin zur aktiven Tötung sterbender Personen reichen.

Man unterscheidet zwischen passiver, indirekter und aktiver Sterbehilfe. Passive Sterbehilfe bezeichnet dabei das Unterlassen lebensverlängernder Maßnahmen bei einer sterbenden Person. Unter indirekter Sterbehilfe versteht man die Gabe von schmerzlindernden Mitteln, die eine Verkürzung des Lebens bedeuten können. Aktive Sterbehilfe meint die aktive Herbeiführung des Todes einer Person, die aufgrund ihrer Krankheit einen qualvollen Tod zu erwarten hat, durch eine andere Person. In Deutschland ist die aktive Sterbehilfe rechtlich nicht zulässig. International wird aktive Sterbehilfe als > Euthanasie bezeichnet. Diese Bezeichnung wird in Deutschland wegen des Missbrauchs des Begriffs im Nationalsozialismus vermieden. Darüber hinaus gibt es den Begriff der Beihilfe zum Suizid, welcher die Unterstützung einer Selbsttötung meint, beispielsweise durch Bereitstellung eines tödlichen Medikaments. Die Patientin / der Patient führt den Suizid dabei (z. B. durch selbstständige Einnahme des tödlichen Medikaments) selbst durch.

stereotyp (französisch *stéréotype*: mit gegossenen feststehenden Typen / Buchstaben gedruckt, abgeleitet von griechisch *stereos*: starr, fest und *typos*: Schlag, Eindruck, Muster) steht für die vereinfachende und verallgemeinernde Darstellung von etwas, das komplex ist. Vorteil einer stereotypen Darstellung ist die Konzentration auf das Wesentliche. Wird das verfehlt, haben Stereotypen den Nachteil, dass sie zu falschen oder bedeutungslosen Erklärungen führen.

systemrelevant Bezeichnung für Berufe oder Unternehmen, die für das Funktionieren eines Systems unverzichtbar sind. Die ausgeführte Arbeit dieser Berufe oder Unternehmen ist für einen Staat oder ein System so bedeutend, dass ihr Ausfall nicht tragbarbar wäre, da ohne diese das öffentliche Leben und die Versorgung der Menschen nicht sichergestellt werden kann. Während der Corona-Pandemie sind beispielsweise Berufe in den Bereichen Sicherheit (Feuerwehr, Polizei, Hilfsorganisationen), Bildung (Kindertagesstätte, Schule), Ernährung / Grundversorgung (Supermärkte, Einzelhandel), Gesundheit (Apotheke, Arztpraxen, Krankenhäuser, Rettungsdienste) als systemrelevant eingestuft worden.

Tradition (lateinisch *tradere*: hinübergeben) Weitergabe bestimmter Handlungsmuster (Konventionen) oder Glaubensvorstellungen und Riten von Generation zu Generation innerhalb einer speziellen Gemeinschaft. Die Fähigkeit zur Tradierung ist eine Voraussetzung für den Aufbau von kulturellem (> Kultur) Erbe.

Wert Vorstellung von etwas, das gewünscht, erstrebt, anerkannt ist; allgemeiner und grundlegender Orientierungsmaßstab bei Handlungen. Ein Wert ist also eine allgemein anerkannte oberste Leitlinie. Eine > Norm dient der Erfüllung dieser Leitlinie. Beispiel: Für den Straßenverkehr ist es ein Wert, dass eine möglichst hohe Sicherheit herrscht. Es muss also eine > Norm geben, die Unfälle verhindert. Daher ist die > Norm vorgeschrieben, dass Fahrzeuge auf der Straße rechts – oder in anderen Ländern links – fahren müssen. Wie eine > Norm im Einzelnen geregelt ist, spielt zunächst keine Rolle, wichtig ist, dass sie vorhanden ist, umgesetzt werden kann und allgemein anerkannt wird.

Whistleblower (von englisch *to blow the whistle on something / someone*: jemanden verpfeifen, etwas aufdecken) Bezeichnung für eine Person, die geheime Informationen, Missstände, Skandale oder Betrugsfälle enthüllt und veröffentlicht. Ein Whistleblower gibt Informationen preis, die Staaten, Organisationen oder Unternehmen geheim halten wollen, weil sie z. B. gegen Gesetze oder die > Menschenwürde verstoßen. Oft gehören Whistleblower selbst der Organisation oder dem Unternehmen an, dessen Informationen sie weitergeben, und beabsichtigen Korruption, Menschenrechtsverletzungen, Insiderhandel oder Datenmissbrauch aufzudecken. Da die Weitergabe der Daten mit Risiken verbunden ist oder auch verboten sein kann, müssen Whistleblower Konsequenzen für ihre Veröffentlichung befürchten. In manchen Ländern gibt es daher Gesetze für ihren Schutz.

Englischer Wortschatz

(to) abandon someone	jemanden verlassen
accusation	die Anschuldigung, der Vorwurf
(to) accuse somebody of something	jemandem etwas vorwerfen
acknowledgement	die Anerkennung
adequate	ausreichend, angemessen
(to) assume responsibility for something	die Verantwortung für etwas übernehmen
autonomy	die Autonomie, die Unabhängigkeit
availability	die Verfügbarkeit
(to) blend something	etwas mischen
boon or bane	Fluch oder Segen
broadsheet	die großformatige Zeitung, (hier) die seröse Zeitungen im Gegensatz zur Boulevardpresse
cesspool	die Jauchegrube
Civil Rights Movement	die Bürgerrechtsbewegung
column inch	die Spaltenlänge
condensed	komprimiert, kurzgefasst
(to) contradict something	etwas widersprechen
(to) convey something	etwas vermitteln, transportieren, übermitteln
conviction	die Verurteilung
days will pass swiftly all in a whirl	(hier) die Zeit verfliegt
debilitating	lähmend, schwächend
decade	das Jahrzehnt
Declaration of Human Rights	Allgemeine Erklärung der Menschenrechte
deliberate	bewusst
descent	die Abstammung
(to) discourage someone	jemanden entmutigen
distinction	die Unterscheidung

diversity	die Vielfalt
duress	die Not
emancipated	emanzipiert, frei
(to) emphasize something	etwas betonen, hervorheben
(to) engage in something	sich an etwas beteiligen
(to be) entitled to something	das Recht auf etwas haben
entity	die Entität, das Wesen, das Dasein
equality	die Gleichberechtigung, die Gleichheit
established	gesichert, anerkannt
euthanasia	die Sterbehilfe
(to) face something	etwas begegnen, ins Auge sehen
factual	auf Tatsachen beruhend
fine	die Strafe
(to) follow one's conscience	dem eigenen Gewissen folgen
gender	das soziale Geschlecht
(to) give consent	Zustimmung geben, einwilligen
(to) glorify something	etwas verherrlichen
guillotine	die Guillotine, das Fallbeil
(to) harden something	etwas verhärten
hastening	die Beschleunigung
haven	der Zufluchtsort, der Hafen
(to) heighten something	etwas verstärken, steigern
(to) hold back something	etwas zurückhalten, unterdrücken
human dignity	die Menschenwürde
hypothesis	die Hypothese, die Annahme
impact	der Einfluss, die Auswirkung
inception	der Beginn
incompatible	unvereinbar
irreverent	respektlos
Jim Crow Laws	Jim-Crow-Gesetze

journalism	der Journalismus
jurisdictional	gerichtlich
kindness	die Freundlichkeit
(to) launch something	etwas beginnen, einführen
legal guardian	der / die Erziehungsberechtige
lethal drug	das tödliche Medikament
likelihood	die Wahrscheinlichkeit
(to) maintain something	etwas erhalten
(to) nag	nörgeln
non-self-governing	keine Selbstregierung
norm	die Norm
(to) obfuscate something	etwas verschleiern
obligation	die Pflicht
patron	(hier) der Kunde / die Kundin
pedantry	die Pedanterie, die Pingeligkeit
(to) permit something	etwas erlauben
persistent	anhaltend
physician	der Arzt / die Ärztin
(to) plateau	stagnieren, gleich bleiben
preferable to	vorzuziehen
prerogative	das Vorrecht
presumable	vermutlich
progression	die Entwicklung
prohibition	das Verbot
propers	(hier) gegenseitiger Respekt
(to) provide something	etwas zur Verfügung stellen
(to) raid something	eine Razzia in etwas durchführen
readily	einfach, ohne Weiteres
(to be) recognized as something	als etwas gelten
recommendation	die Empfehlung

(to) recommend something	etwas empfehlen
(to) refuse something	etwas ablehnen, verweigern
(to) run for something	für etwas kandidieren
(to) sanctifiy something	etwas heiligen
(to) scold somebody	jemanden schimpfen
seamstress	die Näherin, die Schneiderin
segregation	die Trennung
(to) set forth something	etwas darlegen
(to) shape something	etwas formen, prägen
slander	die Verleumdung
sovereignity	die Souveränität, die Eigenstaatlichkeit
(to) spark an uprising	einen Aufstand befeuern
(to) suffer from something	an / unter etwas leiden
suffering	das Leiden
(to) suggest something	auf etwas hindeuten
suitable	geeignet
(to) take advantage of something	etwas wahrnehmen, nutzen
(to) take it all in stride	(hier) etwas hinnehmen
tension	die Spannung
trial	die Gerichtsverhandlung
trust	die Treuhandschaft
twaddle	das Geschwätz
voluntary	freiwillig
wage	der Lohn, das Gehalt
(to) withdraw something	etwas zurückziehen
(to) withhold something	etwas zurückhalten
(to) zero in on something	sich auf etwas konzentrieren

Methoden und Kompetenzen

Sie lernen in allen Fächern Methoden des Lernens und Arbeitens kennen. In den Büchern der „Abenteuer Ethik"-Reihe finden Sie besonders die folgenden Methoden, die Ihnen beispielsweise dabei helfen können, Informationen zu beschaffen, Sachverhalte zu erfassen und darzustellen oder Aufgaben zu lösen.

Bildbetrachtung 1

Um Bilder und ihre Aussagen zu verstehen, kann man in fünf Schritten vorgehen:

1. **Hinschauen / Beschreiben:**
   Was sehe ich? Wie empfinde ich, was ich sehe? Was fühle ich?
2. **Zeigen / Erklären:**
   Wie ist das Bild aufgebaut? Aus welchen Bereichen / Bildelementen besteht es?
3. **Sich hineinversetzen / Verstehen:**
   Was bedeuten die einzelnen Elemente? Wie denken die Personen auf dem Bild? Was will mir das Bild insgesamt sagen? Kenne ich andere Bilder, Geschichten oder Texte, die ein ähnliches Thema haben? Wie verhält sich das Bild zu seinem Titel?
4. **Dafür- und dagegensprechen:**
   Werden auf dem Bild unterschiedliche Meinungen vertreten? Welche anderen Meinungen sind denkbar? Was spricht jeweils dafür oder dagegen? Wie stehe ich dazu?
5. **Erfinden / Entdecken:**
   Wie lassen sich die Gedanken des Bildes weiterentwickeln? Muss / Kann das Bild vielleicht ergänzt werden und wenn ja, wie?

Debatte führen 2

Eine Debatte ist ein Redewettstreit nach festen Regeln. Debatten laden dazu ein, Fragen und Begriffe genau zu durchdenken und Dinge anders und vielfältiger zu sehen. Für jede Debatte müssen Standpunktreden so vorbereitet werden, dass auf dem Podium vier Personen teilnehmen können: zwei Pro- und zwei Contra-Vertreterinnen und -Vertreter.

Zur Vorbereitung einer Debatte können Sie folgende Schritte ausführen:

1. Teilen Sie sich in eine Pro- und eine Contra-Gruppe auf. Wählen Sie aus jeder Gruppe zwei Vertreterinnen / Vertreter aus, die die Standpunktreden halten. Legen Sie eine gemeinsame Jury aus beiden Gruppen fest.
2. Erarbeiten Sie Argumente für die Position der jeweiligen Gruppe. Überlegen Sie sich zu jedem Argument, was man dagegen einwenden könnte – so sind Sie auf Gegenargumente gut vorbereitet.

Eine Debatte kann aus vier Teilen bestehen:

1. **Eröffnungsrunde:** Jede / jeder der vier Teilnehmerinnen und Teilnehmer beantwortet in maximal zwei Minuten die Streitfrage aus ihrer oder seiner Sicht. Rede und Gegenrede wechseln sich dabei ab.
2. **Freie Aussprache:** Hier werden weitere Argumente der Gruppen „Pro" und „Contra" ausgetauscht, dabei nehmen die Rednerinnen und Redner aufeinander Bezug. In dieser Runde gibt es keine feste Rede-Reihenfolge, allerdings sollte niemand länger als 30 Sekunden reden; insgesamt sollte die freie Aussprache maximal zwölf Minuten dauern.
3. **Schlussrunde:** Jede Teilnehmerin und jeder Teilnehmer hat in ihrem / seinem Abschluss-Statement noch einmal maximal eine Minute Zeit, die Streitfrage nach dem Austausch der Argumente abschließend zu beantworten. Dabei benennen die Rednerinnen und Redner jeweils das für sie stärkste Argument der Debatte.
4. **Bewertung:** Die Jury bewertet die Debatte nach dem ethischen Gehalt der Argumente und begründet ihre Einschätzung.

3 Diagramme / Statistiken / Schaubilder erstellen und auswerten

Diagramme, Statistiken und Schaubilder dienen der zahlenmäßigen Erfassung und systematischen Ordnung von Informationen. Sie sind gezeichnete Zahlenwerte.

Diagramme / Statistiken / Schaubilder erstellen:

Um ein Diagramm, eine Statistik oder ein Schaubild zu erstellen, bietet sich folgende Vorgehensweise an:

1. Ergebnisse z. B. einer Umfrage auswerten und in Prozentzahlen umrechnen.

2. Darstellungsform auswählen, z. B.:

a) In **Balkendiagrammen** lassen sich verschiedene Zahlenwerte gut miteinander vergleichen.

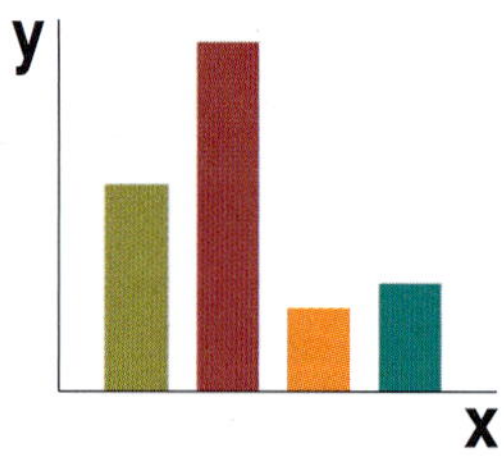

b) Durch **Kurvendiagramme** können zeitliche Entwicklungen gut dargestellt werden.

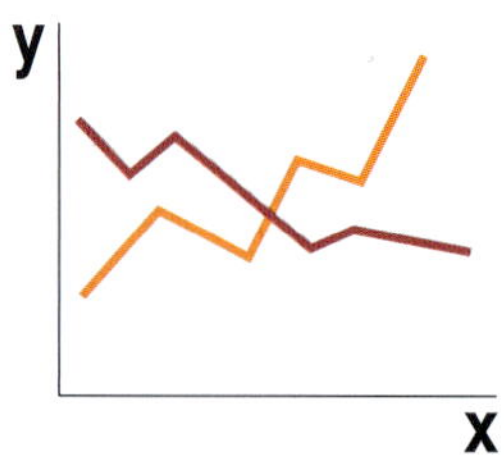

c) **Kreisdiagramme** lassen die jeweiligen Anteile an der Gesamtmenge gut erkennen.

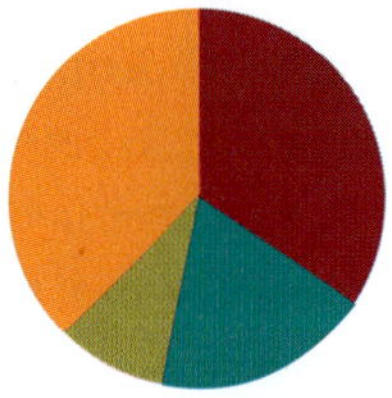

In Schaubildern sind die Zahlendiagramme mit grafischen Elementen und Bildern verbunden. Dadurch soll die Aussage der Zahlen deutlicher gemacht und veranschaulicht werden – damit sie sich besser und schneller einprägt.

Diagramme / Statistiken / Schaubilder auswerten:

Um ein Diagramm, eine Statistik oder ein Schaubild auszuwerten, bietet sich folgende Vorgehensweise an:

1. Fragestellung / Thema bestimmen: Was ist das Thema? Lesen Sie die Überschrift der Darstellung genau. Welche Darstellungsform wurde gewählt und warum?

2. Diagramm / Statistik / Schaubild beschreiben:
- Welche Informationen wurden gesammelt? Zum Beispiel bei Umfragen: Wer ist gefragt worden? Was genau ist gefragt worden?
- Werden die Mengenangaben in absoluten Zahlen (dann steht dort z. B. „in Tausend" oder „in Millionen") oder in Prozentanteilen angegeben? Bei Prozentanteilen ist wichtig festzustellen, auf welche Basisgröße Bezug genommen wird.

3. Diagramm / Statistik / Schaubild auswerten: Um aus einer Statistik Aussagen gewinnen zu können, sollten Sie Auffälligkeiten beachten:
- Gibt es besonders hohe oder besonders niedrige Werte?
- Sind bestimmte Entwicklungen festzustellen, wenn beispielsweise die Informationen zu verschiedenen Zeitpunkten erhoben worden sind?

Versuchen Sie abschließend, die Gesamtaussage des Diagramms, der Statistik oder des Schaubilds in ein bis zwei Sätzen zu formulieren.

Diskussion 4

Wenn Sie komplexe und strittige Sachverhalte in Gesprächen und Diskussionen klären wollen, sollte jede und jeder von Ihnen folgende Regeln einhalten:

1. Hören Sie Ihren Mitschülerinnen und Mitschülern gut zu.
2. Fallen Sie ihnen nicht ins Wort, lassen Sie sie ausreden.
3. Knüpfen Sie an die Gedanken Ihrer Vorredner an.
4. Drücken Sie sich so klar wie möglich aus.

Podiumsdiskussion

Hier nehmen einige Schülerinnen und Schüler die Position von Fachleuten oder Vertreterinnen und Vertretern bestimmter Interessensgruppen in einem Gespräch vor der Klasse ein. Sie stellen ihre Auffassungen dar und vergleichen sie. Es ist dabei unbedingt zu beachten, dass das Gespräch kein Streitgespräch wird, sondern durch den Austausch von Argumenten auf wechselseitigem Verständnis beruht. Es kann hilfreich sein, einen Moderator oder eine Moderatorin zu bestimmen.

Fünf-Schritt-Lesemethode 5

Die Fünf-Schritt-Lesemethode hilft Ihnen, bei langen Texten den Überblick zu behalten und diese in kleinere, überschaubare Teile zu strukturieren. So gehen Sie vor:

1. **Übersicht verschaffen:**
   Überfliegen Sie den Text und stellen Sie sich die Frage, worum es geht. (Manchmal hilft es, Überschriften und Zwischenüberschriften anzuschauen.)
2. **Fragen stellen:**
   Formulieren Sie Fragen, auf die der Text eine Antwort geben könnte.
3. **Genaues Lesen:**
   Lesen Sie den Text jetzt noch einmal genau durch, erfragen Sie unbekannte Wörter und markieren Sie nicht verstandene Textpassagen mit einem Fragezeichen. Unterstreichen Sie dann die wichtigsten Aussagen des Textes und seine Schlüsselbegriffe.
4. **Text in Abschnitte gliedern und zusammenfassen:**
   Gliedern Sie den Text und versuchen Sie, für jeden Abschnitt eine Überschrift zu finden, die so knapp wie möglich den Inhalt wiedergibt.
5. **Hauptaussagen formulieren:**
   Formulieren Sie mit eigenen Worten die Hauptaussagen (Thesen) des Textes.

Internetrecherche 6

Damit Sie sich bei Ihrer Recherche im *world wide web* nicht verlieren, sollten Sie gezielt vorgehen:

- Stellen Sie sich zunächst eine detaillierte Liste für Suchbegriffe zusammen. Je enger und genauer Sie den oder die Begriffe formulieren, desto höher sind Ihre Erfolgschancen.
- Mithilfe von sogenannten Operatoren können Sie noch genauer suchen: Schreiben Sie ein +-Zeichen oder „und" zwischen zwei Begriffe, wenn alle Begriffe im Suchergebnis enthalten sein sollen. Setzen Sie mehrere Begriffe in Anführungszeichen, wenn Sie genau diese Formulierung oder den Namen suchen (zum Beispiel „Goldene Regel").
- Notieren Sie sich stets die gesamte Internetadresse und das Datum Ihrer Recherche, damit Sie den Fundort Ihrer Informationen immer angeben können. Am besten kopieren Sie den Link in eine Datei.
- Vergewissern Sie sich, ob die Informationen zuverlässig und glaubwürdig sind. Da jeder im Internet seine Meinung verbreiten kann, findet man hier auch viele Unwahrheiten. Vertrauenswürdige Seiten mit zuverlässigen Informationen sind zum Beispiel die Internetseiten von Behörden und Institutionen (zum Beispiel Bibliotheken, Museen, Universitäten) oder von Tageszeitungen und Nachrichtenagenturen,

die überregional bekannt sind. Folgende Fragen zur Zuverlässigkeit der Internetseite können Sie beispielsweise stellen: Wer sind die Autorinnen und Autoren, wer hat die Seite ins Netz gestellt (Impressum)? Wie aktuell sind die Informationen? Wann war das letzte Update? Gibt es Literatur- oder Quellennachweise?

7 **Karikaturen analysieren**

Karikaturen sind Zeichnungen, die ein Problem zugespitzt und übertrieben darstellen. Wenn Sie eine Karikatur analysieren, beschreiben Sie zunächst, was Sie erkennen, und versuchen zu verstehen, welche Teile der Zeichnung wofür stehen. Erst dann ist eine Deutung möglich. Abschließend beurteilen Sie die Aussage der Karikatur. Folgende Schritte können bei der Analyse hilfreich sein:

1. Beschreibung
- Was ist zu erkennen? (Personen, Orte, Symbole …)
- Was wird gesagt?
- Was fällt auf?
- Was wird besonders übertrieben dargestellt?
- Achten Sie auch auf Details.

2. Deutung
- Um welches Thema geht es?
- Welche Zeichen / Bilder / Symbole stehen wofür?
- Auf welches Problem möchte die Karikaturistin / der Karikaturist hinweisen?
- Welche Meinung hat die Zeichnerin / der Zeichner?

3. Beurteilung
- Teilen Sie die Sichtweise der Zeichnerin / des Zeichners oder sind Sie anderer Meinung? Nehmen Sie begründet Stellung.
- Wie ist Ihre Meinung zu dem Thema?
- Wie ist Ihre Meinung zur Aussage der Karikaturistin / des Karikaturisten?

8 **Methodenkarte**

Eine Methodenkarte bietet Ihnen eine kurze, zusammenfassende Übersicht zur Anwendung einer Methodenkompetenz. Dafür erstellen Sie eine Karte mit folgenden Inhalten:

1. Merksatz zum Grundgedanken der Methode
2. Kurze Grundregeln in eigenen Worten zur Anwendung der Methode
3. Beispiele für Einsatzmöglichkeiten

9 **Mindmap**

Mindmap, wörtlich „Gedankenlandkarte", ist eine Methode, Informationen zu ordnen und zu veranschaulichen. Dabei werden Gedanken in Begriffe oder Symbole gefasst und in einem Bild dargestellt. Auf diese Weise soll deutlich werden, wie die einzelnen Begriffe zusammenhängen. Das Thema der Mindmap steht im Mittelpunkt des Blattes, die Hauptgedanken bilden die Äste, von denen wiederum Nebenäste abzweigen können. Auch für das schnelle Notieren von Gedanken, die einem spontan zu einem Thema einfallen, eignet sich eine Gedankenlandkarte, auch wenn die Zusammenhänge häufig erst durch Betrachten, Ergänzen und Überarbeiten der spontanen „map" deutlich werden. Hier ein Mindmap-Beispiel zum Thema „Konfliktlösung".

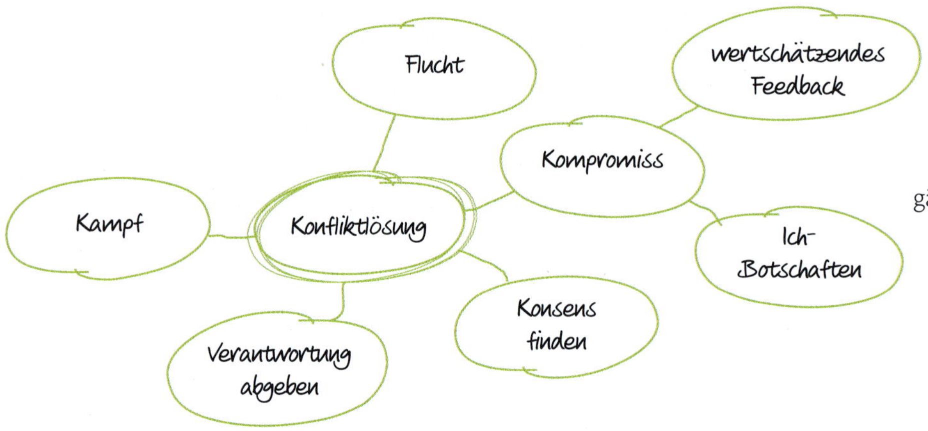

Plakatgestaltung

10

Um ein Plakat zu gestalten, können Sie sich folgende Fragen stellen:

Wen soll mein Plakat ansprechen?
Welche Gefühle soll es in der Betrachterin / im Betrachter auslösen?
Welchen ersten Eindruck vermittelt das Plakat?
Was springt sofort ins Auge?

Welchem Zweck soll mein Plakat dienen?
- ▷ Soll es das Ergebnis einer (Gruppen-) Arbeit zusammenfassen?
- ▷ Soll es ein Werbeplakat sein? (siehe dieses Beispiel)

Ist mein Plakat übersichtlich?
Erkennt die Betrachterin / der Betrachter sofort, worum es geht?

Ist meine Überschrift groß und deutlich?

Welches Format soll mein Plakat haben? (Hochformat, Querformat)

Welche Bilder und Zeichnungen möchte ich verwenden? Wie groß sollen diese dargestellt werden?

Welche Schriftarten möchte ich verwenden? Ist die Schrift gut lesbar? (Handschrift sollte sauber und ordentlich sein)

Sind Bilder und Texte sinnvoll angeordnet? (im Kreis, untereinander, mit Pfeilen verbunden)

Enthält mein Plakat alle wichtigen Angaben? Sind die Texte kurz und prägnant? Habe ich das Thema selbst gut verstanden?

Habe ich alles richtig geschrieben?

Welche Farbgestaltung soll mein Plakat haben?

11 **Präsentation**

Auf dem Weg zum eigenen Thema

Überlegen Sie für sich: Wovon bin ich sofort berührt? Was möchte ich untersuchen bzw. klären? Welche Fragen stellen sich mir?

- Überlegen Sie zum Thema: Worum geht es? Habe ich schon Vorkenntnisse? Welche unterschiedlichen Auffassungen zum Thema gibt es? In welchem Zusammenhang mit dem Unterricht steht mein Thema?
- Daraus folgen Überlegungen zum Publikum: Was wissen meine Mitschülerinnen und Mitschüler schon über das Thema? Wo kann ich anknüpfen? Wie kann ich ihr Interesse wecken?

Das will ich sehen! – Veranschaulichung

- Setzen Sie Medien und Anschauungsmaterial ein, um Ihre Präsentation zu unterstützen. Überlegen Sie sich, welche Medien für Ihren Vortrag sinnvoll sind, und übertreiben Sie nicht mit dem Medieneinsatz.
- Beschränken Sie sich auf die wichtigsten Punkte und gestalten Sie Ihre Veranschaulichung möglichst knapp. Denken Sie an das Publikum: Jede und jeder im Publikum muss alle Elemente Ihrer Veranschaulichung (z.B. Powerpoint, Schaubilder) sehen können. Wichtig sind:

1. **Lesbarkeit:** Druckbuchstaben in Groß- und Kleinschreibung verwenden; Stichworte, keine ganzen Sätze; Schriftgröße nicht zu klein
2. **Anordnung:** logische Struktur (vergleichend/gegensetzend, dem zeitlichen Ablauf nach, reihend ...); Übersichtlichkeit, möglichst einfache Darstellung, Leserichtung (von links nach rechts, von oben nach unten)
3. **Gestaltung:** sinnvoller Farbeinsatz (dunkle Töne für die Schrift, maximal drei Farben, Symbolcharakter der Farben beachten); Blattaufteilung vornehmen; Gestaltungselemente sinnvoll einsetzen (Pfeile, Symbole, Diagramme, Karten, Grafiken, Bilder ...); ausgewogenes Verhältnis zwischen Schrift und Bild
4. **Organisation:** Dauer der Präsentation einzelner Darstellungen vorher überlegen; eigenen Standort festlegen

12 **Rollenspiel**

Plan-, Entscheidungs- und Rollenspiele bieten die Möglichkeit, spielerisch die Realität zu simulieren, Argumentationsmuster zu erproben und auf Probe zu handeln. Individuelle oder gesellschaftliche Konflikte können aufgegriffen und in verteilten Rollen im Hinblick auf mögliche Lösungsalternativen durchgespielt werden. Bei einem Rollenspiel schlüpfen die Teilnehmerinnen und Teilnehmer wie im Theater in die Rolle einer anderen Person. Im Unterschied zum Theater jedoch sind beim Rollenspiel die Rollen nicht so genau vorgeschrieben, obwohl es auch hier oft sinnvoll ist, Rollenkarten mit genauen Informationen über die zu spielende Person vorzugeben (Beruf, Name, Alter, Einstellungen, Interessen und Verhaltensweisen usw.). Jedes Rollenspiel hat verschiedene Phasen:

1. **Vorbereitung:** Zunächst werden die Ausgangssituation besprochen und die Rollen genauer definiert, die Rollenkarten geschrieben und die Rollen verteilt. Es können auch Beobachtungsaufträge oder Protokolle vergeben werden.
2. **Erarbeitung:** Die Gruppe einigt sich darauf, wie die Szene verlaufen und wie sie enden soll. Dann werden die Dialoge in Gruppen einstudiert. Notizen sind beim Proben erlaubt, aber überzeugender wird die Präsentation der Szene ohne Notizzettel.
3. **Präsentation:** Die Szene wird vor der Klasse präsentiert. Beobachtende Mitschülerinnen und Mitschüler achten unter anderem darauf, wie realistisch die Szene ist und zu welcher Problemlösung die Gruppe gefunden hat.

4. **Auswertung:** Die Spielerinnen und Spieler beschreiben, wie sie sich in ihrer Rolle gefühlt haben, und erläutern gegebenenfalls ihren Erarbeitungsprozess. Die Mitschülerinnen und Mitschüler teilen ihre Beobachtungen mit und die Klasse bewertet die Problemlösung gemeinsam im Plenum. Die Spielerinnen und Spieler sollten während der Auswertung mit ihren Rollennamen angeredet werden, damit es zu keiner Verwechslung zwischen Person und Rolle kommt (Namenskärtchen).

Umfragen durchführen

13

Die Umfrage, Befragung oder das Interview dient dazu, systematisch Informationen über Einstellungen, Meinungen, Wissen und Verhaltensweisen von Menschen zu gewinnen. Mithilfe einer Umfrage können Sie beispielsweise ein Meinungsbild erstellen, wie Kurse, Jahrgangsstufen oder Gruppen in Ihrer Schule oder auch Menschen außerhalb der Schule über bestimmte Themen denken. Bei einer Umfrage soll möglichst eine klare Frage beantwortet und ausgewertet werden.

Das sollten Sie für die Erarbeitung eines Fragebogens beachten:

Das Thema der Umfrage festlegen: Grenzen Sie das Thema der Umfrage möglichst so ein, dass Sie auch tatsächlich messen können, was Sie messen möchten.

Den Personenkreis der Befragten festlegen: Schränken Sie den Personenkreis, den Sie befragen möchten, ein. Zu viele Fragebögen lassen sich nur mit großem Aufwand auswerten (sind allerdings im Hinblick auf die Aussagekraft des Ergebnisses auch zuverlässiger).

Achtung: Befragungen sind immer freiwillig; Anonymität sollte unbedingt gewährleistet sein, d. h. es darf nicht erkennbar sein, welche Person welchen Fragebogen ausgefüllt hat.

Fragen formulieren:

- Sie können offene Fragen (Fragen, bei denen die Befragten die Antworten frei formulieren können) oder geschlossene Fragen (Fragen mit mehreren vorgegebenen Antwortmöglichkeiten) stellen, wobei sich geschlossene Fragen leichter auswerten lassen.
- Formulieren Sie klare und genaue Fragen. Das gilt auch, wenn Sie mögliche Antworten vorgeben, aus denen eine ausgewählt werden soll (*multiple choice*).
- Vermeiden Sie Fragen, mit denen Sie die Richtung einer Antwort beeinflussen (statt: „Es stimmt doch, dass …?" besser: „Wie beurteilen Sie …?").
- Meinungen oder Urteile lassen sich am besten über eine Punkteskala abfragen, zum Beispiel 1 = „trifft voll zu" bis 6 = „trifft überhaupt nicht zu".

14 Werbung analysieren

Bei der Bewertung und Analyse von Werbung kann das **AIDA-Prinzip** hilfreich sein. Dieses Prinzip verdeutlicht vier Schritte, die Kundinnen und Kunden durchlaufen sollen, um am Ende ein bestimmtes Produkt zu kaufen.

Für jeden Schritt der Analyse stellt man gezielte Fragen:

1. **Attention:** Wie wird die **Aufmerksamkeit** geweckt?
   - Was sticht sofort ins Auge? Was gefällt mir?
   - Welche Gedanken und Gefühle habe ich, wenn ich diese Werbung sehe?
   - Was haben die Personen im Spot, das ich auch gerne hätte?
2. **Interest:** Wie wird das **Interesse** hervorgerufen?
   - Welche Sprüche / Slogans werden eingesetzt? Wie sind sie grafisch, sprachlich, musikalisch dargestellt?
   - Welche Zielgruppe wird angesprochen? Wie wird diese Zielgruppe angesprochen?
3. **Desire:** Wie entsteht das **Verlangen**, warum möchte man das Produkt besitzen?
   - Welche direkten und indirekten Versprechungen sind mit dem Produkt verbunden?
   - Welche Wünsche und Bedürfnisse sollen durch das Produkt in Erfüllung gehen?
4. **Action:** Was bringt die Kundin / den Kunden dazu, das Produkt zu **kaufen**?

   → Für die Werbeanalyse ist hier eine Bewertung der Werbung im Ganzen wichtig:
   - Welche der Versprechen sind leere Versprechen? Welche Versprechungen könnten eingehalten werden?
   - Wird nur mit den Wünschen der Kundinnen und Kunden gespielt?
   - Gibt es entscheidende Gründe, die dafür sprechen, das Produkt (nicht) zu erwerben?
   - Abschließende Bewertung: Ich würde das Produkt (nicht) kaufen, weil …

Textnachweise

Erwachsen sein als Frau und Mann

Typisch Mann – typisch Frau?

Autorinnen: Stefanie Pfister, Stefanie Haas, Redaktion, Bilingual: Linda Hüllmann

S. 6/7

Stefanie Haas (Originalbeitrag)

S. 8/9

Stefanie Haas (Originalbeitrag)

S. 10/11

M2 William Shakespeare: Wie es euch gefällt. Übersetzt von August Wilhelm von Schlegel. Urheberrechtsfreie Ausgabe. E-Book, S. 41-42

Grundwissen Redaktion

S. 12/13

M1 Ministerium für Gesundheit, Emanzipation, Pflege und Alter des Landes Nordrhein-Westfalen, Referat Öffentlichkeitsarbeit (Düsseldorf) / Bundesministerium für Familie, Senioren, Frauen und Jugend (Berlin) (Hrsg.): Die Rolle annehmen? In der Rolle bleiben? Neue Rollen leben? Einstellungen und Vorstellungen von Frauen und Männern mit und ohne Zuwanderungsgeschichte zur Gleichberechtigung. Online: https://www.bmfsfj.de/resource/blob/95234/657cae605d09b6ff17930061793eede4/rollenmodelle-data.pdf (aufgerufen am 17.11.2021), Alfred Schneider / Olga Rust (S. 11), Irene Riesner (S. 14), Lisa Bergmann / Nele Krause / Sevgi Yildirim (S. 16), Peter Wallmann (S. 17), Mutlu Karadag (S. 21). Alle Namen der Interviewten wurden geändert.

Zum Weiterdenken Redaktion

S. 14/15

M2 Franz Eberhardt: Der gute Ton in allen Lebenslagen. Ein Handbuch. 13. Auflage. Verlag Julius Klinkhardt. Leipzig / Berlin 1896, S. 41-50

M3 Ulrike Mast-Kirschning: Deutschlands Geschlechterrollen – die 50er wirken nach. 08.03.2010. Herausgeben von Deutsche Welle. Online: https://p.dw.com/p/MN5A (aufgerufen am 17.11. 2021)

M4 Fiona Rohde: Zwischen Bad Guy & Superpapa: Erwarten wir zu viel von den Männern? 03.03.2020. Herausgegeben von gofeminin.de. Online: https://www.gofeminin.de/liebe/manner-und-ihre-neue-rolle-s2946573.html (aufgerufen am 22.11.2021)

S. 16/17

M2 FUMA Fachstelle Gender & Diversität NRW (Hrsg.): #gender-marketing. Online: https://www.gender-nrw.de/gendermarketing/ (aufgerufen am 03.06.2022)

Zum Weiterdenken Stefanie Haas (Originalbeitrag)

S. 18/19

M1 Barbara Lang: I am what I am! Vom Rosa-Tsunami im Kinderzimmer bis zum neverending Schubladendenken – so wird das nie was mit der Gendergerechtigkeit ... Dezember 2020. Herausgeben von BKK GILDEMEISTER SEIDENSTICKER. Online: https://www.bkkgs.de/gesundheitsjournal/2020-04/i-am-what-i-am (aufgerufen am 17.11.2021)

M2 Stefanie Haas (Originalbeitrag)

M3 ZEIT ONLINE, Ole Siebrecht: „Ich bin ein richtiger Junge. Ich mag keine Blumen." – Collien Ulmen-Fernandes kämpft für diversere Geschlechterrollen. 22.11.2018. In: ze.tt. Online: https://www.zeit.de/zett/politik/2018-11/ich-bin-ein-richtiger-junge-ich-mag-keine-blumen-collien-ulmen-fernandes-kaempft-fuer-diversere-geschlechterrollen (aufgerufen am 16.11.2021)

S. 20/21

M1 Allgemeine Erklärung der Menschenrechte: Amnesty International Deutschland e. V. (Hrsg.): Deine Rechte auf einen Blick. Alle 30 Artikel der Allgemeinen Erklärung der Menschenrechte. Online: https://www.amnesty.de/alle-30-artikel-der-allgemeinen-erklaerung-der-menschenrechte (aufgerufen am 11.12.2021); Grundgesetz: Deutscher Bundestag, Verfassungsorgan der Bundesrepublik Deutschland (Hrsg.): Grundgesetz. I. Die Grundrechte. Online: https://www.bundestag.de/parlament/aufgaben/rechtsgrundlagen/grundgesetz/gg_01-245122 (aufgerufen am 11.12.2021)

M2 Mareice Kaiser: Das Unwohlsein der modernen Mutter. Rowohlt Verlag. Hamburg 2021. Kapitel: Das Geld, E-Book

S. 22/23

Gewusst wie nach René Torkler

M1 Mareice Kaiser: Das Unwohlsein der modernen Mutter. Rowohlt Verlag. Hamburg 2021. Kapitel: Die Krise, E-Book

S. 24/25

M1 Ernst Jandl: Aus dem wirklichen Leben. Gedichte und Prosa. Luchterhand. München 2002, S. 52

M2 Mareice Kaiser: Das Unwohlsein der modernen Mutter. Rowohlt Verlag. Hamburg 2021. Kapitel: Der Pullover, E-Book

M3 Mareice Kaiser: Das Unwohlsein der modernen Mutter. Rowohlt Verlag. Hamburg 2021. Kapitel: Der Pullover II, E-Book

Lernaufgabe Stefanie Haas (Originalbeitrag)

S. 26/27

M1 Liedtext: Aretha Franklin: Respect (1967). Text, (OT) Redding, Otis, Copyright Cotillion Music Inc./ Irving Music/Neue Welt Musikverlag GmbH, Hamburg / Rondor Musikverlag GmbH, Berlin

M2 Government Equalities Office / The Global Institute for Women's Leadership (Hrsg.): Improving Women's Progression in the Workplace. Evidence Briefing on Barriers and Facilitators. Workplace and Gender Equality Research Programme. October 2019. Crown copyright 2019. Online: https://assets.publishing.service.gov.uk/government/uploads/system/uploads/attachment_data/file/840849/KCL_Summary_Report.pdf (aufgerufen am 24.11.2020)

M3 United Nations (Hrsg.): Universal Declaration of Human Rights. Online: https://www.un.org/en/about-us/universal-declaration-of-human-rights (aufgerufen am 24.11.2020)

S. 28/29

Stefanie Haas (Originalbeitrag)

S. 30/31

M2 Spektrum Psychologie 6/2021. Heidelberg, S. 39

M3-M4 Stefanie Haas (Originalbeitrag)

Über Lebensgemeinschaft und Elternschaft nachdenken

Autorin: Simone Knjasew, Bilingual: Linda Hüllmann

S. 32/33

Stefanie Haas (Originalbeitrag)

S. 34/35

M1 Simone Knjasew (Originalbeitrag)

M2 Theodor Fontane: Meine Kinderjahre. Autobiographischer Roman. Aufbau Verlag. Berlin 2. Auflage 2019, S. 28-29

M3 Das Buch der Albert-Schweitzer-Zitate. Treffende Zitate zu Ethik, Glück und Leben erstmals umfassend zusammengestellt. Herausgegeben von Einhard Weber im Auftrag des Deutschen Albert-Schweitzer-Zentrums und der Internationalen Albert-Schweitzer-Vereinigung (AISL). Beck'sche Reihe. Verlag C.H. Beck. München 1. Auflage 2013. Kapitel: 48 Jugend und Alter (zitiert aus: Aus meiner Kindheit und Jugendzeit, S. 70), E-Book

S. 36/37

M1 Simone Knjasew (Originalbeitrag)

M2 Astrid Lindgren: Michel aus Lönneberga. Einmalige Jubiläumsedition zum 100. Geburtstag von Astrid Lindgren. Deutsch von Karl Kurt Peters. Zeichnungen von Björn Berg. Verlag Friedrich Oetinger. Hamburg 1988 und 2007, S. 114 (Michel muss mehr Männchen machen)

M3 Katja Seide: Wie Bindung entsteht und warum sie wichtig ist. Online: https://www.gewuenschtestes-wunschkind.de/2013/02/bindung-was-ist-bindung-warum-brauchen.html (aufgerufen am 31.08.2020)

Zum Weiterdenken Stefanie Haas (Originalbeitrag)

S. 38/39

Grundwissen Simone Knjasew (Originalbeitrag)

M2-M3 nach Thomas Gordon: Familienkonferenz. Die Lösung von Konflikten zwischen Eltern und Kind. Übersetzt von Maren Organ. Wilhelm Heyne Verlag GmbH & Co. KG. München 2001, S. 167-169, 212-213

S. 40/41

M1 Nora Imlau: „Attachment Parenting" – Back to the Basics! 15.08.2016. Online: https://www.nora-imlau.de/attachment-parenting-back-to-the-basics/ (aufgerufen am 13.12.2021)

Lernaufgabe Simone Knjasew (Originalbeitrag)

S. 42/43

M2 Anja Steinbach: MUTTER, VATER, KIND: WAS HEISST FAMILIE HEUTE? ESSAY. In: APuZ. Aus Politik und Zeitgeschichte: Familienpolitik. Zeitschrift der Bundeszentrale für politische Bildung (Hrsg.). 67. Jahrgang, 30–31/2017, 24. Juli 2017, S. 5-8

M3 Kevin und René Silvergieter Hoogstad: Papa, Papi, Kind. Warum Familie auch anders geht. mvg Verlag. München: 1. Auflage 2020, S. 10, 16, 19 (Seitenzahlen jeweils bis zu [...])

S. 44/45

M2 Danielle Graf und Katja Seide: Das gewünschteste Wunschkind aller Zeiten treibt mich in den Wahnsinn. Das Geschwisterbuch. Beltz Verlag. Weinheim / Basel 2020, S. 319-320

M3 Julia Dibbern und Nicola Schmidt: wild world. Wie Kinder in der Welt wachsen und Eltern entspannt bleiben. Beltz Verlag 2019. Weinheim / Basel, S. 140-141

S. 46/47

M1 Nora Imlau: Mein Familienkompass. Was brauch ich und was brauchst du? Ullstein Buchverlage. 1. Auflage Berlin 2020, S. 155-158

S. 48/49

M2 Erster Absatz: Sarah Pruitt: What Happened at the Stonewall Riots? A Timeline of the 1969 Uprising. The June 1969 riots at New York City's Stonewall Inn marked a raucous turning point in the fight for LGBT rights. 13.06.2019 / updated 01.06.2020. Herausgegeben von A&E Television Networks. Online: https://www.history.com/news/stonewall-riots-timeline (aufgerufen am 12.11.2020); Zweiter Absatz Linda Hüllmann (Originalbeitrag) basierend auf Steven Dryden: A short history of LGBT rights in the UK. Herausgeben von British Library. Online: https://www.bl.uk/lgbtq-histories/articles/a-short-history-of-lgbt-rights-in-the-uk (aufgerufen am 12.11.2020) und History.com Editors: Gay Marriage. Herausgegeben von A&E Television Networks. 09.06.2017/ updated 27.05.2021. Online: https://www.history.com/topics/gay-rights/gay-marriage (aufgerufen am 12.11.2020)

M3 Candy Canan: Growing Up With Grandma. February 2006. Online: https://www.familyfriendpoems.com/poem/growing-up-with-grandma (aufgerufen am 31.12.2020); Nandita Shailesh Shanbhag: Every Mom's Test. November 2009. Online: https://www.familyfriendpoems.com/poem/every-moms-test (aufgerufen am 31.12.2020)

S. 50/51

Stefanie Haas (Originalbeitrag)

S. 52/53

M1 Stefanie Haas (Originalbeitrag)

M2 Melanie Mühl: Die Patchwork-Lüge. Eine Streitschrift. Hanser. München 2011, S. 68-69

M3-M4 Stefanie Haas (Originalbeitrag)

Gewissen und Verantwortung

Autorin: Stefanie Haas, Bilingual: Linda Hüllmann

S. 54/55

Stefanie Haas (Originalbeitrag)

S. 56/57

M1 Michael Saltykow: Das verlorene Gewissen. In: Michael Saltykow: Geschichten und Märchen. Übersetzt, eingeleitet und herausgegeben von Arthur Luther. Bibliographisches Institut. Leipzig 1924, S. 427-428

M2 Stefanie Haas

M3 Ernst Tugendhat / Celso López / Ana María Vicuña: Wie sollen wir handeln? Schülergespräche über Moral. Übersetzt von Reinhard Schwemmler. Reclam. Stuttgart: 2004, S. 35-36

S. 58/59

M1 Eugen Roth: Das Gewissen. In: Eugen Roth Sämtliche Werke. Erster Band, Heitere Verse. Hanser. München / Wien 1977, S. 188

M2 Stefanie Haas

M3 Text: Stefanie Haas (Originalbeitrag); Zitate: Immanuel Kant: Metaphysik der Sitten. In: Gesammelte Schriften / Akademieausgabe Band 6. de Gruyter. Berlin 1969, S. 438-439, BasisBibel (Die Kompakte). Altes und Neues Testament, © 2021 Deutsche Bibelgesellschaft, Stuttgart

Zum Weiterdenken Stefanie Haas (Originalbeitrag)

S. 60/61

Gewusst wie Stefanie Haas (Originalbeitrag)

M1 nach Nadine Lang: Warum Sie mit sich selbst sprechen sollten. Herausgegeben vom Bayerischer Rundfunk. 24.11.2021. Online: https://www.br.de/radio/bayern1/selbstgespraeche-100.html (aufgerufen 25.06.2020)

M2 Stefanie Haas

M3 Stefanie Haas (Originalbeitrag)

S. 62/63

M2 Louis Sachar: Der Fluch des David Ballinger. Übersetzt von Birgitt Kollmann. dtv. München: 2007, S. 13, 16-17, 26

M3 Hannah Arendt: Über das Böse. Eine Vorlesung zu Fragen der Ethik. Aus dem Nachlass herausgegeben von Jerome Kohn. Aus dem Englischen von Ursula Ludz. Piper. München 2007, S. 71-72

S. 64/65

M2 Fernando Savater: Tu, was du willst. Ethik für die Erwachsenen von morgen. Aus dem Spanischen von Wilfried Hof. Campus. Frankfurt a. M. 2007, S. 86-87

Lernaufgabe Stefanie Haas (Originalbeitrag)

M3 Sven Precht: 100 Prozent Verantwortung. Herausgegeben von Netzwerk Ethik heute. 08.09.2014. Online: http://ethik-heute.org/100-prozent-verantwortung/ (aufgerufen am 16.09.2021)

S. 66/67

M1 Gotthold Ephraim Lessing: Der Esel und der Wolf. In: Gotthold Ephraim Lessing: Fabeln. Abhandlungen über die Fabel. Herausgegeben von Heinz Rölleke. Reclam. Stuttgart 1987, S. 25

M2 Matthias Perkams: Gewissensirrtum und Gewissensfreiheit. In: Philosophisches Jahrbuch 112. Jahrgang / I (2005). Im Auftrag der Görres-Gesellschaft herausgegeben von Thomas Buchheim / Volker Gerhardt / Christoph Horn / Klaus Jacobi / Henning Ottmann / Pirmin Stekeler-Weithofer / Wilhelm Vossenkuhl. Verlag Karl Alber. Freiburg / München, S. 31-32

M3 Brenda Almond: Gewissen. In: David Papineau (Hrsg.): Philosophie. Eine illustrierte Reise durch das Denken. Übersetzt von Nikolaus de Palezieux. Wissenschaftliche Buchgesellschaft. Darmstadt 2. Auflage 2011, S. 146

S. 68/69

M1 Hans Peter Henecka: Grundkurs Soziologie. 9. überarbeitete Auflage. UVK. Konstanz 2009, S. 88-89

M2 Stefanie Haas (Originalbeitrag)

M3 Sigmund Freud: Das Unbehagen in der Kultur. Studienausgabe Bd. 9. S. Fischer Verlag. Frankfurt am Main 2000, S. 251ff.

S. 70/71

M1 Erich Fromm: Psychoanalyse und Ethik. Bausteine zu einer humanistischen Charakterologie. Aus dem Amerikanischen von Paul Stapf und Ignaz Müham. Überarbeitet von Rainer Funk. 2. Auflage. dtv. München 1986, S. 114-115

M2 Erich Fromm: Psychoanalyse und Ethik. Bausteine zu einer humanistischen Charakterologie. Aus dem Amerikanischen von Paul Stapf und Ignaz Müham. Überarbeitet von Rainer Funk. 2. Auflage. dtv. München 1986, S. 125

Zum Weiterdenken Erich Fromm: Psychoanalyse und Ethik. Bausteine zu einer humanistischen Charakterologie. Aus dem Amerikanischen von Paul Stapf und Ignaz Müham. Überarbeitet von Rainer Funk. 2. Auflage. dtv. München 1986, S. 127

S. 72/73

M1 Erich Fried: Gründe. In: Erich Fried: Gründe. Gedichte. Ausgewählt von Klaus Wagenbach. Wagenbach. Berlin 1989, S. 29

M2 Robin Celikates im Gespräch mit Änne Seidel: Ziviler Ungehorsam. Extinction Rebellion „auf jeden Fall legitim". Herausgegeben von Deutschlandradio. 09.10.2019. Online: https://www.deutschlandfunk.de/ziviler-ungehorsam-extinction-rebellionauf-jeden-fall-100.html (aufgerufen am 30.05.2022); Jürgen Habermas: Ziviler Ungehorsam – Testfall für den demokratischen Rechtsstaat. In: Die Neue Unübersichtlichkeit. Suhrkamp. Frankfurt am Main 1985. S. 82-83; Gottfried Loeck: Im Sog des Rechtsnihilismus. Preußische Allgemeine Zeitung vom 12.02.2005

Lernaufgabe Stefanie Haas (Originalbeitrag)

S. 74/75

M1 Kirsten Schulz: "Wir sind Euer böses Gewissen!". Die Flugblätter der Weißen Rose. Herausgegeben von Bundeszentrale für politische Bildung. 20.04.2005. Online: https://www.bpb.de/themen/nationalsozialismus-zweiter-weltkrieg/weisse-rose/61008/wir-sindeuer-boeses-gewissen/ (aufgerufen am 30.05.2022)

Zum Weiterdenken Tim Schleider: 100. Geburtstag der Widerstandskämpferin. Über Mut und Moral. In: Stuttgarter Zeitung online vom 07.05.2021. Online:https://www.stuttgarter-zeitung.de/inhalt.100-geburtstag-der-widerstandskaempferin-ueber-mut-und-moral.3e3de0ce-b283-43fd-aee8-3d7e2daed2d9.html (aufgerufen am 02.10.2021)

M2 Maren Gottschalk: Wie schwer ein Menschenleben wiegt. Sophie Scholl. Biographie. C.H. Beck. München 2., durchgesehene Auflage 2020, S. 293; Zitat: Sophie Scholl: Vernehmungsprotokoll von 20. Februar 1943. Zitiert nach Ulrich Chaussy / Gerd R. Überschär: Es lebe die Freiheit. Die Geschichte der Weißen Rose und ihrer Mitglieder in Dokumenten und Berichten. Fischer Taschenbuch Verlag. Frankfurt am Main 2013, S. 254. Zitiert aus Maren Gottschalk: Wie schwer ein Menschenleben wiegt. Sophie Scholl. Biographie. C.H. Beck. München 2., durchgesehene Auflage 2020, S. 293

M3 Viktor E. Frankl: Das Leiden am sinnlosen Leben. Psychotherapie für heute. Herder. Freiburg im Breisgau 6. Auflage. 1981, S. 30

S. 76/77

M2 Liedtext: Jürgen Werth: Wie ein Fest nach langer Trauer. Titel So ist Versöhnung, Text, (OT) Werth, Jürgen, Copyright 1988 SCM Hänssler, D-71087 Holzgerlingen

M3 Ministerium für Justiz, Europa und Verbraucherschutz des Landes Schleswig-Holstein: Täter-Opfer-Ausgleich. Online: https://www.schleswig-holstein.de/DE/Fachinhalte/O/opferschutz/taeter_opfer_ausgleich.html (aufgerufen am 09.05.2022)

Zum Weiterdenken Konrad Paul Liessmann: Schuld und Sühne. In: Neue Zürcher Zeitung (NZZ) vom 20.09.2014. https://www.nzz.ch/feuilleton/buecher/schuld-und-suehne-1.18386983 (aufgerufen am 12.09.2021)

S. 78/79

M1 Stefanie Haas (Originalbeitrag)

M2 Anna von Hopffgarten: Die Krux mit der weißen Weste. In: Gehirn & Geist 12/2021, S. 3. Online: https://www.spektrum.de/magazin/editorial-die-krux-mit-der-weissen-weste/1938802 (aufgerufen am 17.11.2021)

Lernaufgabe nach Maria Benning; Zitat: Das Buch der Albert-Schweitzer-Zitate. Treffende Zitate zu Ethik, Glück und Leben erstmals umfassend zusammengestellt. Herausgegeben von Einhard Weber im Auftrag des Deutschen Albert-Schweitzer-Zentrums und der Internationalen Albert-Schweitzer-Vereinigung (AISL). Beck'sche Reihe. Verlag C.H.Beck. München 1. Auflage 2013. Kapitel 3: Ehrfurcht vor dem Leben (zitiert aus: Kulturphilosophie I und II, S. 317), E-Book

S. 80/81

M1 Konrad Paul Liessmann: Schuld und Sühne. In: Neue Zürcher Zeitung (NZZ) vom 20.09.2014. https://www.nzz.ch/feuilleton/buecher/schuld-und-suehne-1.18386983 (aufgerufen am 12.09.2021)

M2 Stefanie Haas (Originalbeitrag)

M3 Uwe Wesel: Fast alles, was recht ist. Jura für Nicht-Juristen. Eichborn. Frankfurt am Main 1992, S. 214-216

S. 82/83

M2 nach Hanne Tügel: „Die Kunst der Reue". In: GEO Wissen. Heft 35: Sünde und Moral. Gruner + Jahr. Hamburg 2005, S. 98-104, 102-103

M3 Wilhelm Vossenkuhl: Philosophie. Basics. Piper. München / Zürich 2011, S. 22, 24-25

S. 84/85

M2 Linda Hüllmann (Originalbeitrag)

M4 Ajay Moholtra: Rosa Parks Quotes. 01.06.2008. Online: https://rosaparksfacts.com/rosa-parks-quotes/ (aufgerufen am 21.10.2020)

S. 86/87

Stefanie Haas (Originalbeitrag)

S. 88/89

M2 Stefanie Haas (Originalbeitrag)

M3 Stefanie Haas

M4 Weiße Rose Stiftung e.V. (Hrsg.): V. Flugblatt der Weißen Rose. Online: https://www.weisse-rose-stiftung.de/widerstandsgruppe-weisse-rose/flugblaetter/v-flugblatt-der-weissen-rose/ (aufgerufen am 02.10.2021)

Medienethik

Autorin: Ruth Kaiser, Bilingual: Linda Hüllmann

S. 90/91

Stefanie Haas (Originalbeitrag)

S. 92/93

M2 nach Bernd Rolf

S. 94/95

M1 Ruth Kaiser (Originalbeitrag)

M2 Udo Branahl / Patrick Donges: Warum Medien wichtig sind. Funktionen in der Demokratie. In: Informationen zur politischen Bildung Nr. 308/2010: Massenmedien. Herausgegeben von Bundeszentrale für politische Bildung. Online: https://www.bpb.de/izpb/7492/warum-medien-wichtig-sind-funktionen-in-der-demokratie?p=all (aufgerufen am 08.06.2011)

S. 96/97

M2 Hans Leyendecker / Süddeutsche Zeitung: V wie Vierte Gewalt. Wird im Internet mehr enthüllt als nur die eigene Intimsphäre? Eine Investigation. In: SZ Magazin: Zukunft des Journalismus. 07.05.2009, Heft 19/2009. Online: https://sz-magazin.sueddeutsche.de/zukunft-des-journalismus/v-wie-vierte-gewalt-76378 (aufgerufen am 25.02.2021)

M3 Zitat Sir Winston Churchill: Gerhild Deutinger: Kommunikation im Change. Erfolgreich kommunizieren in Veränderungsprozessen. Springer Gabler. Berlin 2. Auflage 2017, S. 90

M4 Andre Zantow: Investigativer Journalismus. Missstände aufdecken im Grenzbereich. Herausgegeben von Deutschlandradio. 26.01.2021. Online: https://www.deutschlandfunkkultur.de/investigativer-journalismus-missstaende-aufdecken-im.976.de.html?dram:article_id=491478 (aufgerufen am 16.12.2021)

S. 98/99

M2 ©BR / Claudia Erl: Wichtige Fakten zu „Warum Meinungsvielfalt wichtig für die Demokratie ist". 22.05.2018. Online: https://www.br.de/sogehtmedien/ard-und-zdf/meinungsvielfalt/unterrichtsmaterial-meinungsfreiheit-vertiefende-information-100.html (aufgerufen am 16.12.2021)

M3 SPIEGEL.de, 27.03.2019 https://www.spiegel.de/panorama/leute/gwyneth-paltrows-tochter-beschwert-sich-nach-instagram-foto-a-1259811.html (aufgerufen am 16.12.2021)

M4 Alessa Böttcher und Claudia Kornmeier, ARD-Rechtsredaktion: BGH zu Hasskommentaren. Wann darf Facebook was löschen? Herausgegeben von ARD-aktuell / tagesschau.de. 22.07.2021. Online: https://www.tagesschau.de/inland/hasskommentare-bgh-101.html (aufgerufen am 16.12.2021)

S. 100/101

M1 Artikel: Dan Eckert / Stefan Sichermann: Schlagstöcke und Pyrotechnik sichergestellt: Polizei löst unerlaubte Kinderdemo auf. 11.11.2014. Herausgeben von Der Postillon. Online: https://www.der-postillon.com/2014/11/schlagstocke-und-pyrotechnik.html (aufgerufen am 16.12.2021)

Grundwissen Redaktion basierend auf JURA INDIVIDUELL (Hrsg.): Fachartikel Übersicht: Die Ehrdelikte. Online: https://www.juraindividuell.de/artikel/die-ehrdelikte/ (aufgerufen am 16.12.2021) und Sascha Böttner: Beleidigung – § 185 StGB. Online: https://www.strafrecht-bundesweit.de/strafrecht-kanzlei-verzeichnis/beleidigung/ (aufgerufen am 16.12.2021) und WILDE BEUGER SOLMECKE (Hrsg.): Unwahre Tatsachenbehauptung und Schmähkritik: Schutz der persönlichen Ehre vor rechtswidrigen Äußerungen. Online: https://www.wbs-law.de/medienrecht/persoenlichkeitsrecht/schutz-der-ehre/ (aufgerufen am 16.12.2021)

M2 WILDE BEUGER SOLMECKE (Hrsg.): Unwahre Tatsachenbehauptung und Schmähkritik: Schutz der persönlichen Ehre vor rechtswidrigen Äußerungen. Online: https://www.wbs-law.de/medienrecht/persoenlichkeitsrecht/schutz-der-ehre/ (aufgerufen am 16.12.2021)

S. 102/103

Gewusst wie nach René Torkler

M1 Fall 1: Stefanie Haas (Originalbeitrag); Fall 2: Christian F. Trippe: Der Journalismus und die Terror-Falle. Herausgegeben von Deutsche Welle. 16.05.2018. Permalink: https://p.dw.com/p/2xq5F (aufgerufen am 18.12.2021)

S. 104/105

M1 Christian Gottschalk: Anregen zum Nachdenken, Stuttgarter Zeitung Nr. 234, 9./10. Oktober 2021, Seite 1

M2 Maria Ressa: Nobel Lecture given by Nobel Peace Prize laureate 2021 Maria Ressa, Oslo, 10 December 2021. Herausgegeben von The Nobel Prize. Online: https://www.nobelprize.org/prizes/peace/2021/ressa/lecture/ (aufgerufen am 09.12.2021), Übersetzung Stefanie Haas (Originalbeitrag)

S. 106/107

M2 Deutscher Bundestag (Hrsg.): I. Die Grundrechte. Online: https://www.bundestag.de/parlament/aufgaben/rechtsgrundlagen/grundgesetz/gg_01-245122 (aufgerufen am 16.12.2021)

M3 Deutscher Presserat (Hrsg.): Informationen zum Deutschen Presserat. Flyer Ablauf und Organisation. Online: https://www.presserat.de/aufgaben-organisation.html (unter Downloads: Flyer Organisation, aufgerufen am 01.06.2022)

M4 Deutschen Presserats (Hrsg.): Sanktionen des Presserats. Online: https://www.presserat.de/sanktio nen. html (aufgerufen am 16.12.2021)

S. 108/109

M1-4 Deutschen Presserats (Hrsg.): Homosexuelle als HIV-Infizierte geoutet. Zeitung missachtet Recht auf informationelle Selbstbestimmung. Aktenzeichen 0350/18/4. Online: https://recherche.presserat.info/ (Recherche mit Aktenzeichen, aufgerufen am 16.12.2021)

M5 Daniel Bouhs: Presserat / Wie die deutsche Presse sich selbst kontrolliert. Herausgegeben von Deutschlandradio. 07.09.2020. Online: https://www.deutschlandfunk.de/presserat-wie-die-deutsche-presse-sich-selbst-kontrolliert-100.html (aufgerufen am 16.12.2021)

S. 110/111

M1 nach Mats Schönauer: Eiszeit im britischen Königshaus bedroht den Klimawandel. 22.07.2020. Online: https://uebermedien.de/50598/eiszeit-im-britischen-koenigshaus-bedroht-den-klimawandel/ (aufgerufen am 16.12.2021)

M2 Frederik Fischer: Warum zahlen LeserInnen (nicht) für Journalismus im Netz? In: Jan Krone (Hrsg.): Medienwandel kompakt 2017–2019. Schlaglichter der Veränderung in Kommunikation, Medienwirtschaft, Medienpolitik und Medienrecht – Ausgewählte Netzveröffentlichungen. Springer VS. Wiesbaden 2019, S. 229-236

Zum Weiterdenken Ruth Kaiser (Originalbeitrag)

S. 112/113

M1 Redaktion

M2 Bundeszentrale für Kinder- und Jugendmedienschutz (Hrsg.): Die Bundeszentrale für Kinder- und Jugendmedienschutz sucht: Kinder und Jugendliche zur Mitarbeit in einem Beirat. Online: https://www.bzkj.de/resource/blob/187060/aac81ab389ba9f90b97d558267639506/ausschreibung-kinder-und-jugendbeteiligung-beirat-data.pdf (aufgerufen am 16.12.2021)

M3 Jugend und Medien – Nationale Plattform zur Förderung von Medienkompetenzen, Schweiz (Hrsg.): Internet und Computerspiele können süchtig machen. Online: https://www.jugendundmedien.ch/themen/onlinesucht (aufgerufen am 16.12.2021)

S. 114/115

M1 Deutschlandfunk Nova / Deutschlandradio (Hrsg.): FOMO. Warum uns die Angst, etwas zu verpassen, jetzt so viel Druck macht. 31.05.2021. Online: https://www.deutschlandfunknova.de/beitrag/fomo-warum-wir-uns-jetzt-so-viel-druck-machen (aufgerufen am 16.12.2021)

M2 Jana Hauschild: Im Fokus: Digitale Gewalt. In: PSYCHOLOGIE HEUTE 06/2021. Beltz Verlag. Weinheim, S. 47

M3 Eike Kühl / Daniel Mack: Sollten wir im Netz anonym sein? In: fluter - Magazin der Bundeszentrale für politische Bildung. 29.05.2019. CC-BY-NC-ND-4.0-DE. Online: https://www.fluter.de/klarnamenpflicht-facebook-und-internet-pro-contra (aufgerufen am 16.12.2021)

M4 Uwe Buermann: Kinder und Jugendliche zwischen Virtualität und Realität. In: APuZ. Aus Politik und Zeitgeschichte: Neue Medien – Internet – Kommunikation. Zeitschrift der Bundeszentrale für politische Bildung (Hrsg.), 39/2008, 19./22. September 2008, S. 36-37. Online: https://www.bpb.de/shop/zeitschriften/apuz/30970/kinder-und-jugendliche-zwischen-virtualitaet-und-realitaet/ (aufgerufen am 01.06.2022)

S. 116/117

M2 klicksafe (Hrsg.): Deep Fakes, „Ethik macht klick. Meinungsbildung in der digitalen Welt". https://www.klicksafe.de/materialien/ethik-macht-klick-meinungsbildung-in-der-digitalen-welt, Seite 28, erschienen im Februar 2021 (aufgerufen am 01.03.2021)

M3 Karin Öhler / Laura Inzenhofer / Protokolle: Josef Wirnshofer: Hast du dich schonmal „influencen" lassen? In: fluter – Magazin der Bundeszentrale für politische Bildung. 23.06.2017. Online: https://www.fluter.de/wie-influencer-kaufentscheidungen-beeinflussen (aufgerufen am 16.12.2021)

S. 118/119

M1 Marc-Uwe Kling: QualityLand. Ullstein. Berlin 3. Auflage 2017, S. 180-181

M2 Luise Stoltenberg im Interview mit Nicolas Rose: Einmal digital entgiften, bitte. In: fluter – Magazin der Bundeszentrale für politische Bildung. 12.08.2018. CC-BY-NC-ND-4.0-DE. Online: https://www.fluter.de/richtig-abschalten-mit-digital-detox (aufgerufen am 16.12.2021)

S. 120/121

M2 Tony Rogers: Differences Between Broadsheet and Tabloid Newspapers. Broadsheets are more serious, while tabloids are often quirkier. Herausgegeben von ThoughtCo / Dotdash. 28.01.2020. Online: https://www.thoughtco.com/broadsheet-and-tabloid-newspapers-2074248 (aufgerufen am 16.12.2021)

M3 Liedtext: Michael Jackson: Tabloid Junkie (1995). Text, (OT) Harris, James Samuel III / Lewis, Terry Steven / Jackson, Michael Joe, Copyright KMR Music Royalties II SCSP/ Kobalt Music Publishing Ltd/ Printrechte Hal Leonard Europe GmbH Mijac Music/Sony/ATV Music Publishing (Germany) GmbH, Berlin

S. 122/123

Stefanie Haas (Originalbeitrag)

S. 124/125

M1 Stefanie Haas (Originalbeitrag)

M3 klicksafe (Hrsg.): Stefanie Rack, Stefanie Fächner (klicksafe) / Kim Beck, Fabian Sauer (Handysektor, mecodia): „Ommm online – Wie wir unser digitales Wohlbefinden steigern". Reihe: Mobile Medien – Neue Herausforderungen. Dieses Material wurde in Zusammenarbeit von klicksafe und Handysektor erstellt. 1. Auflage, Oktober 2021, S. 6. Online: https://www.klicksafe.de/materialien/ommm-online-wie-wir-unser-digitales-wohlbefinden-steigern (aufgerufen am 16.12.2021)

M4 Stefanie Haas (Originalbeitrag), Zahlen aus: Medienpädagogischer Forschungsverbund Südwest (mpfs) (Hrsg.): JIM-Studie 2021. Jugend, Information, Medien. Basisuntersuchung zum Medienumgang 12- bis 19-Jähriger. Stuttgart, November 2021, S. 36. Online: https://www.mpfs.de/fileadmin/files/Studien/JIM/2021/JIM-Studie_2021_barrierefrei.pdf (aufgerufen am 16.12.2021)

Medizinethik

Autor: René Torkler, Bilingual: Linda Hüllmann

S. 126/127

Stefanie Haas (Originalbeitrag)

S. 128/129

M1 nach Richard Smith: In search of "non-disease". In: BMJ Bd. 324, S. 883-885 (BMJ 2002; 324: 883). 13.04.2002. Copyright © 2022 BMJ Publishing Group Ltd. Online: https://doi.org/10.1136/bmj.324.7342.883 (aufgerufen am 16.12.2021)

M2 Giovanni Maio: Mittelpunkt Mensch. Lehrbuch der Ethik in der Medizin. Mit einer Einführung in die Ethik der Pflege. Schattauer. Stuttgart 2., überarbeitete und erweiterte Auflage 2017, S. 4-5

M3 Offizielle deutsche Übersetzung der Deklaration von Genf, autorisiert durch den Weltärztebund, © World Medical Association. Online: https://www.bundesaerztekammer.de/fileadmin/user_upload/downloads/pdf-Ordner/International/bundersaaerztekammer_deklaration_von_genf_04.pdf (aufgerufen am 12.06.2022)

M4 Bundeszentrale für politische Bildung (Hrsg.): Medizinethik. Online: https://www.bpb.de/gesellschaft/umwelt/bioethik/163463/medizinethik (aufgerufen am 30.04.2021)

S. 130/131

M2 John Locke. In: Martin Brasser (Hrsg.): Person. Philosophische Texte von der Antike bis zur Gegenwart. Reclam. Stuttgart 1999, S. 79, 81 (dort Abdruck aus: John Locke: Versuch über den menschlichen Verstand. In vier Büchern. Band 2. Buch III und IV. Übersetzt von Carl Winckler. Philosophische Bibliothek. Band 76. Meiner. Hamburg 1981)

M3 Zitat: Immanuel Kant: Grundlegung zur Metaphysik der Sitten. In: Immanuel Kant: Kants Werke. Akademie Textausgabe. Band IV. Walter de Gruyter. Berlin 1968, S. 429; Peter Schaber: Menschenwürde und Selbstachtung: Ein Vorschlag zum Verständnis der Menschenwürde, S. 7. Online: http://www.ethik.uzh.ch/static/afe/downloads/publikationen/schaber/Schaber-Menschenwuerde.pdf (aufgerufen am 07.07.2021)

M4 Michael Quante: Menschenwürde und personale Autonomie. Meiner. Hamburg 2010, S. 91-92

S. 132/133

M2 Johann S. Ach / Urban Wiesing/ Georg Marckmann: Sterbehilfe – Einführung. In: Urban Wiesing (Hrsg.): Ethik in der Medizin. Reclam. Stuttgart 2012, S. 238ff.

Zum Weiterdenken Stefanie Haas (Originalbeitrag)

S. 134/135

M1 René Torkler (Originalbeitrag)

M2 Reinhard Merkel: Beatmung in der Medizin. Eine Frage von Recht und Ethik. In: Frankfurter Allgemeine Zeitung (FAZ) am 04.04.2020, Nr. 81, S. 11 und 13

S. 136/137

M1 Georg Marckmann: Grundlagen ethischer Entscheidungsfindung in der Medizin. In: Georg Marckmann (Hrsg): Praxisbuch Ethik in der Medizin. Medizinisch Wissenschaftliche Verlagsgesellschaft. Berlin 2015, S. 10-12

M2 Georg Marckmann: Was ist eigentlich prinzipienorientierte Medizinethik? Ärzteblatt Baden-Württemberg 12/2000. Online: https://www.egt.med.uni-muenchen.de/personen/leitung/marckmann/materialien/publikationen/prinzipienethik-2013.pdf (aufgerufen am 22.10.2021)

S. 138/139

Gewusst wie nach René Torkler

M1 nach Eva Winkler: Konflikte zwischen Wohlergehen und Selbstbestimmung. Grundlagen ethischer Entscheidungsfindung in der Medizin. In: Georg Marckmann (Hrsg): Praxisbuch Ethik in der Medizin. Medizinisch Wissenschaftliche Verlagsgesellschaft-Berlin 2015, S. 113-115

S. 140/141

M2 BPI e.V. (Julia Richter): Schwein gehabt: Gentechnik verbessert Diabetesversorgung. 27.06.2017. Online: https://www.bpi.de/de/nachrichten/detail/schweingehabt-gentechnik-verbessert-diabetesversorgung (aufgerufen am 16.12.2021)

M3 Annette Rausch: Rote Gentechnologie. Herausgegeben von Bundeszentrale für politische Bildung. 30.06.2017. CC BY-NC-ND 3.0 DE. Online: https://www.bpb.de/gesellschaft/umwelt/bioethik/33747/rote-gentechnik (aufgerufen am 16.12.2021)

S. 142/143

Grundwissen Redaktion basierend auf JA: Slippery slope-Argument. Herausgegeben von Spektrum der Wissenschaft. Online: https://www.spektrum.de/lexikon/philosophie/slippery-slope-argument/1888 (aufgerufen am 16.12.2021)

M2 ZEIT ONLINE, Jakob Simmank: Der letzte Tabubruch der Gentechnik? 26. November 2018. Online: https://www.zeit.de/wissen/2018-11/crisprchina-geburt-zwillinge-erbanlage-genveraenderunghiv-resistenz/seite-2 (aufgerufen am 23.10.2021)

M3 René Torkler (Originalbeitrag)

S. 144/145

M1 René Torkler (Originalbeitrag)

M3 Mit freundlicher Genehmigung des Deutschen Referenzzentrums für Ethik in den Biowissenschaften (DRZE): Retter-Geschwister („Saviour Siblings") Online: https://www.drze.de/imblickpunkt/pid/module/retter-geschwister-saviour-siblings/ (aufgerufen am 28.11.2021)

S. 146/147

M2 Jan Schildmann / Jochen Vollmann: Arzt-Patient-Verhältnis. In: Dieter Sturma und Bert Heinrichs (Hrsg.): Handbuch Bioethik. Metzler. Stuttgart 2015, S. 198 und 195-196

S. 148/149

M1 René Torkler (Originalbeitrag) im Interview mit Dr. med. Andreas Sarropoulos vom Klinikum Ingolstadt im November 2021

S. 150/151

M1 Deutscher Ethikrat (Hrsg.): Herzlich Willkommen beim Deutschen Ethikrat. Online: https://www.ethikrat.org/ (aufgerufen am 16.12.2021)

M2 ZEIT ONLINE, Felix Zwinzscher: „In der Ethik kann es keine Kompromisse geben". 03.05.2011. Online: https://www.zeit.de/politik/deutschland/2011-05/interview-ethikrat-gerhardt/komplettansicht#print (aufgerufen am 25.11.2021)

S. 152/153

Gewusst wie nach Karen McGuigan

M1 Rupert M. Scheule: „Manni ohne Mantel". In klinischen Fallberatungen dominiert die sogenannte Prinzipienethik. Ist das gut? Eine fallbezogene Anfrage. In: Blick in die Wissenschaft. Forschungsmagazin der Universität Regensburg 27. Jahrgang 2018, Heft 37, S. 21. Online: https://bidw.uni-regensburg.de/index.php/bidw/article/view/22/25 (aufgerufen am 23.11.2021)

S. 154/155

M1 Urheberrechte bei Hospiz Horn e.V. und der Bremer Heimstiftung: DIE ETHISCHE FALLBESPRECHUNG. Online https://hospiz-horn.de/unterstuetzen-und-ausbilden/die-ethische-fallbesprechung/ (aufgerufen am 23.11.2021)

M3 Rupert M. Scheule: „Manni ohne Mantel". In klinischen Fallberatungen dominiert die sogenannte Prinzipienethik. Ist das gut? Eine fallbezogene Anfrage. In: Blick in die Wissenschaft. Forschungsmagazin der Universität Regensburg 27. Jahrgang 2018, Heft 37, S. 25. Online: https://bidw.uni-regensburg.de/index.php/bidw/article/view/22/25 (aufgerufen am 23.11.2021)

S. 156/157

M1 Kalaivani Annadurai / Raja Danasekaran / Geetha Mani: 'Euthanasia: Right to Die with Dignity'. In: Journal of Family Medicine and Primary Care. Oct–Dec 2014. Volume 3, Issue 4, S. 477-478. © 2014 Journal of Family Medicine and Primary Care | Published by Wolters Kluwer – Medknow. Online: https://www.ncbi.nlm.nih.gov/pmc/articles/PMC4311376/ (aufgerufen am 23.12.2020)

M3 American Medical Association (Hrsg.): Euthanasia: Code of Medical Ethics Opinion 5.8. Online: https://www.ama-assn.org/delivering-care/ethics/euthanasia (aufgerufen am 23.12.2020)

S. 158/159

Stefanie Haas (Originalbeitrag)

S. 160/161

M1 Wilhelm Vossenkuhl: Zum Geleit. In: Giovanni Maio: Mittelpunkt Mensch. Lehrbuch der Ethik in der Medizin. Mit einer Einführung in die Ethik der Pflege. Schattauer. Stuttgart 2., überarbeitete und erweiterte Auflage 2017, S. IX

M3 Giovanni Maio im Interview mit Regine Warth: Mediziner in der Kritik: Zu wenig Raum für Gespräche. Schon ein gutes Arztgespräch kann heilsam sein. Interview mit Giovanni Maio. In: Stuttgarter Zeitung online vom 12.07.2021. Online: https://www.stuttgarter-zeitung.de/inhalt.mediziner-in-der-kritik-zu-wenig-raum-fuer-gespraeche-schon-ein-gutes-arztgespraech-kann-heilsam-sein.1730a18f-341e-48fb-8f87-162005f76e67.html (aufgerufen am 16.12.2021)

M4 Stefanie Haas (Originalbeitrag)

Glossar

Allgemeine Erklärung der Menschenrechte basierend auf Sonja John / Brockhaus Jugendlexikon Online: Menschenrechte. NE GmbH | Brockhaus. Permalink: https://brockhaus.de/ecs/permalink/FB1527FAE71E637B6BD8EB82A43676C1.pdf (aufgerufen am 15.12.2021) und basierend auf Allgemeine Erklärung der Menschenrechte: Status und Bedeutung der Menschenrechtserklärung. Herausgegeben von Praetor Verlagsgesellschaft mbH. Online: https://www.menschenrechtserklaerung.de/der-status-der-menschenrechtserklaerung-374/ (aufgerufen am 14.12.2021) und basierend auf Bundeszentrale für politische Bildung (Hrsg.): 70 Jahre Allgemeine Erklärung der Menschenrechte. 10.12.2018. Online: https://www.bpb.de/politik/hintergrund-aktuell/282210/menschenrechte (aufgerufen am 24.11.2020)

Autorität nach Lars Fischer

Biobank basierend auf Brockhaus Enzyklopädie Online: Biobank. NE GmbH | Brockhaus. Permalink: https://brockhaus.de/ecs/permalink/165109638C709CD9DB219854509D42F4.pdf (aufgerufen am 15.12.2021)

Bots teilweise basierend auf Bundeszentrale für politische Bildung (Hrsg.): Was sind Social Bots? 14.07.2017. Online: https://www.bpb.de/252585/was-sind-social-bots (aufgerufen am 15.12.2021)

Care-Arbeit Brockhaus Enzyklopädie Online: Care-Arbeit. NE GmbH | Brockhaus. Permalink: https://brockhaus.de/ecs/permalink/690A965C00F3C62DFEE318F524E1A0B0.pdf (aufgerufen am 15.12.2021)

Ethos basierend auf Brockhaus Enzyklopädie Online: Ethos. NE GmbH | Brockhaus. Permalink: https://

brockhaus.de/ecs/permalink/0CF018CBE347977E77 9E51F2D24880B4.pdf (aufgerufen am 15.12.2021)

Euthanasie basierend auf Brockhaus Enzyklopädie Online: Euthanasie. NE GmbH | Brockhaus. Permalink: https://brockhaus.de/ecs/permalink/CD36 6301C86C5037F8BF1C29AF44A2FE.pdf (aufgerufen am 15.12.2021) und basierend auf Brockhaus Jugendlexikon Online: Euthanasie. NE GmbH | Brockhaus. Permalink: https://brockhaus.de/ecs/permali nk/1DAF5815CF22CBEF927B8DE22A2FDD2A.pdf (aufgerufen am 15.12.2021) und basierend auf Gerd Schneider / Christiane Toyka-Seid: Euthanasie. Das junge Politik-Lexikon von www.hanisauland.de. Herausgegeben von Bundeszentrale für politische Bildung. Bonn 2021. Online: https://www.hanisauland.de/wissen/lexikon/grosses-lexikon/e/euthanasie.html (aufgerufen am 15.12.2021)

Gender basierend auf Brockhaus Jugendlexikon Online: Gender. NE GmbH | Brockhaus. Permalink: https://brockhaus.de/ecs/permalink/FC450F24 FF408A52EF9634A9729901F8.pdf (aufgerufen am 18.12.2021)

Genom basierend auf Brockhaus Enzyklopädie Online: Genom. NE GmbH | Brockhaus. Permalink: https://brockhaus.de/ecs/permalink/4068C82D7 655FA02A1A9216521AB2D21.pdf (aufgerufen am 15.12.2021)

Hippokrates basierend auf Brockhaus Jugendlexikon Online: Hippokrates. NE GmbH | Brockhaus. Permalink: https://brockhaus.de/ecs/permalink/B83B-D17BA27D63C58E02EEA3D10DBAEE.pdf (aufgerufen am 15.12.2021)

Investigativer Journalismus basierend auf Andre Zantow: Investigativer Journalismus. Missstände aufdecken im Grenzbereich. Herausgegeben von Deutschlandradio. 26.01.2021. Online: https://www.deutschlandfunkkultur.de/investigativer-journalismus-missstaende-aufdecken-im.976.de.html?dram:article_id=491478 (aufgerufen am 15.12.2021) und basierend auf Journalisten-Akademie (Hrsg.): Investigativer Journalismus. JOURNALISMUS LEXIKON. Online: https://www.deutschejournalistenakademie.de/journalismus-lexikon/investigativer-journalismus/ (aufgerufen am 15.12.2021)

Jim-Crow-Gesetze / Jim Crow Laws basierend auf Brockhaus Enzyklopädie Online: Jim Crow. NE GmbH | Brockhaus. Permalink: https://brockhaus.de/ecs/permalink/39448683B43BE5608330CB0 C5CC41669.pdf (aufgerufen am 15.12.2021) und basierend auf Bundeszentrale für politische Bildung (Hrsg.): 50 Jahre "I have a dream". 27.08.2013. Online: https://www.bpb.de/politik/hintergrund-aktuell/167685/50-jahre-i-have-a-dream-27-08-2013 (aufgerufen am 15.12.2021)

Journalismus basierend auf Brockhaus Jugendlexikon Online: Journalismus. NE GmbH | Brockhaus. Permalink: https://brockhaus.de/ecs/permalink/7F EE07966693F4A01CA83B64B7BA58DD.pdf (aufgerufen am 15.12.2021) und basierend auf Brockhaus Jugendlexikon Online: Gewaltenteilung. NE GmbH | Brockhaus. Permalink: https://brockhaus.de/ecs/permalink/A33C9513B4CF92983620F4C25B2ACD4E.pdf (aufgerufen am 15.12.2021) und basierend auf Deutschen Journalisten-Akademie (Hrsg.): Journalist/Journalistin. JOURNALISMUS LEXIKON. Online: https://www.deutschejournalistenakademie.de/journalismus-lexikon/journalist-journalistin/ (aufgerufen am 15.12.2021)

Kant, Immanuel Verena Schmid Blumer

LGBTIQ / LSBTIQ basierend auf Bundeszentrale für politische Bildung (Hrsg.): LSBTIQ-Lexikon. 27.03.2017. Online https://www.bpb.de/gesellschaft/gender/geschlechtliche-vielfalt-trans/245426/lsbtiq-lexikon?p=38 (aufgerufen am 15.12.2021)

Locke, John teilweise basierend auf Brockhaus (Jugendlexikon): Brockhaus Jugendlexikon Online: John Locke. NE GmbH | Brockhaus. Permalink: https://brockhaus.de/ecs/permalink/43C06FBE63F029CC2 C57E76F7AB85F63.pdf (aufgerufen am 15.12.2021)

Parks, Rosa Louise basierend auf Brockhaus Enzyklopädie Online: Rosa Parks. NE GmbH | Brockhaus. Permalink: https://brockhaus.de/ecs/permalink/553 B0144C0DEFC130B60E31728868353.pdf (aufgerufen am 15.12.2021)

Paulus basierend auf Brockhaus Enzyklopädie Online: Paulus. NE GmbH | Brockhaus. Permalink: https://brockhaus.de/ecs/permalink/A22F33940D5E-25A11F6EA1EA34E46AC1.pdf (aufgerufen am

15.12.2021) und basierend auf Brockhaus Jugendlexikon Online: Paulus. NE GmbH | Brockhaus. Permalink: https://brockhaus.de/ecs/permalink/C2F49A-E5C9D05917E0739D8907A798FC.pdf (aufgerufen am 15.12.2021)

Persönlichkeitsrecht basierend auf Brockhaus Enzyklopädie Online: Persönlichkeitsrecht. NE GmbH | Brockhaus. Permalink: https://brockhaus.de/ecs/permalink/3B7A7753A75A5B158377BE9F877E5944.pdf (aufgerufen am 15.12.2021) und basierend auf Udo Branahl: Persönlichkeitsschutz. In: Günter Bentele / Hans-Bernd Brosius / Otfried Jarren (Hrsg.): Lexikon Kommunikations- und Medienwissenschaft. Springer VS. 2., überarbeitete und erweiterte Auflage Wiesbaden 2013, S. 263-264

Präimplantationsdiagnostik basierend auf Brockhaus Enzyklopädie Online: Präimplantationsdiagnostik. NE GmbH | Brockhaus. Permalink: https://brockhaus.de/ecs/permalink/7CC86134A3395879F631789698827512.pdf (aufgerufen am 15.12.2021)

Soziologie Brockhaus Jugendlexikon Online: Soziologie. NE GmbH | Brockhaus. Permalink: https://brockhaus.de/ecs/permalink/C5224D257332B655EC5B-98CBEB6E71F7.pdf (aufgerufen am 15.12.2021)

Sterbehilfe basierend auf Brockhaus Enzyklopädie Online: Sterbehilfe. NE GmbH | Brockhaus. Permalink: https://brockhaus.de/ecs/permalink/CB562E5A003FE3490D41D8ECE07D8BB8.pdf (aufgerufen am 18.05.2022) und basierend auf Brockhaus Jugendlexikon Online: Sterbehilfe. NE GmbH | Brockhaus. Permalink: https://brockhaus.de/ecs/permalink/766D2A3F4E81BB0C1E6766DE9152C05B.pdf (aufgerufen am 18.05.2022)

Whistleblower basierend auf Brockhaus Enzyklopädie Online: Whistleblower. NE GmbH | Brockhaus. Permalink: https://brockhaus.de/ecs/permalink/B3C29616A2B138CAA4B211D51309205D.pdf (aufgerufen am 15.12.2021)

Informationen teilweise basierend auf Bibliographisches Institut & F. A. Brockhaus AG: Der Brockhaus multimedial premium 2007 (DVDRom) bzw. Brockhaus Enzykloädie und Jugendlexikon online; Der JugendBrockhaus in drei Bänden. 6. neu bearbeitete Auflage. Mannheim: Bibliographisches Institut & F. A. Brockhaus AG 2005; Schülerduden Philosophie. Das Fachlexikon von A-Z. Hg. und bearbeitet von der Redaktion Schule und Lernen. 3., völlig neu bearbeitete Auflage. Mannheim: Bibliographisches Institut & F.A. Brockhaus AG 2009

Methoden und Kompetenzen

Bildbetrachtung René Torkler
Debatte führen nach Maria Benning
Fünf-Schritt-Lesemethode nach René Torkler
Karikaturen analysieren nach Melanie Heise
Präsentation teilweise basierend auf Sigune Barsch-Gollnau/Volker Herrmann/Hubert Rösch/Beate Weiss: Selbstständig arbeiten – überzeugend präsentieren. Ein Trainingsbuch für die Mittelstufe. C.C.Buchners. Bamberg 2007, S. 85-86
Rollenspiel nach Birgit Danderski
Umfragen durchführen teilweise basierend auf Jörg Peters/Martina Peters/Bernd Rolf

Bildnachweise

akg-images – S. 62; - / George (Jürgen) Wittenstein – S. 74; Alamy Stock Photo / The History Collection – S. 142; Baaske Cartoons / Thomas Plaßmann – S. 146; / Jan Tomaschoff – S. 54, 132; Bridgeman Images / © William Utermohlen. All rights reserved 2021 – S. 130 (2); Bundeszentrale für Politische Bildung / CC BY-NC-ND/3.0/de/ – S. 95; Plakat der Buß- und Bettagskampagne der Evangelischen Kirche von Kurhessen Waldeck 2005 – www.busstag.de – S. 76; CartoonStock / Aaron Bacall – S. 41; - / Benita Epstein – S. 10; - / Hagen – S. 38; - / KES – S. 157; - / Maria Scrivan – S. 116; Digitaler Leitfaden zum Werbekodex des Deutschen Werberats – S. 16; Dreamstime / Phill Burrows – S. 27; - / Tetiana Saranchuk – S. 48; - / Wellesenterprises – S. 85; Getty Images Plus / iStockphoto, AntonioGuillem – S. 92; - / iStockphoto, gorodenkoff – S. 92; - / iStockphoto, JanakaMaharageDharmasena – S. 120; - / iStockphoto, nd3000 – S. 92; - / iStockphoto, simonapilolla – S. 92; - / iStockphoto, ulkas – S. 177; imago images / Sämmer – S. 100; iStockphoto / Yuri Arcurs – S. 177; - / constantgardener – S. 84; - / duncan1890 – S. 121; Anke Kellner – S. 134; Klinikum Ingolstadt GmbH / Dr. Andreas Sarropoulos – S. 148; Bettina Kumpe, Braunschweig – S. 13; Leibniz-Institut für Medienforschung / Hans-Bredow-Institut, #UseTheNews – S. 94; © Marie Marcks – S. 30; Mauritius Images / Alamy Stock Photo, Gado Images – S. 14; - / Alamy Stock Photo, UPI – S. 105; - / imageBROKER, Our-planet.berlin – S. 14; Christian Möller / Cloud Science – S. 140; MPFS / Medienpädagogische Forschungsverbund Südwest – S. 93; © Peanuts Worldwide LLC/Distr. Andrews McMeel Syndicate/Distr. Bulls – S. 33/34; Copyright by Pinkstinks Germany e.V. – S. 17; Schwarwel, Leipzig – S. 6, 124; Shell Jugendstudie – S. 42; Shirtcity – S. 64; Manfred Sondermann, Zeulenroda – S. 82; Jonas Stalfort, Bersenbrück – S. 88; Statista GmbH, Hamburg – S. 126; Ed Stein / Rocky Mountain News, Denver – S. 96; Toonpool.com / Cigdem Demir – S. 106; - / Dodenhoff – S. 90; - / GB – S. 160; - / Rodrigo – S. 156; - / Karsten Schley – S. 98; - / Bernd Zeller – S. 81; © Watterson/Distr. Universal Uclick/Distr. Bulls – S. 8/9, 44, 47, 145, 155.